HISTOIRE

DE

LA VILLE DE CAEN

DEPUIS SON ORIGINE JUSQU'A NOS JOURS

CONTENANT

LA DESCRIPTION DE SES MONUMENTS

ET

L'ANALYSE CRITIQUE DE TOUS LES TRAVAUX
ANTÉRIEURS

PAR

M. Fréd. VAULTIER

CHEVALIER DE LA LÉGION-D'HONNEUR, DOYEN ET PROFESSEUR DE
LITTÉRATURE FRANÇAISE A LA FACULTÉ DES
LETTRES DE CAEN

—

Villa potens, opulenta, situ spatiosa, decora
Fluminibus, pratis et agrorum fertilitate
Merciferasque rates portu capiente marino...
GUILL. BRIT. *Philippid. lib. VIII.*

—

CAEN

B. MANCEL, LIBRAIRE

ÉDITEUR D'UN GRAND NOMBRE D'OUVRAGES, DESSINS, PLANS ET
GRAVURES RELATIFS A LA NORMANDIE
Rue Saint-Jean, 66
—
1843

HISTOIRE

DE

LA VILLE DE CAEN

Caen, Imp. de F. Poisson. — 1843.

INTRODUCTION.

———

    Avec ce que nous possédons de savants ou-
vrages sur la Ville de Caen, et au moment
surtout où la publication récente d'un dernier
travail de feu M. De La Rue vient de compléter
si heureusement ses premiers Essais, donnés
eux-mêmes, dans le principe, comme suite
et complément aux précieuses découvertes de
M. de Bras et de Huet, ses devanciers, sur le
même sujet, quelques personnes auront pensé
peut-être que c'en serait, quant à présent,
assez sur ces matières ; et que, dans cet état

des choses, tout ce qu'on aurait la prétention d'y ajouter encore, ne pourrait être que surabondant et sans objet comme sans à-propos.

Nous sommes d'un avis tout différent, et nous croyons, au contraire, que ce même état des choses, comme l'établit notamment cette dernière publication des Essais posthumes, ne fournit au fond qu'un motif de plus en faveur de la convenance et de l'utilité d'une nouvelle œuvre, dans laquelle viennent se réunir, et en quelque sorte, se fondre, les don_nées éparses de tant d'autres compositions.

Et en effet, que l'on y fasse bien attention, toutes les parties de recherches de *nos trois grands historiens*, prises en détail et chacune à part, sont excellentes de tout point; mais, dans leur réunion, plus ou moins nécessaire, composent-elles un tout, un tableau d'ensemble, que l'esprit puisse aisément saisir et fixer comme tel? Non, sans doute, et il est visible, au contraire, que chacun y affecta sa forme diverse et particulière de chronique, de description, de dissertation et d'annales; de sorte que ce sont, au fait, quatre ou cinq ouvrages distincts au lieu d'un seul. C'est ainsi qu'ils ont été faits, et c'est le seul mode d'exis-

tence propre sous lequel ils puissent se conserver.

Supposé que l'histoire de la Ville de Caen
fût tout entière dans cette *tétralogie*, il faut
dire qu'elle n'y serait, quant à beaucoup de
points, que dans ses éléments et dans son
germe, et pour la plupart encore, qu'à l'état
de dislocation et de morcellement. Elle n'y
serait point pour le lecteur médiocrement
attentif, ou peu soucieux de son objet, et
qui ne s'y livrerait que par passe-temps; mais
bien pour celui-là seulement qui, décidé à la
prendre pour occasion d'une étude sérieuse,
se serait imposé, de fait, la tâche d'en résumer, rapprocher et coordonner tous les matériaux. A quoi, pour ne rien omettre, il eût
dû encore ajouter ce travail accessoire, d'y
rattacher toutes les notions éparses que pourraient fournir et les recherches plus récentes
de plusieurs de nos savants et laborieux antiquaires, et les souvenirs personnels de quelques gens de simple bon sens, qui n'ont pas
laissé passer, sans en recevoir et en garder
l'empreinte, les importants événements qui,
depuis un demi-siècle, se sont en quelque sorte
accumulés sous leurs yeux.

Ce travail ne serait pas une petite chose.
Peu de personnes ont pensé à l'entreprendre :
peu de personnes auraient surtout la patience
et le loisir de l'exécuter.

Dès long-temps, et peu après la publication
des premiers Essais de M. De La Rue, nous en
avions commencé une ébauche, en vue de notre instruction personnelle. Celle des Essais
posthumes nous y ramène, et nous y revenons,
de cette fois, dans l'intention de la conduire
à fin pour l'utilité de nos lecteurs.

Nous croyons faire en cela une chose pro-
fitable à tous :

A nos concitoyens, pour lesquels il serait
honteux d'habiter une cité tout historique,
toute monumentale, sans connaître ses titres
à la célébrité dont elle s'honore, et auxquels
il présentera, toutes résumées, les notions qu'il
leur faudrait, sans nous, chercher laborieuse-
ment, éparses comme elles le sont, dans une
bibliothèque entière d'ouvrages qui y sont relatifs ;

Aux étrangers, qui, dans leurs recherches
de curiosité scientifique, sur un sujet si com-
pliqué de détails de données locales, se plai-
gnent à bon droit de ne pas trouver d'abord un

ouvrage sommaire qui leur en facilite l'accès,
et leur en ouvre en quelque sorte le chemin.

Ces vues sont celles dont nous nous sommes essentiellement préoccupés. Nous dési-
rons en avoir heureusement atteint l'objet.

Notre travail, au reste, a été conçu et exécuté fort simplement. Nous avons souhaité
qu'il fût intéressant ; mais nous avons voulu
aussi qu'il dût tout son intérêt à la nature
même des choses, et indépendamment de
tout artifice d'ornement étudié.

Nous avons surtout écarté le luxe facile des
descriptions, auxquelles nous avons essayé de
substituer partout l'effet qui résulte naturellement de la peinture fidèle des choses anciennes
mises en contact avec les idées du temps présent.

Nous avons négligé aussi de renvoyer aux
témoignages originaux. Ces citations eussent
pris beaucoup de place. Nous avons mieux
aimé en donner davantage aux faits. Il n'est
d'ailleurs aucun de ceux-ci que nous n'ayons
vérifié avec l'attention la plus scrupuleuse, et
de manière à pouvoir l'établir aussitôt, s'il
donnait lieu à la plus légère contradiction.

HISTOIRE

DE

LA VILLE DE CAEN.

—————

ORIGINE ET DÉVELOPPEMENTS, ETC.

La Ville de Caen n'existait point du temps des Romains. On n'en trouve aucune mention ni dans les Commentaires de Jules César, qui parcourait le pays en l'an 52 avant notre ère chrétienne; ni dans aucun ouvrage des géographes et des historiens latins des âges suivants.

Son existence ne commence à se révéler que dans les actes du commencement du XI° siècle; mais il est à remarquer que, dès ce temps, elle avait acquis un certain degré d'importance, l'un de ces actes, à la date de 1026, mentionnant expressément ses *églises*, ses *vignobles*, ses *prairies*, ses *moulins*, son *marché*, sa *douane* et son *port*.

Le nom de Caen était alors *Cathim* ou *Cadhom*, qui s'écrivait encore de beaucoup d'autres manières, et d'où s'est formé le latin *Cadomus*, nom de signification des plus incertaines, mais dans lequel on s'accorde à reconnaître la finale saxonne *Hom*, employée habituellement ailleurs dans le sens de *demeure* et *habitation*.

Cette circonstance de dénomination a donné lieu de penser que la Ville de Caen avait été fondée par les Saxons; et cette conjecture, très-plausible en elle-même, acquiert d'autre part un degré de vraisemblance presque décisif, si l'on considère que, depuis les invasions barbares du IIIe siècle, des colonies saxonnes s'étaient établies sur toutes les côtes de notre littoral Bessin, où elles s'étaient fixées et étendues, au point de leur avoir fait appliquer communément le nom de *Rivage saxonique*.

Avant qu'on fût arrivé à ces idées fournies par l'étude approfondie du sujet, divers systèmes plus ou moins bizarres avaient été proposés pour expliquer le nom et l'origine de la Ville de Caen.

Caen, selon les uns, devait avoir été fondé, ou du moins habité de préférence, par un personnage du nom de *Caïus*, *Caïus Jules César*, peut-être, malgré le silence négatif des Commentaires; peut-être aussi, à cinq siècles de là, *Caïus*, comte d'Anjou, l'un des héros de la Table-Ronde, sénéchal du roi breton Arthur, etc. Et de l'une ou

de l'autre de ces deux origines devait venir, di-
saient-ils, son nom latin de *Cadomus*, qu'ils
jugeaient formé des mots *Caii domus*.

D'autres, non moins vivement préoccupés d'une
analogie toute différente, avaient pris ce même
nom de *Cadomus*, pour une variante de celui de
Cadmus, et s'étaient laissés aller jusqu'à supposer
que, dans ses courses maritimes, le Phénicien,
fondateur de Thèbes, avait pu être aussi celui
de notre cité de Caen.

On se partageait surtout entre ces deux grandes
hypothèses. D'autres, moins *héroïques*, avaient
obtenu moins de crédit, et n'en valaient, au reste,
ni pis ni mieux.

On croit que le premier noyau de la ville de
Caen, au temps des Saxons, a dû se former sur
la colline dont on a fait plus tard le Château. Cet
emplacement a contenu anciennement une église
paroissiale, plusieurs chapelles, et beaucoup d'habitations particulières. Plusieurs établissements
de marchés publics et autres, se trouvaient grou-
pés sur les terrains adjacents, et comme à ses
pieds, vers le sud, à portée de l'un des courants
de l'Orne uni à l'Odon.

Une tradition des plus respectées attribue à
saint Regnobert, douzième évêque de Bayeux, la
fondation de quatre églises paroissiales à Caen. Ces
églises sont celles de Saint-Sauveur, Notre-Dame,

Saint-Pierre et Saint-Jean. On cite ce saint évêque comme ayant converti les Saxons à la foi chrétienne. Il fleurit de l'an 625 à l'an 666.

Caen fut en quelque sorte la Ville de prédilection du duc Guillaume II, devenu si célèbre sous le nom de *Guillaume-le-Conquérant*.

Bien des motifs avaient dû concourir à lui inspirer cette préférence.

Près de là, jeune encore, il avait gagné, en 1047, cette bataille du Val-des-Dunes, qui avait affermi la couronne ducale sur sa tête. A Varaville, il avait obtenu, en 1059, un succès non moins brillant sur Henri I, roi de France, qui avait pénétré jusqu'au cœur de ses états, dans le dessein bien arrêté de l'en dépouiller. D'un autre côté, Caen situé comme au centre de la Normandie, était un point favorable pour surveiller la noblesse du Cotentin, si long-temps hostile à sa cause. Enfin, après la conquête de l'Angleterre, cette ville, en raison de sa proximité de la mer, devint pour lui comme une vigie, d'où il pouvait observer à loisir tous les mouvements de la population vaincue, prêt à s'élancer à toute heure sur tous les points où se manifesterait une tentative de rébellion à réprimer.

Il n'y avait point de château à Caen à l'époque de la bataille de Varaville. Guillaume fonda peu après celui que nous y connaissons. Un peu plus tard, il entoura de murs la partie alors subsistante de la Ville, c'est-à-dire celle qui se trouvait sur la gauche de l'Odon et du canal de Saint-Pierre. Le quartier de Saint-Jean n'y était point compris, et n'existait encore qu'à l'état de faubourg. Il ne reste de ces anciens murs de première cloture, que ce que nous appelons aujourd'hui les *Petites-Murailles*, et quelques débris le long de l'Odon, derrière la rue de la Boucherie.

Vers 1064 et années suivantes, il jeta les fondements des deux riches abbayes de Sainte-Trinité et de Saint-Étienne de Caen, et fit élever un hôpital pour le soulagement des malades.

Il avait préalablement fondé en 1061, la petite église ou chapelle de *Sainte-Paix-de-Toussaint*, au territoire de Mondeville, où furent alors déposées les reliques des saints de la Province, apportées de ses principales églises, pour les cérémonies d'un concile qu'il fit tenir à Caen, en vue de remédier aux désordres de l'époque, et établir ce qu'on appelait en ce temps la *Trève de Dieu*.

En 1104, Robert, dit *Courte-Heuze*, fils et successeur de Guillaume en son duché de Normandie, réunit le quartier de Saint-Jean à la Ville, et l'entoura d'une enceinte de fossés, de murs et de tours.

Il avait commencé par en faire une île, en détournant une branche de l'Orne, dont il forma

ce qu'on appelle encore de son nom, *le Canal
du duc Robert* , devenu la limite ouest de ce même
quartier. Cette opération avait exigé la construction de ce qu'on nomme la *Chaussée-Ferrée* ,
dont les débris se voient encore , au point de
départ de ce même canal , à son extrémité sud.

Henri I , devenu duc après son frère Robert ,
en 1106 , ne se montra pas moins soigneux de
fortifier notre Ville. On trouve qu'en 1123 , il fit
construire le donjon du Château , et exhausser
les murs d'enceinte de cette citadelle.

On croit pouvoir attribuer à ce même Henri I,
la création des deux *Échiquiers* d'Angleterre et
de Normandie , et la fixation de celui de Normandie à Caen.

L'Echiquier était une cour suprême , chargée de
rendre la justice, avec nos ducs ou en leur nom, et
d'administrer leurs revenus. De là , une division
nécessaire en *Échiquier des causes*, et *Échiquier
des comptes*. Le premier tenait ses assemblées
dans l'église du Château de Caen , et le second
dans une chapelle située dans la rue Saint-Jean.

La Ville de Caen, long-temps soumise au régime
féodal , ainsi que toutes celles de la Province, fut
affranchie et érigée en commune, par concession
du roi Jean-Sans-Terre, à la date du 17 juin 1203.

L'année suivante, 1204 , par suite de l'arrêt
de déchéance prononcé contre le même Jean-

Sans-Terre, elle passa, sans coup férir, comme la majeure partie du pays, sous la domination du roi de France Philippe-Auguste, qui la maintint dans la jouissance de toutes ses franchises.

Les successeurs de ce monarque la possédèrent paisiblement jusqu'en 1346, époque où le roi d'Angleterre Edouard III, débarqué à la Hougue au commencement du mois de juillet, se porta peu après devant ses murs, à la tête d'une formidable armée, et s'en rendit presque aussitôt maître de vive force, après avoir saccagé tout le pays aux environs.

Il ne peut entrer dans notre plan de présenter ici les détails de cette catastrophe, que l'on raconte d'ailleurs de deux manières fort différentes l'une de l'autre. Les résultats bien avérés sont que les Anglais firent prisonniers soixante chevaliers et trois cents bourgeois, qu'ils envoyèrent à la Tour de Londres, en attendant rançon; qu'ils s'emparèrent de vingt-deux vaisseaux trouvés dans le Port, et en chargèrent 80 autres, à Ouistreham, de tout le butin fait dans notre Ville; que l'on évalua à 40,000 aunes de drap de toute espèce, la quantité de celui qu'ils enlevèrent de nos magasins; et que la masse des objets d'orfévrerie et autres ameublements précieux qu'ils en rapportèrent, a été considérée par leurs historiens philosophes comme l'une des causes qui amenèrent ensuite la corruption de leurs mœurs.

Le pillage avait duré trois jours, après lesquels l'ennemi se remit en route vers Rouen et la Picardie.

Le Château n'avait point été forcé.

Dans cette triste circonstance, on eut lieu d'observer que le quartier de Saint-Jean était celui par lequel l'ennemi avait pénétré tout d'abord dans la Ville, et dont les fortifications s'étaient trouvées le plus notoirement insuffisantes contre son assaut. Aussi la première chose que firent les bourgeois, après son départ, fut-elle de solliciter du roi Philippe de Valois, l'autorisation nécessaire à l'effet de les mettre en meilleur état de défense. Cette demande ne manqua pas de leur être accordée, et la Ville y fit aussitôt travailler à grands frais. C'est alors que furent élevées la plupart des tours de cette enceinte, dont quelques-unes ont subsisté jusqu'à notre temps, particulièrement le long de la rue des Quais.

Ces travaux furent complétés sous le roi Jean, par suite de l'autorisation qu'il accorda en 1354, aux abbayes de Sainte-Trinité et de Saint-Étienne, et à la collégiale du Saint-Sépulcre, de se fortifier aussi, chacune selon les besoins reconnus de sa situation.

Les malheurs du règne de Charles VI amenèrent en 1417 le fléau d'une nouvelle invasion ennemie. Le roi d'Angleterre, Henri V, débarqué à Touques, le 1er d'août, envoie son frère, le duc de

Clarence, attaquer la Ville de Caen, et bientôt vient l'assiéger lui-même, le 18 du même mois. La Ville se défend avec une bravoure signalée, et finit pourtant par succomber après deux terribles assauts. Le Château résiste quelque temps encore, et se trouve réduit à capituler, le 8 de septembre.

De cette fois, ce fut encore par l'Ile-Saint-Jean, mais plus particulièrement en face de la grande prairie de l'ouest, et vers l'emplacement du couvent des Dominicains, que l'ennemi avait pratiqué sa principale brèche, et pénétré dans la Ville. Il paraît que les nouvelles forteresses des deux abbayes et de la collégiale l'arrêtèrent peu. La Ville n'avait aucune garnison. Plus de 1800 bourgeois périrent dans le grand assaut, qui fut suivi de toute espèce de désordres et de violences. Le vainqueur resta maître d'un immense butin. Il emporta, entre autres choses, les vases sacrés, ornements et cloches des églises, les livres, registres publics, *biens* de toutes sortes, et grande quantité d'or et d'argent monnayé.

Comme cette seconde invasion anglaise se parait des droits légitimes, et avait la prétention de devenir permanente, le gouvernement anglais dut chercher à effacer l'impression de ces désastres, et à rendre son autorité agréable au pays. C'est apparemment ce motif qui détermina de sa part, l'établissement de l'université de Caen.

Déjà il paraît que Henri V avait eu la pensée
de cette institution, et en avait créé les premiers
germes, un peu avant sa mort, arrivée en 1422;
le régent, duc de Bedford, l'organisa ensuite en
1431, par lettres patentes, données au nom de
son pupille et neveu Henri VI ; mais des délais
d'exécution retardèrent son installation définitive,
qui ne put avoir lieu qu'à la date du 20 octobre 1439.
Elle se fit dans l'église paroissiale de Saint-Pierre,
et avec une grande et imposante solennité.

Les Anglais occupèrent la Ville de Caen jusqu'à
l'année 1450. Après la bataille de Formigny,
livrée le 15 avril de cette même année, le comte
de Dunois et le connétable de Richemond s'avan-
cèrent vers cette Ville, dont le siége régulier
commença le 5 de juin suivant. L'attaque se fit de
quatre côtés à la fois. Les fortifications furent
entamées d'abord du côté de Saint-Etienne. La
brèche était praticable, et tout se préparait pour
un assaut, lorsque le duc de Sommerset, gouverneur anglais, offrit une capitulation par laquelle
il s'engageait à rendre la Ville et le Château, le
1er de juillet, s'il ne se trouvait secouru auparavant. La condition fut acceptée ; les secours ne
vinrent point, et la capitulation reçut fidèlement
son effet. Le roi Charles VII, qui s'était tenu à
l'abbaye d'Ardennes, pendant la durée du siége,
fit son entrée solennelle à Caen, le 6 de ce
même mois de juillet, et y séjourna huit jours.

Depuis cet événement jusqu'à l'époque des guerres du Protestantisme, la Ville de Caen ne participe plus d'une manière sensible au mouvement des affaires générales du Royaume.

On voit seulement que les États de la Province y furent convoqués à plusieurs reprises : d'abord le 1er octobre 1470, pour réglement de l'affaire des *Francs-Fiefs;* puis au mois de juin 1549, aux fins de délibérer sur une augmentation de solde proposée en faveur des gens d'armes , à l'effet de leur tenir lieu des vivres que les villes étaient dans l'usage de leur fournir en nature. La noblesse de Normandie s'y était réunie aussi après le traité de Madrid (1527), sous les ordres du grand sénéchal Dreux de Brézé , pour résolution à prendre sur l'exécution de ce traité, et rançon à fournir pour les enfants de France, détenus en Espagne, comme otages de leur père François Ier. Toutes ces réunions eurent lieu dans la grande salle de l'abbaye de Saint-Étienne, dite *Salle-des-Gardes*.

Dans ce même siècle, à plusieurs époques diverses, mais surtout aux dates de 1547 et de 1584, la Ville de Caen fut désolée par des maladies pestilentielles qui y firent d'horribles ravages. La première se déclara au mois de juin et continua sans interruption jusqu'à la Toussaint. On dit de la seconde qu'elle enleva dix mille personnes, *y compris les enfants*.

Un autre fléau de ces malheureux temps fut le débordement des désordres auxquels donnèrent lieu la naissance du Calvinisme et les troubles qui en furent la suite.

Le mouvement éclata les vendredi et samedi 8 et 9 de mai 1562.

Un rassemblement tumultueux de sectaires, exaltés par la nouvelle de ce qui venait de se passer à Rouen, se jetèrent sur nos églises, pour y détruire aussi, dirent-ils, ce que leurs prédicants appelaient les signes de l'idolâtrie. Et en effet, images, statues, ornements, livres, chaires, orgues, vitraux peints, etc., tout fut de suite brisé, détruit, brulé ou pillé, après quoi les artisans de ces dévastations se présentèrent en la chambre du conseil du Bailliage, et se firent allouer par les magistrats, le *salaire du travail* auquel ils venaient de se livrer.

De ce moment, la tourbe fanatique resta maitresse de la Ville, et continua de s'y livrer à toute sorte de dévastations. Les tombeaux du roi Guillaume et de la reine Mathilde furent détruits, leur sépulture violée et leurs ossements dispersés.

Durant ces tristes scènes, le Château demeurait occupé pour le Roi, par une garnison de peu d'importance, et de dispositions assez équivoques. Un parti de Calvinistes, conduit par l'amiral de Coligny (débris de leur armée battue à Dreux), vint attaquer cette forteresse, devant laquelle ils se portèrent vers le 15 février 1563. Il y fut fait brèche du côté de Saint-Julien, le 1ᵉʳ mars, et la place se rendit par capitulation le lendemain. Ceci encore ne manqua pas de fournir comme une occasion de nouveaux désordres, entre lesquels on a signalé l'incendie du couvent des Cordeliers, le pillage de celui des Carmes, et une démolition à demi-effectuée de l'abbaye de Saint-Étienne.

Heureusement enfin, l'Édit de pacification qui survint immédiatement, le 19 de ce même mois de mars, fit cesser ce misérable état de choses, et arrêta le cours de tant de calamités.

Les affaires de la Ligue causèrent peu de trouble à Caen, dont les habitants s'étaient prononcés de bonne heure pour la cause du roi Henri IV.

Plus tard, la Ville se trouva encore un moment impliquée dans l'espèce de petite guerre civile que produisirent les démêlés du Roi Louis XIII avec sa mère, Marie de Médicis. Le Château de Caen, occupé par un Capitaine dévoué à cette dernière, fit semblant de vouloir résister aux troupes du Roi. Un simulacre de siége amena presque aussitôt sa soumission, laquelle eut lieu le 17 juillet 1620. L'officier commandant du Château s'appelait *Prudent,* et l'on jugea généralement qu'il avait été bien nommé.

Aucun événement important pour le pays, ne

signala la période de plus d'un siècle et demi, qui, de cette époque, nous conduit jusqu'aux approches de la révolution de 1789.

Cette grande crise sociale, elle-même, n'agita que médiocrement notre cité. Il est vrai de dire qu'au milieu de ses phases diverses, la grande masse de nos concitoyens sut constamment se maintenir dans une ligne d'opinions et de conduite assez modérées. L'humanité n'eut guère à déplorer alors parmi nous que trois actes isolés d'égarement de haines populaires. Malheureusement il nous faut ajouter que tous les trois tombèrent sur autant de victimes des plus regrettables sous tous les rapports : le jeune major de Belzunce, le procureur général syndic, Bayeux, et le pieux et vénérable curé de Saint-Gilles, Gombault !....

Au mois de juin 1793, Caen fut le foyer d'une insurrection, dite du *Fédéralisme*, conçue dans le sens des opinions mitigées de la Gironde, contre la faction sanguinaire de la Montagne. La plupart des députés proscrits du 31 mai s'y étaient réfugiés. L'entreprise échoua par diverses causes, entre lesquelles il faut compter peut-être surtout le mauvais vouloir du chef qui avait été chargé de la diriger. C'est à ce mouvement que se rattache, au moins par l'époque, le meurtre du fameux Marat, tué par Mlle de Corday.—De là suivit aussi la destruction du donjon du Château de Caen, lequel dut

être démoli par décret spécial de la Convention,
pour expier la détention qu'y avaient subie les députés montagnards, Romme et Prieur, momentanément prisonniers des insurgés.

La Ville de Caen a été, en divers temps, visitée
par les rois de France, Philippe-Auguste, Louis IX,
Jean, Charles VII, Louis XI, François Ier, Charles
IX, Henri IV, Louis XIII et Louis XVI, et depuis
encore par l'empereur Napoléon et le roi Louis-
Philippe, actuellement régnant.

Comptée pour la seconde de la Province, et
qualifiée *Capitale de la Basse-Normandie*, elle
fut jusqu'à la révolution le siége d'une Généralité,
d'une Élection et d'un Bailliage.

Elle est devenue depuis, celui d'une Cour royale,
et le Chef-lieu du département du Calvados.

Elle a d'autre part :

Un Tribunal civil,—un autre de Commerce,
—un Conseil de Prud'hommes,—deux Justices de
Paix,—et une Chambre de Commerce,

Et une Académie universitaire, composée des
trois Facultés de Droit, Sciences et Lettres, — avec
une École préparatoire de Médecine,—un Collége
royal,— une École de Dessin et d'Architecture,—
une riche Bibliothèque, — un Musée de Peinture,
—un Cabinet d'Histoire naturelle, — et un Jardin
de Botanique.

Il y a aussi, une Académie des Sciences, Arts et

Belles-Lettres , une Société d'Agriculture , et d'autres pour l'étude des Antiquités , des Sciences na-
turelles et de la Musique, etc.

Un magnifique Hôpital y est ouvert aux pauvres
malades, et un autre reçoit les vieillards indigents
et les enfants abandonnés.

Enfin il y existe des Écoles primaires gratui-
tes pour les enfants des deux sexes , et des Salles
d'Asile récemment établies.

La Ville portait anciennement les Armoiries de
gueules , au château donjonné d'or. Le roi Charles VII , en reconnaissance de la fidélité de ses
habitants, changea son écu, qu'il lui fit porter,
coupé d'azur et de gueules , aux trois fleurs de lys
d'or. Depuis la révolution de 1830 , elle a repris
ses Armoiries primitives , qu'elle surmonte d'une
couronne murale, suivant un usage déjà essayé au
temps du régime impérial.

Depuis long-temps , les perfectionnements survenus dans l'art de la guerre avaient fait considérer
comme inutile la majeure partie de l'ancien appareil de fortifications destiné à la défense de notre
Ville. On commença par en négliger l'entretien ,
puis on finit par en entamer tour à tour quelques
portions. La presque totalité des murs d'enceinte,
avec les portes et les nombreuses tours qui l'ac-
compagnaient , avait été ainsi successivement détruite, à diverses époques, surtout durant la se-

conde moitié du dernier siècle. A l'exception du Château, il en reste maintenant à peine quelques pans isolés, qu'aura bientôt fait disparaître aussi le développement toujours croissant des constructions privées, prêtes à les envahir. Dès à présent, l'ancienne ville guerrière a disparu, et ce qui la remplace tend de jour en jour à se transformer plus décidément en cité pacifique et industrielle. C'est le mode exclusif d'existence que paraît nous réserver l'avenir.

EMPLACEMENT, ASPECT, ETC.

Le premier noyau de la Ville de Caen paraît avoir été établi, comme il a été dit, sur le flanc sud de la colline du Château, au-dessus de la grande prairie y attenante, dont elle a plus tard entamé quelques parties, sur lesquelles se sont formés ses nouveaux quartiers.

La Ville, telle qu'elle existe dans son développement actuel, occupe comme un vaste segment de cercle, de près d'une lieue d'étendue, de la barrière de Paris à celle de Villers. Sa largeur est des plus irrégulières, et varie sur chacun de ses points.

Elle est en général bien bâtie, et d'un aspect élégant.

La vue prise des hauteurs environnantes est de l'effet le plus pittoresque, auquel concourt surtout celui de son château et de ses hauts et nombreux clochers.

L'emplacement qu'elle occupe dans son ensemble, est arrosé par quatre principaux cours d'eau, à savoir :

1° L'*Orne* proprement dite, ou le grand cours de l'Orne, partant de la Ferme de la Motte, et de la chaussée de Montaigu, passant sous le pont de Vaucelles, et de là tendant à la mer, qu'il va rejoindre à Sallenelles et Ouistreham;

2° La *Petite-Orne*, ou petit cours de l'Orne, séparé du précédent au-dessus de cette même chaussée de Montaigu, se jetant dans la prairie à l'ouest, sous le pont des Prés, pour aller se réunir à l'*Odon*, au moulin de Saint-Pierre, et de là rejoindre la grande Orne, à l'angle est du nouveau port;

3° Le *Grand-Odon*, qui venant de Venoix, accède la ville par les jardins de l'abbaye de Saint-Étienne et ceux des ci-devant Jésuites, longe les derrières de la Place-Royale, du côté du Nord, jusqu'au bout de la rue Hamon, où il rencontre la Petite-Orne;

Et 4° Le *Petit-Odon*, qui, artificiellement séparé du grand, depuis Fontaine-Étoupefour, arrive aussi par le même lieu de Venoix, un peu

plus à l'ouest, fait son entrée par le Pont-Créon,
et va se réunir au Grand-Odon et à la Petite-Orne,
sous le même moulin de Saint-Pierre, après
avoir parcouru une partie des anciens quartiers de
la Ville, à partir des environs de l'église de Saint-
Ouen, et de l'enceinte des anciens Capucins.

Ces quatre grands cours d'eau existaient, bien
que dans un état plus ou moins différent de leur
existence actuelle, au temps de Guillaume-le-
Conquérant. Il y avait dès-lors des moulins à
Montaigu, sur la grande Orne, et les navires des
religieux de Saint-Etienne remontaient la petite
Orne et le Vieux-Odon, jusques dans un bassin
attenant à leurs jardins.

Entre lesdits cours d'eau, il a été pratiqué, à
des époques diverses, plusieurs coupures qui les
faisaient, ou les font encore, communiquer de l'un
à l'autre. La principale est celle que nous connaissons sous le nom de *Canal du duc Robert*.

Une grande partie du Petit-Odon coule à couvert, sous les rues, les places et les constructions des quartiers qu'il parcourt.

Il existe sur le tout, et en différentes parties
de la Ville, un nombre assez considérable de ponts,
qui mettent celles-ci en communication des plus
faciles entr'elles : les principaux sont dits de *Vaucelles* , de *Saint-Pierre* et de *Saint-Jacques.*

Nous aurons occasion de les faire connaître chacun en son lieu.

Les deux grandes prairies de Caen, avec ce
qui en a été distrait, comme parties d'extension
de la Ville vers le sud, paraissent avoir formé
primitivement une vaste baie, où remontaient les
eaux de la mer, et que peu à peu a comblées le
dépôt des vases que le flot des marées montantes
y a repoussées, comme il le ferait encore si l'espace était resté libre, et comme il continue à le
faire dans le lit de la rivière, au-dessous et aux
abords du point de rencontre de ses deux branches, à la pointe est de notre port actuel.

La Ville de Caen forme deux arrondissements
cantonnaux, dits de l'Est et de l'Ouest.

Sa population est de près de 40,000 habitants.

ÉTABLISSEMENTS RELIGIEUX.

Il y avait anciennement à Caen treize paroisses,
y compris celles du Château et des Faubourgs,
deux abbayes, huit communautés d'hommes, sept
autres de femmes, deux hôpitaux, et un grand
nombre de chapelles.

Aujourd'hui il n'y existe plus que sept paroisses, deux succursales, cinq communautés

de femmes, deux hôpitaux desservis par des religieuses, et une seule chapelle.

Nous essaierons de faire connaître ces divers
établissements dans leur état ancien, et dans celui des transformations qu'ils peuvent avoir subies,
par suite des événements survenus vers la fin du
siècle dernier.

PAROISSE SAINT-GEORGES-DU-CHATEAU.

L'emplacement du Château de Caen était habité avant l'époque où l'on en a fait une forteresse,
c'est-à-dire plus ou moins anciennement avant le
règne de Guillaume-le-Conquérant.

Il y existait dès lors une église paroissiale, sous
l'invocation de saint Georges, et sous le patronage
du chapitre de la cathédrale de Bayeux, de qui
la duchesse Mathilde l'acheta pour la donner à
son abbaye de Sainte-Trinité.

Il s'y est conservé plus tard un bon nombre
d'habitations particulières, et on y a compté jusqu'à six chapelles.

Il y a eu au Château de Caen deux églises paroissiales qui se sont succédées l'une à l'autre.

La première est celle qui se trouve adossée aux
murs de la citadelle, du côté de Saint-Julien. Elle

est ancienne , et probablement le plus ancien monument d'architecture actuellement subsistant à
Caen. M. De La Rue l'a dit, et cite particulièrement en preuves : « sa construction sans clocher,
« la forme semi-circulaire de sa porte et de ses
« fenêtres, son sanctuaire tourné à l'occident
« (contre l'usage qui a prévalu depuis), ses mou-
« lures en zig-zag, et les têtes de monstres qui
« couronnent extérieurement ses murs. »

C'est dans cette église que se sont tenues anciennement les séances de l'Échiquier des causes.

Elle a été abandonnée depuis long-temps, et
de nos jours nous ne l'avons vue employée que
comme arsenal.

L'exercice du culte avait été transféré dans une
autre qui se trouvait alors au centre du Château.

La paroisse de Saint-Georges est une de celles
qui ont été supprimées par suite de la révolution
de 1789.

PAROISSE SAINT-PIERRE.

La paroisse Saint-Pierre a été anciennement appelée *Darnetal*. Il est probable qu'elle formait
alors une localité distincte et indépendante de Caen.
Plus tard on la trouve aussi nommée *Saint-Pierre-
sous-Caen*, ce qui conduit encore à la même in-
duction.

Le nom de *Darnetal* paraît emprunté à la langue saxonne et avoir pu signifier *vallée*.

L'église de Saint-Pierre est une des quatre de Caen dont on a cru pouvoir attribuer la fondation à l'évêque saint Regnobert ; elle serait par conséquent antérieure à l'an 666.

Son patronage, érigé en prébende de la Cathédrale, était resté en la possession de l'évêque de Bayeux.

Les traces de l'édifice primitif ont totalement disparu.

L'église actuelle est un ouvrage de plusieurs époques.

Les parties les plus anciennes sont le chœur et une portion de la nef, qui pourtant ne remontent pas plus haut que la fin du XIIIᵉ siècle. Le reste de la nef et la tour sont de l'an 1308, d'autres parties sont plus modernes. L'abside ou rond-point, qui forme actuellement le chevet de cette église, n'y a été ajouté qu'en 1521 : ce fut Louis XI, qui, se trouvant à la Délivrande, en 1473, permit aux trésoriers de prendre sur les murs de la Ville et même sur la rivière, l'espace de terrain nécessaire pour former l'emplacement de cette construction.

Cette dernière partie, citée par les admirateurs du style de la Renaissance pour le bel effet de son ensemble, pour la hardiesse de ses pendentifs et le caractère gracieux des sculptures qui la décorent à l'extérieur, a été l'ouvrage d'un architecte nommé Sohier, qui fit, en outre, les voutes de tout l'édifice.

La tour ou clocher de Saint-Pierre surtout est un monument justement célèbre, et qui doit être regardé comme une des plus admirables productions de l'architecture gothique. La pyramide, qui s'élève à 227 pieds au-dessus du sol, se fait remarquer par l'élégance de ses proportions et la légèreté de ses formes ; les huit clochetons qui l'accompagnent, les *damasquinures* et les *étoiles à jour* dont elle est ornée, et les *crampons* qui garnissent extérieurement les arrêtes de ses huit faces, contribuent beaucoup au merveilleux effet de son aspect. Malheureusement le portail a été mutilé, il y a déjà quelques années, sous prétexte de restauration, d'une manière aussi ridicule que déplorable.

Le bon vieux M. De Bras raconte que le 12 de juin 1549, un jeune homme de Landernier, nommé Gladran, entreprit de monter au sommet de cette tour, par le dehors, pour en descendre le coq qui ne tournait plus, et qui avait besoin de réparation. Il réussit parfaitement dans cette périlleuse entreprise, qu'il renouvela six jours après, pour reporter le coq à sa place, à la vue et aux applaudissements de toute la population.

« Il s'aidoit de l'une main, dit M. De Bras,

« tant en montant qu'en descendant, à l'un des
« crampons de pierre, et de l'un des pieds à l'une
« des estoilles ; mais quand il fut au milieu de la
« tour, il montoit en haut comme à une eschelle....
« Puis arrivé au sommet, il s'assit sur le croisil-
« lon, et *estant remis*, faisoit tourner le coq
« avecques la main et avecques le pied, et chanta
« plusieurs chansons... »

Parmi les détails d'ornement intérieur de l'é-
glise Saint-Pierre, il existe sur le chapiteau de l'un
de ses derniers piliers, à gauche, sept bas-reliefs remarquables surtout par la nature des sujets
auxquels ils se rapportent.—Un seul excepté, ils
paraissent tous pris des romans du temps, et sont
des plus étrangers à tout objet de piété. On y
distingue Aristote, marchant à quatre pattes et
portant sa maîtresse sur son dos ; — Tristan de
Léonois, traversant la mer sur son épée pour se
rendre au lieu où l'attend la sienne ;—Lancelot du
Lac, faisant voyage en charrette, à la recherche
de la reine Genèvre, etc., etc.

L'église de Saint-Pierre a subi de grandes dévastations, d'abord en 1562, de la part des Calvinistes, et dernièrement en 1793, par les révolutionnaires de ce temps.

Son clocher faillit être renversé en 1563, par
suite de l'idée qu'avait eue l'amiral de Coligny,
d'y placer des arquebusiers pour concourir à l'at-

taque du Château. Le Château répondit par des
coups de canon qui entamèrent la tour et y firent une large brèche, qui n'a été réparée que
plus d'un siècle après.

Les révolutionnaires de 1793, ont dépouillé
l'église de ses tableaux, de ses tapisseries, de ses
grilles en fer et de sa toiture en plomb, etc.

L'église de Saint-Pierre était regardée comme la
première de la ville, et était le lieu ordinaire des
grandes solennités générales.

C'est devant son portail que les criminels con-
damnés faisaient amende honorable avant de marcher au supplice.

Outre son curé et ses vicaires, elle était des-
servie par douze chapelains dits *obitiers*, parce
qu'ils étaient rétribués sur le revenu des *obits*. Ils
devaient être natifs de la paroisse, et commençaient d'ordinaire par y être *enfants de chœur*,
attendu que ce temps de service leur était compté
pour établir leurs droits d'admission par rang d'ancienneté.

Les révolutionnaires en avaient fait *le temple
de la Raison*.

Elle a été rendue au culte, et rétablie à l'état
de paroisse, par suite du concordat de 1802.

PAROISSE NOTRE-DAME-DE-FROIDE-RUE.

C'est ainsi qu'on nommait anciennement cette paroisse, pour la distinguer de quelques autres églises ou chapelles de *Notre-Dame*, qui existaient alors à Caen ou aux environs.

L'église de Notre-Dame, comme celle de Saint-Pierre, est une des quatre qu'on dit avoir été fondées à Caen par saint Regnobert. On y célébrait solennellement tous les ans la fête de ce saint évêque, qui y était révéré en cette qualité de fondateur. — Le patronage formait prébende de la Cathédrale et appartenait au chanoine de Froide-Rue.

L'église primitive de cette paroisse a disparu sans laisser de traces.

Celle qui l'a remplacée est un ouvrage de différentes époques, du XIIIᵉ au XVIᵉ siècle. — Elle se compose de deux édifices bizarrement accolés dans le sens de leur longueur, et dont la communication n'existe qu'à l'aide d'une construction en arc, remarquée pour sa hardiesse.

Le clocher, en pyramide de pierre de taille, à trèfles percés à jour, est d'un bel effet, et serait admiré dans une ville qui ne posséderait pas celui de Saint-Pierre.

Un vitrail précieux de cette église a échappé, comme par miracle, aux dévastations qu'elle a éprouvées en différents temps. Il est placé derrière le maître-autel, et représente la sainte Vierge debout, et tenant dans ses bras son divin Fils. C'est le seul de cette espèce qui se soit conservé à Caen.

Notre-Dame a eu, comme Saint-Pierre, ses obitiers dont le nombre a varié de onze à trois. Il était de cinq à l'époque de la révolution de 1789.

L'église de Notre-Dame a été rendue au culte, et rétablie à l'état de paroisse par suite du concordat de 1802; mais elle a quitté alors son nom de *Notre-Dame* qui a passé à une autre, et a reçu, en échange, celui de *Saint-Sauveur*, emprunté de celle de ce nom, qui a été supprimée.

On remarque sur le nom de *Froide-Rue*, qui a donné lieu à beaucoup de contes absurdes, que ç'a été autrefois celui d'une famille connue, de qui apparemment la rue ou le quartier avaient dû emprunter le leur. Il est de fait, toutefois, qu'une charte latine de l'abbesse Cécile, fille de Guillaume-le-Conquérant, contient déjà mention expresse de cette même rue, qu'elle appelle simplement *Frigidus vicus*.

PAROISSE SAINT-SAUVEUR-DU-MARCHÉ.

C'est encore une de celles qui passent pour avoir été fondées par saint Regnobert.

Le surnom qu'on lui attribue est pris de sa situation sur la grande place où se tient de temps immémorial le grand marché de la ville.

Le patronage appartenait au chapitre de la cathédrale de Bayeux.

Le nombre de ses obitiers était habituellement de sept, et a été quelquefois dépassé.

L'église de cette paroisse, ainsi que celles des deux précédentes, est un composé de constructions de divers siècles, à commencer, pour celle-ci, du XII⁵.

Le portail actuel surajouté en avant, et tout-à-fait moderne, en avait primitivement masqué un autre, ancien et plus remarquable, dont les derniers restes viennent d'être récemment démolis.

Cette église a été et reste présentement supprimée par suite de la révolution de 1789, et la ville s'en est emparée pour en faire une halle aux grains.

C'est par conséquence de cette suppression, que son nom a été transféré à celle de l'ancienne *Notre-Dame-de-Froide-Rue.*

La tour de l'église de Saint-Sauveur était surmontée d'une flèche en charpente, couverte d'ar-
doises, qui n'était ni belle, ni ancienne ; elle a
été récemment détruite et remplacée par un toît
de beffroi à quatre pans triangulaires, d'un effet
insignifiant.

PAROISSE SAINT-ÉTIENNE-LE-VIEUX.

On ne sait rien de l'origine de cette paroisse.

M. de Bras et Huet se sont trompés en la mettant au nombre de celles qui auraient pu avoir été
fondées par saint Regnobert. Elle ne se trouve point
nommée dans le passage de Cenalis, sur lequel
le dernier a prétendu s'appuyer.

L'un et l'autre aussi se sont trompés, dans le
sens qu'ils ont voulu donner à son épithète de
Vieux, de laquelle ils ont inféré que cette église
et ce quartier devaient être les plus anciens de la
ville, ce qui est pure supposition. Il est bien reconnu, au contraire, quant à ladite église, qu'elle
n'a été nommée ainsi que d'une manière relative,
dans le temps des grandes fondations du duc
Guillaume, et pour la distinguer de cette autre
église de Saint-Étienne, abbaye qui s'élevait alors
à ses côtés.

Le patronage appartenait à l'abbaye de Sainte-Trinité, par échange fait entre la reine Mathilde et l'église cathédrale de Bayeux.

Cette première église de Saint-Étienne a disparu. Celle qui l'a remplacée est un ouvrage du XIV° et du XV° siècle, qui n'a rien de remarquable, si ce n'est, à l'extérieur, derrière le chœur, un bas-relief, aujourd'hui fort mutilé, et représentant une scène de guerre dont le sujet n'est pas bien connu.

La tour est octogone et à deux étages, et d'un assez bon effet dans l'ensemble du tableau général de la vue de Caen.

L'église de Saint-Étienne eut beaucoup à souffrir lors du siége de Caen par le roi d'Angleterre, Henri V, en 1417. Des batteries de canon, placées dans les tours de l'abbaye, foudroyèrent tout le quartier, et notamment l'église, dont les voutes furent enfoncées. Une somme de cent livres fut donnée au nom de Henri VI, en 1426, pour en exécuter la réparation.

Cette église de Saint-Étienne-le-Vieux a été et demeure supprimée par suite de la révolution de 1789. Elle a été, quelque temps après, occupée comme écurie par la cavalerie et les remontes. Elle s'est trouvée peu propre à ce service, et reste actuellement sans emploi.

Son nom et son titre ont été conservés et transportés à la grande et belle église de l'abbaye de

3

Saint-Étienne, qui a été érigée en paroisse, en son lieu et place, avec une extension considérable de ressort.

Le nombre des obitiers de l'ancien Saint-Étienne a varié de huit à treize. Il s'y en trouvait cinq à l'époque qui a précédé immédiatement sa suppression.

PAROISSE SAINT-JEAN.

Celle-ci est pour nous la dernière des quatre que nomme Cenalis, comme devant leur origine à l'évêque saint Regnobert.

La paroisse Saint-Jean de Caen existait certainement en 1059, époque où elle se trouve mentionnée dans la charte de fondation de l'abbaye de Troarn. La cure, érigée plus tard en prébende, était à la nomination du chanoine de Saint-Jean.

Il ne reste rien de l'église primitive de cette paroisse. Celle qui la remplace n'a rien qui remonte au delà du XIVe siècle.

La tour du milieu n'est que du XVIe, et M. de Bras l'avait vu commencer de son temps. On la laissa imparfaite, parce qu'elle s'affaissait à mesure qu'on travaillait à l'élever plus haut.

Celle du portail s'est aussi enfoncée dans le sol,

dans sa partie nord, et surplombe considérablement de ce côté.

Ces accidents s'expliquent naturellement par la qualité peu solide du terrain de ce quartier, qui est tout d'alluvion.

Ces deux tours sont d'ailleurs d'un bel effet de perspective ; celle du milieu surtout est d'une élégance qui fait regretter que la construction n'ait pu être terminée.

L'église de Saint-Jean, comme celle de Saint-Étienne-le-Vieux, avait beaucoup souffert des opérations du siége de 1417. Elle reçut de même, en 1428, au nom du jeune roi Henri VI, un secours de cent livres destiné à solder la dépense de ses réparations.

Le nombre de ses obitiers était de six.

Cette église possédait anciennement beaucoup de riches reliquaires, renfermant des objets rapportés de la Terre-Sainte, par les paroissiens, au temps des croisades : des fragments de la crèche de Bethléem, de la colonne de Pilate, et du saint Sépulcre ; des pierres du Calvaire; et jusqu'à des cailloux roulés du torrent de Cédron et du Jourdain, etc., etc. Tous ces objets ont été dispersés.

Il y existait aussi plusieurs tableaux, entre lesquels on admirait beaucoup celui du maître-autel, représentant Notre-Seigneur baptisé par saint Jean, dans les eaux du Jourdain. C'était un ouvrage du célèbre Le Brun , exécuté à la demande de Daniel Huet qui l'avait donné à cette église , où lui-même avait été baptisé.

L'église de Saint-Jean l'a perdu en 1793 , avec beaucoup d'autres objets précieux ; il se retrouve heureusement au musée de la Ville , où les révolutionnaires l'ont laissé passer.

Deux statues des deux saints Jean , exécutées par le sculpteur caennais Postel , ont échappé à ces dévastations.

Aux temps qui ont immédiatement précédé la révolution , on allumait des feux de joie , dits de *la Saint-Jean* , devant le portail des deux églises paroissiales de Saint-Jean et de Saint-Pierre ; à Saint-Jean , c'était le clergé et les trésoriers qui faisaient la cérémonie ; à Saint-Pierre , elle était conduite par le commandant de la place et le maire et les échevins de la Ville. Les trésoriers de Saint-Pierre la renouvelaient devant leur église , la veille de la fête de leur saint patron.

L'église de Saint-Jean , rendue au culte , a été rétablie à l'état de paroisse , par suite du concordat de 1802.

PAROISSE SAINT-MICHEL-DE-VAUCELLES.

Vaucelles a formé anciennement une localité distincte et indépendante de la Ville de Caen , dont elle était séparée par toute l'étendue de prairie sur laquelle s'est établi plus tard le quartier Saint-Jean.

Le nom de Vaucelles vient de *Vallicullæ*, c'est-à-dire *petites vallées*.

Ce lieu a dû être , au temps des Romains, et avant la fondation de la ville de Caen, le point de passage de l'Hiesmois dans le Bessin, sur la voie de communication, existante alors, de l'ancien Lisieux à l'établissement de Bernières-sur-Mer.

L'église de Saint-Michel-de-Vaucelles existait au temps de Guillaume-le-Conquérant, et dépendait alors des deux patronages héréditaires, de Milon, *Maréchal de Venoix*, et du curé de Vaucelles, Raoul. La duchesse Mathilde acquit le premier dont elle gratifia son abbaye naissante de Sainte-Trinité ; le curé Raoul se dessaisit du second, en faveur de l'autre nouvelle abbaye de Saint-Étienne. Il y eut par la suite débat sur ces droits, dont l'exercice devint d'abord alternatif entre les deux abbayes, et finit par passer exclusivement à la seconde, moyennant dédommagement stipulé par transaction à la date de 1210.

L'édifice occupe une partie de colline assez escarpée et faisant saillie au nord sur le vallon, qu'il domine au loin d'une manière pittoresque.

La construction appartient à des époques diverses. La vieille tour, avec les piliers et une partie de la nef, offrent des caractères d'ancienneté les moins douteux ; d'autres parties sont du XVI° siècle, ou encore plus modernes. La nouvelle tour en dôme a été construite de nos jours.

Vaucelles, comme localité distincte, hors de Caen et du Bessin, était le chef-lieu d'un doyenné rural, de son nom, dans l'archidiaconé d'Hiesmois. Sous d'autres rapports, il comptait comme faubourg de la Ville, et son clergé faisait corps avec les paroisses de Caen, pour les processions générales et autres cérémonies publiques.

La paroisse avait six obitiers. Elle a été rétablie par suite du concordat.

PAROISSE SAINTE-PAIX-DE-TOUSSAINT.

Le petit quartier de Sainte-Paix, en raison de sa situation, est considéré comme faisant partie du faubourg de Vaucelles. Le fait est qu'il a été démembré du territoire de Mondeville, duquel dépendait anciennement tout le côteau où il s'est formé.

Le nom de cette paroisse se rapporte à des faits importants et connus.

Le duc Guillaume tint à Caen, en 1061, un concile provincial, tendant surtout à réprimer les désordres de l'époque par l'établissement de ce qu'on appelait la *Trève de Dieu.* C'était, comme on sait, une suspension périodique des hostilités, imposée par l'autorité ecclésiastique à tous gens de guerre et autres, durant certains jours de la semaine, et à certaines époques de l'année : transaction singulière entre l'esprit de piété et les *nécessités* du brigandage, utile et louable pourtant, dans l'impossibilité où l'on était alors de faire mieux. Tous les évêques et abbés de la Province assistèrent à cette grande solennité, et pour en accomplir les cérémonies, ils y avaient fait apporter les principales reliques de leurs églises, sur lesquelles devait être jurée l'observation des nouveaux statuts.

C'est à l'occasion de cette assemblée, et à l'endroit même où avaient été déposées les reliques, que fut construite une église, qui fut appelée, en conséquence, de *Sainte-Paix-de-Toussaint.* Plus tard elle fut nommée aussi de *Saint-Marc,* à cause des processions de la Ville, qui s'y réunissaient le jour de la fête de ce saint. Cette église qui n'a point été érigée en paroisse, fut dévastée successivement par les Calvinistes et les révolutionnaires, et il n'en reste plus que quelques débris.

Tout près de celle-ci, il en a existé une autre, dite anciennement de *Notre-Dame-de-la-Fontaine*, qui a pris plus tard aussi le nom de *Sainte-Paix*.

Cette dernière a été *curiale*, faisant deuxième portion de la paroisse de Mondeville, et dépendant, avec elle, de ce qu'on appelait l'*Exemption de Fécamp*. Il paraît qu'elle n'existait encore qu'à cet état à l'époque de la rédaction du *Livre-Saint* de Bayeux, à la date de 1356.

Ce n'est qu'en 1729 que cette paroisse de Sainte-Paix a été réunie à la bourgeoisie de Caen. Elle n'avait ni revenus ni obits; et en conséquence point d'obitiers.

Sa petite église était fort délabrée en 1786, et on avait commencé dès-lors à en élever, non loin de là, sur le côté opposé de la rue, une autre plus ample et plus convenable. La révolution qui survint peu après, ne permit pas d'achever entièrement celle-ci. Elle existe toutefois et a été conservée à l'état de chapelle.

Les traces de la précédente ont complètement disparu.

PAROISSE SAINT-GILLES.

L'origine de cette paroisse est bien connue.

Son église ne fut, dans le principe , qu'une chapelle , fondée par le duc Guillaume et la duchesse
Mathilde , son épouse , comme appendice de l'abbaye de Sainte-Trinité , pour la sépulture des
pauvres qui habitaient alors quelques parties de
ce quartier.

Bientôt l'existence de cette même abbaye ayant
attiré aux alentours une autre population , l'église
Saint-Gilles dut changer de destination , et fut
érigée en paroisse.

La chapelle primitive s'est conservée, et est devenue la nef de l'église. On dit que certaines parties fournissent sujet à des observations curieuses
et importantes pour l'histoire de l'architecture
chrétienne. Le chœur, qui y a été ajouté, n'est
que du XVᵉ siècle.

Huet, on ne sait par quelle méprise, loue la
savante architecture du portail , où il n'y a rien
du tout à remarquer.

La paroisse Saint-Gilles forme faubourg de la
ville de Caen.

L'emplacement a porté anciennement , dans
toute son étendue , le nom de *Callix* ou *Cally* ,

qui est resté à une partie de son prolongement
vers l'est.

Le quartier a aussi été appelé plus tard *Bourg-
l'Abbesse*, par opposition au faubourg de l'ouest,
près l'abbaye de Saint-Étienne, qui avait reçu et
conserve encore le nom de *Bourg-l'Abbé*.

L'église et la paroisse de Saint-Gilles dépendait de la juridiction de l'abbaye de Sainte-Trinité, tant pour le spirituel que pour le temporel.
Il y existait quatre obitiers. La paroisse a été rétablie par suite du concordat. Son église actuellement conservée, paraît devoir être prochainement
supprimée, lorsque celle de l'ancienne abbaye de
Sainte-Trinité, qui y est presque contiguë, aura
été mise en état de reprendre le rang qui lui appartient dans notre établissement religieux.

PAROISSE SAINT-JULIEN.

Cette paroisse occupait le faubourg de ce nom.
Quelques extensions qu'elle avait conservées sur
la Ville, paraissent prouver qu'elle existait avant
le tracé de nos plus anciennes fortifications.

Ce quartier a porté anciennement le nom de
Calibourg, qui est resté à une des rues qui l'ac-
cèdent.

Son église a appartenu aux Templiers, pres-

qu'au temps de la fondation de leur ordre, vers
1118. Après leur suppression, elle passa à l'ordre
de Malte, qui en est resté en possession jusqu'à
nos jours. C'est là que se faisaient entr'autres
(pour notre ville), les cérémonies de réception
de vœux des nouveaux chevaliers.

Le curé prenait autrefois les titres de *prieur*
et de *curé commandataire*.

On a conservé à Saint-Julien, jusqu'à la fin du
XVIe siècle, l'usage de lâcher dans l'église une co-
lombe, durant l'office de la fête de la Pentecôte,
au moment où se chantait le *Veni Creator*.

L'édifice paraît être du XIVe siècle, et n'a rien
de remarquable à aucuns égards.

Il subsiste à l'état de succursale.

PAROISSE SAINT-MARTIN.

Cette paroisse existait au temps de la duchesse
Mathilde, qui en acheta le patronage, pour en
gratifier son abbaye de Sainte-Trinité.

Son ressort s'étendait, en dehors de la Ville,
sur une partie du faubourg qu'on a nommé plus
tard *Bourg-l'Abbé*.

L'église de Saint-Martin n'a dû être fondée
que postérieurement à la date de 883, époque
où le nom de ce saint commença à être plus spé-

cialement vénéré dans les Gaules , par suite d'un
décret *ad hoc* du concile de Tours.

Sa construction était ancienne , au moins dans
ses principales parties. Elle était restée sans tour ,
jusques vers le milieu du siècle dernier.

Cette église a été supprimée et démolie par
suite de la révolution de 1789.

Elle occupait l'angle des rues Saint-Martin et de
l'Académie.

Ce fut dans un jardin proche de l'église de
Saint-Martin , entre cette même église et le mur
de la Ville attenant à la porte Arthur , que fut
tramé le complot de défection , par l'effet duquel
la Ville de Caen abandonna la cause du duc Robert-
Courte-Heuse, pour se donner à son frère Henri I.
L'événement eut lieu en 1106. Les chroniqueurs
ajoutent que le lieu resta frappé de malédiction ,
« et ne porta onques depuis ne feuille ne fruict. »
C'est à peu près l'emplacement où la nouvelle prison civile a été bâtie de nos jours.

Le nombre des obitiers était de deux , à l'époque de la suppression.

PAROISSE SAINT-NICOLAS-DES-CHAMPS.

Le territoire de cette paroisse occupait la majeure partie du faubourg dit le *Bourg-l'Abbé*.

Il avait été démembré de celui des paroisses de Saint-Étienne-le-Vieux et de Saint-Martin, qui y possédait déjà l'abbaye de Sainte-Trinité, pour être donné à celle de Saint-Étienne, qui autrement n'aurait eu aucune juridiction à y exercer.

La fondation de la paroisse Saint-Nicolas fut donc l'œuvre de l'abbaye de Saint-Étienne, et comme une suite immédiate de la sienne.

Les droits comparatifs entre les trois paroisses, quant au faubourg, furent réglés en 1083. Saint-Nicolas n'y possédait alors que cinq maisons ; il fut stipulé que son ressort s'étendrait sur toutes celles qu'on y construirait à l'avenir.

La cure de Saint-Nicolas resta long-temps en propre aux religieux de Saint-Étienne, qui la faisaient desservir par des vicaires. Ceux-ci, devenus ensuite perpétuels, ont fini par prendre le nom et le rang de curés.

L'église de cette paroisse est un bel édifice, et après l'église de la Sainte-Trinité, le plus précieux monument de l'ancienne architecture normande, qui se soit conservé entier dans notre ville.

La petite pyramide qui surmonte la tour carrée, est moins ancienne que le reste, mais aussi d'un effet des plus gracieux.

C'est dans l'enceinte de cette église que se rendaient, au XIIe siècle, les jugements apostoliques, par les commissaires délégués des papes,

sur les appels en cour de Rome, qui étaient alors
très-fréquents. La paroisse avait quatre obitiers.
Elle a été supprimée par suite de la révolution.

L'édifice employé quelque temps comme écurie
des remontes, n'a en ce moment aucune destination d'*utilité*.

PAROISSE SAINT-OUEN.

Ce petit quartier a formé anciennement comme
une sorte de hameau particulier, sous le nom de
Villers, qui est resté à sa principale place.

Il dépendait alors des paroisses de Saint-Étienne
et de Saint-Martin. Il fut donné par le duc Guillaume à l'abbaye de Saint-Étienne, vers 1077, et a
été considéré depuis comme une partie du Bourg-
l'Abbé.

La fondation de l'église doit être postérieure à
cette fondation primitive, et paraît l'avoir suivie
immédiatement. Elle a été dite anciennement de
Saint-Ouen et *Saint-Barthélemi*. Quelques-uns
l'ont appelée aussi *Saint-Ouen-de-l'Odon*.

La construction actuelle semble appartenir au
XIV° siècle. Elle est petite et insignifiante à tous
égards.

La paroisse avait deux obitiers. Elle subsiste à
l'état de succursale.

RÉSUMÉ DES CHANGEMENTS INTRODUITS DE NOS JOURS
DANS L'ÉTAT ET LE NOMBRE DES PAROISSES
ET ÉGLISES PAROISSIALES DE CAEN.

Les paroisses de Caen ont été en tout au nombre
de treize, à savoir :

Saint-Georges-du-Château, Saint-Pierre, Notre-
Dame-de-Froide-Rue, Saint-Sauveur-du-Marché,
Saint-Étienne-le-Vieux, Saint-Jean, Saint-Michel-
de-Vaucelles, Sainte-Paix-de-Toussaint, Saint-
Gilles, Saint-Julien, Saint-Martin, Saint-Nico-
las-des-Champs et Saint-Ouen.

De ce nombre total,

Passaient pour avoir été fondées par saint Regnobert, au VII° siècle : Saint-Pierre, Notre-
Dame-de-Froide-Rue, Saint-Sauveur-du-Marché,
et Saint-Jean.

Existaient avant Guillaume le-Conquérant, au
XI° siècle : Saint-Georges-du-Château, Saint-
Étienne-le-Vieux, Saint-Michel-de-Vaucelles,
Saint-Julien et Saint-Martin.

Furent fondées au temps dudit Guillaume, après
1066 : Saint-Gilles, Saint-Nicolas et Saint-Ouen.

Item, à une époque inconnue, en tout cas avant
le milieu du XIV° siècle : Sainte-Paix-de-Toussaint.

On aura remarqué, quant aux patronages :

Que ceux des quatre églises, de Saint-Pierre, Notre-Dame, Saint-Sauveur et Saint-Jean, étaient restés en possession de l'évêque, du chapitre et de l'établissement canonial de Bayeux ;

Qu'aux deux abbayes de Sainte-Trinité et de Saint-Étienne de Caen, appartenaient, d'une part, Saint-Georges, Saint-Étienne-le-Vieux, Saint-Gilles et Saint-Martin, et de l'autre, Vaucelles, Saint-Nicolas et Saint-Ouen ;

Et que de l'abbaye de Fécamp dépendait la cure de Sainte-Paix, et de l'ordre de Malte, celle de Saint-Julien.

Cet ensemble d'établissements religieux, frappé de suppression dans sa totalité, en 1793, ne s'est relevé qu'en partie, et avec d'importants changements, par suite du concordat de 1802.

L'organisation actuelle comprend :

1º Sept paroisses : Saint-Étienne, Saint-Sauveur, Notre-Dame, Saint-Jean, Saint-Pierre, Saint Gilles et Saint-Michel ;

2º Deux succursales : Saint-Julien et Saint-Ouen ;

3º Une chapelle : Sainte-Paix.

Restent supprimées : Saint-Georges, Saint-Martin et Saint-Nicolas.

L'appropriation des édifices a été réglée comme il suit :

1° Les paroisses de Saint-Pierre, Saint-Jean, Saint-Gilles et Saint-Michel, et les succursales de Saint-Julien et de Saint-Ouen, se sont rétablies, sans changement de place, chacune dans l'ancienne église de son nom;

2° Les paroisses de Saint-Étienne et de Notre-Dame ont été déplacées, et transférées hors de leurs anciennes églises, l'une dans celle de la ci-devant abbaye de Saint-Étienne, et l'autre dans celle des anciens Jésuites;

3° L'église dite de Notre-Dame (de Froide-Rue), restée vacante, a été occupée par la paroisse de Saint-Sauveur, en remplacement de la sienne dont on avait fait une halle, et a pris le nom de cette dernière, en échange du sien, transporté ailleurs.

Les églises de Saint-Martin et de Sainte-Paix, ancienne, ont été démolies. Celle de Sainte-Paix, nouvelle, n'a été conservée qu'à l'état de chapelle. Celles de Saint-Georges, Saint-Étienne-le-Vieux, et Saint-Nicolas, restent, quant à présent, sans destination.

Les paroisses de Saint-Étienne et de Saint-Jean sont cantonnales.

L'église de Saint-Pierre a perdu son ancien titre de paroisse principale de la ville, qui a été transporté à celle de Saint-Étienne (ci-devant abbaye). Le choix de cette dernière a été déterminé sur-

tout par l'importance de ce vaste édifice , qui
est censé remplacer, à lui seul, les trois petites
églises de Saint-Étienne-le-Vieux, Saint-Martin
et Saint-Nicolas, sur le territoire réuni desquelles
s'étend en effet son ressort.

N. B. Dans un autre essai de combinaison précédente, où Saint-Etienne et Saint-Jean étaient
seuls admis comme paroisses en titre , on n'avait
introduit Saint-Pierre, Notre-Dame, Saint-Sauveur, Saint-Michel et Saint-Gilles qu'à l'état de
succursales. La réintégration complète de ces
cinq dernières églises n'a eu lieu que successivement, et dans l'intervalle du commencement de
1821 à la fin de 1827.

FONDATION DES DEUX ABBAYES DE CAEN.

L'origine des deux grandes abbayes de Caen se
rattache à des faits historiques bien connus.

Le jeune duc Guillaume-le-Bâtard avait épousé,
en 1053, la princesse Mathilde, fille de Baudouin-
le-Pieux, comte de Flandre. Cette union était taxée
d'irrégularité , comme contractée sans dispense
ecclésiastique, pour empêchement de parenté, ou
affinité , existante entre les deux époux. Une ex-

communication s'en était suivie. Guillaume et Mathilde recoururent à des démarches de soumission. Ils négocièrent à Rome, et parvinrent finalement à obtenir la ratification de leur mariage, à condition seulement d'expier leur faute, par des fondations prescrites, de deux monastères à Caen (et peut-être aussi de quatre hôpitaux, dans cette même ville et ailleurs). Telles sont les circonstances qui déterminèrent la création de nos deux célèbres abbayes de Sainte-Trinité et de Saint-Étienne.

Nous essaierons de résumer séparément ce qui se rapporte à chacun de ces deux grands établissements religieux.

ABBAYE DE SAINTE-TRINITÉ.

L'abbaye de Sainte-Trinité de Caen fut fondée, en 1066, au nom de la duchesse Mathilde de Flandre, épouse du duc Guillaume, dit le Bâtard.

L'église fut dédiée le 18 de juin de cette même année.

Guillaume n'était encore que duc de Normandie, mais, alors même, il se trouvait au fort de ses préparatifs pour son expédition d'Angleterre, qui eut lieu au mois d'octobre suivant.

Le duc et la duchesse assistèrent à la cérémonie avec leur jeune famille, accompagnés de leurs barons et de tous les grands personnages du duché.

Le monastère fut destiné à recevoir des religieuses de l'ordre de Saint-Benoît, lesquelles durent être choisies dans les familles les plus illustres du pays. C'est pourquoi il fut alors, et a continué d'être depuis appelé vulgairement l'*Abbaye-aux-Dames*.

Le duc et la duchesse fondatrice firent à cette maison une dotation des plus considérables, qu'ils augmentèrent encore plus tard, à plusieurs reprises, mais qui, dès ce temps, suffisait pour la mettre au premier rang entre tout ce qui pouvait exister alors de pareil.

D'autres bienfaiteurs s'empressèrent de concourir avec eux à cette pieuse entreprise, et il n'y eut guère de personnage distingué dans le pays, à cette époque qui ne s'y soit associé, en effet, par quelque acte de libéralité plus ou moins important.

On remarque qu'en concédant des terres et des revenus, la plupart fournirent aussi des religieuses. Le duc donna l'exemple, en présentant comme telle sa fille Cécile, alors enfant, qu'il fit inscrire la première en cette qualité. D'autres offrirent de même leur fille, leur nièce, leur sœur; quelques-uns même leur femme ou leur mère.

La première abbesse s'appelait Mathilde. On

croit qu'elle était de la famille ducale ; mais les actes qui la nomment ne le disent pas expressément.

Entre les donations ultérieurement faites à l'abbaye de Sainte-Trinité, on remarque celles que Guillaume, devenu peu après roi d'Angleterre, lui fit de plusieurs seigneuries, situées en ce pays.

La duchesse-reine Mathilde, à sa mort, arrivée en 1083, lui laissa, par testament, sa couronne et son sceptre, avec beaucoup d'autres objets précieux d'orfévrerie, etc. Elle voulut y avoir, et y eut en effet sa sépulture, où ses restes, plusieurs fois insultés, reposent cependant encore de nos jours.

Robert-Courte-Heuse, après eux devenu duc au temps où sa jeune sœur Cécile était abbesse, en témoignage d'affection pour cette dernière, voulut aussi accroître la dotation de son monastère, et lui concéda, entre autres choses, tout ce que son père s'était réservé au faubourg de Calix. On remarque qu'à son retour de la croisade, en 1100, rapportant pour trophée le grand étendard des Sarrasins, qu'il avait enlevé à la bataille d'Ascalon, il en fit hommage à l'église abbatiale de ce même monastère, où il demeura dès-lors déposé.

Le prince Henri, son jeune frère (qui le supplanta dans la suite, et fut le roi Henri I), avait montré des dispositions fort différentes. Immé-

diatement après la mort du Conquérant (1087),
un mouvement de réaction s'était manifesté dans
les familles bienfaitrices, contre des donations
faites, disait-on, sans mesure, aux établissements religieux. Les mécontents s'étaient portés
à des actes de violence des plus coupables contre
tout ce qui tenait à ces derniers. L'abbaye de
Sainte-Trinité surtout eut beaucoup à souffrir de
ce mouvement, et les pièces de son cartulaire
nous font positivement connaître le même prince
Henri comme ayant joué, dans.ces désordres, un
rôle qui fait peu d'honneur à ses sentiments de
frère et de fils.

Ce ne fut, au reste, qu'un orage passager, après
lequel les pieuses libéralités reprirent leur cours
comme auparavant.

Les religieuses de l'abbaye Sainte-Trinité n'a-
vaient point été originairement soumises aux rigueurs de la clôture. Elles pouvaient recevoir leurs
parents et leurs amis dans leurs appartements, et
avaient, presque toutes, des nièces qu'elles élevaient. Elles assistaient en corps aux processions
publiques de la Ville. Il y avait des jours où elles
allaient prendre l'air dans un jardin peu éloigné
de leur monastère. L'Abbesse avait une maison à
Ouistreham, où elle allait quelquefois séjourner.
Elle pouvait assister aux représentations pieuses
qui se faisaient en ville., et y conduire une ou plu-

sieurs de ses religieuses. Et comme l'abbaye possédait de riches seigneuries en Angleterre, il est
arrivé souvent que des abbesses ont passé en ce
pays, avec une suite plus ou moins nombreuse,
et y ont résidé, plusieurs mois durant, afin d'y
surveiller l'administration de leurs biens. Un régime plus sévère ne fut introduit qu'en 1515, et
ne put être établi qu'à la suite d'une très-vive opposition.

Le nombre des religieuses a varié selon les
temps : il était de 65 en 1230, de 72 en 1250,
et de 75 en 1266, plus cinq en ce moment ab-
sentes avec leur abbesse. Leur revenu était alors
de 2,500 livres tournois en France, et de 160
livres sterling en Angleterre.

L'abbesse de Caen exerçait, par un official,
une juridiction ecclésiastique sur les paroisses de
Saint-Gilles, Carpiquet, Ouistreham et Saint-
Aubin-d'Arquenay. Elle avait aussi droit de juridiction civile et criminelle, sur les mêmes paroisses, pour l'exercice de laquelle elle avait un sénéchal institué *ad'hoc*. On a souvent cité comme
un acte étrange de cette dernière la poursuite
qu'elle fit, en 1483, contre une *beste porchine*,
coupable d'avoir dévoré un enfant au berceau.

Entre les autres concessions faites dès l'origine
à ce monastère, on remarque celle des dîmes de

Dives , comprenant nominativement le sel qui s'y
faisait , et les baleines qui s'y pêchaient alors.

L'abbaye avait un grand et un petit vignoble
dans son bourg où ils ont existé jusqu'en 1580.

Une foire annuelle de trois jours , la veille , le
jour , et le lendemain de la Trinité, avait été instituée à son profit , sur le territoire attenant à son
enceinte. Durant ces trois jours , l'Abbesse per-
cevait, sur toute l'étendue de la Ville et de ses
faubourgs , la totalité des droits royaux de *cou-
tûmes , acquits , péages , transits , etc.* , y exerçant , en outre , juridiction et connaissance de
tous faits y relatifs. Durant tout ce temps , ses armoiries et ses agents remplaçaient ceux du roi à
toutes les portes de la Ville , et le commandant
de la place , lui-même , et quel qu'il fût , allait lui
demander le mot d'ordre, pour le donner à la garnison.

Nous avons vu que l'abbaye de Sainte-Trinité
dut être fortifiée à la suite des désastres de l'invasion anglaise de l'an 1346. L'autorisation relative
à cet objet est de l'an 1359. L'exécution des travaux réduisit les religieuses à la nécessité de
vendre leur argenterie , y compris les châsses
de leurs reliques. Les habitants du quartier de
Saint-Gilles concoururent à la dépense , et furent
astreints à fournir la garde de la forteresse . et à
cet effet , exemptés des impôts établis sur le reste

de la Ville et de la vicomté. La place eut son capitaine nommé par le roi et à sa solde. La nouvelle
invasion de 1417, amena de la part du duc de
Bedford, en 1434, l'ordre de la démolir, qui ne
fut pas exécuté. Elle subsistait encore en 1450,
et au commencement du XVI° siècle. On n'en
trouve plus tard aucune autre mention.

Huet a cru que l'abbesse de Caen avait été quelquefois appelée *Obitière de Sainte-Trinité*. C'est
une erreur. Ce titre était celui d'une des religieuses de la maison, laquelle était chargée d'un
emploi spécial relatif aux obits. Il y avait aussi
une religieuse-aumonière, etc.

Au service de l'église abbatiale étaient attachés
quatre chanoines, appelés, on ne sait pourquoi,
cornetiers ; ils étaient d'institution primitive. Ils
furent supprimés en 1541, et remplacés alors par
des chapelains amovibles.

L'église de Sainte-Trinité avait certains rites
particuliers, dont les détails se trouvent consignés
dans plusieurs ouvrages spéciaux, imprimés ou
manuscrits. L'usage de célébrer la *fête des fous*,
le jour de celle des saints Innocents, s'y est conservé au moins jusqu'au commencement du XVe
siècle. Les jeunes religieuses y chantaient les leçons latines, *avec farces*, c'est-à-dire avec inter-
calation de développements familiers en langue
française. On y faisait figurer une petite abbesse,

4

qui prenait la place de la véritable, au moment
où le chœur chantait le verset : *Deposuit poten-*
tes de sede, etc., et la gardait jusqu'au retour
de ce même verset, à l'office du lendemain.

L'abbaye de Sainte-Trinité a été supprimée,
comme, tous les établissements religieux de la
même espèce, par suite des décrets de l'Assemblée
constituante de 1790. Le local, après beaucoup
d'autres essais d'emploi d'utilité publique, a fini
par être approprié à un hospice, et s'est trouvé
éminemment convenable à cette destination. On y
a en conséquence transféré l'ancien Hôtel-Dieu de
Caen, établi précédemment dans la partie sud de
l'Ile-Saint-Jean, où il avait subsisté plus de 600
ans. La translation a été effectuée le 6 novembre
1823. D'humbles religieuses hospitalières, vouées
au service de la misère et de la souffrance, ont
remplacé les dames, toujours un peu mondaines,
de l'ancien monastère normand.

Des constructions primitives de ce dernier, il
ne reste plus que l'église, heureusement subsistante, au surplus, dans un état de conservation
qui laisse peu de chose à regretter. C'est un monument des plus précieux de notre ancienne et
noble architecture normande.

« Le plan, en forme de croix latine, dit M. de
« Jolimont, est régulier ; et la structure, dans son
« ensemble, fournit sujet à une foule d'observa-

« tions aussi curieuses qu'intéressantes pour l'his-
« toire de l'art. La sévérité des lignes, la régularité
« et les belles proportions du portail, les ornements
« des cintres de ce portail, et ceux des murs laté-
« raux de la nef, évidemment d'origine saxonne, .
« les mascarons ou corbeaux à figures chimériques
« qui couronnent le haut de ces murs, et l'abside
« ou chevet, sont à l'extérieur, les parties qui mé-
« ritent le plus d'attention. Dans l'intérieur, la nef
« offre une sorte de magnificence remarquable dans
« la disposition et l'élégance des galeries qui ter-
« minent les travées, et rappellent à beaucoup d'é-
« gards, les constructions romaines. Le chœur est
« peu spacieux, et l'extrême nudité des murs avait
« été recouverte, dans l'origine, d'une riche boi-
« serie qui aura sans doute été enlevée. Le sanc-
« tuaire, élevé sur plusieurs rangs de degrés, est
« décoré d'un péristyle à double étage, de forme
« demi-circulaire , et surmonté d'une coupole
« peinte à fresque. Cette partie principale de l'é-
« glise est d'un aspect noble et majestueux, et se
« distingue de tout ce qui est connu en ce genre,
« par un caractère particulier... »

On doit citer aussi la crypte ou chapelle sou-
terraine, placée sous le chœur, et qui est un monument plus beau peut-être encore, et surtout plus
intéressant que le chœur lui-même. La voûte est
soutenue par trente-six colonnes d'environ huit

pieds d'élévation ; celles du pourtour reposent sur
un stylobate continu. Cette crypte, qui est éclairée
par d'étroits soupiraux et où règne un jour sombre
et mystérieux, était sans doute destinée à la sépulture des abesses.

Des travaux de distribution intérieure qui a-
vaient défiguré l'église, au temps de l'Empire,
pour y pratiquer des ateliers du dépôt de mendi-
cité, ont été supprimés depuis, et de manière
à ne laisser aucune trace des effets qu'on leur
avait justement reprochés. On est occupé en ce
moment à compléter la restauration de quelques
parties extérieures, dans la vue de rendre plus
ou moins prochainement cette église à l'exercice
du culte public.

L'église de l'Abbaye-aux-Dames est accompagnée de trois tours carrées, l'une placée vers le
centre de l'édifice, et les deux autres, de chacun
des deux côtés du portail. Aucune de ces tours
n'est surmontée d'une pyramide. M. de Bras et
Huet ont dit que les deux tours du portail ont
eu anciennement chacune la leur, et que celles-
ci furent abattues, l'une et l'autre, par le roi
de Navarre, Charles-le-Mauvais, en 1360. M. De
La Rue qui regarde la première de ces deux as-
sertions comme très-hasardée, rejette surtout absolument la seconde. Il ne pense pas que Charles-
le-Mauvais ait été alors, ni en aucune autre cir-

ABBAYE DE SAINTE-TRINITÉ. 59

constance, en position d'accomplir cet acte de
destruction, pour lequel il n'avait non plus aucun
motif plausible. Il croit que si cette démolition
est un fait réel, il faut l'attribuer à Charles V et
à Duguesclin, qui ont pu la faire exécuter, non
pas en 1360, mais apparemment quatre ou cinq
ans après, dans des vues de défense contre Charles-le-Mauvais, pour que ces points très-élevés,
et visibles de la mer, ne pussent servir de direction aux Anglais ses alliés. Quoi qu'il en soit, les
balustrades qui forment le couronnement actuel
des deux tours, sont un ouvrage tout-à-fait moderne, et qui ne remonte qu'au commencement du
siècle passé.

Nous avons dit que la reine Mathilde avait
voulu être inhumée dans l'église de son abbaye
de Sainte-Trinité. Elle y eut en effet son tombeau,
qu'on y a vu long-temps, surmonté d'un riche
monument, avec son épitaphe bien connue, en
vers latins de l'époque. Les Calvinistes le détruisirent en 1562. Les restes de Mathilde ne furent
toutefois alors que momentanément dispersés.
L'abbesse Anne de Montmorency trouva moyen
de les recueillir, et les fit replacer, peu après,
dans le cercueil d'où ils avaient été arrachés. Ils
y restèrent sans monument jusqu'en 1708, époque
où une autre abbesse, Gabrielle-Françoise de
Froulay de Tessé, les fit recouvrir d'un nouveau

mausolée. Celui-ci a été à son tour renversé par les révolutionnaires de 1793, qui, de cette fois pourtant, ne violèrent pas autrement le tombeau. M. le comte de Montlivault, préfet du Calvados, vérification faite des objets retrouvés dans ce dernier en 1819, l'a fait rétablir dans son état actuel, avec la pierre tumulaire dont l'inscription le désigne à nos respects.

Il existait dans l'église de Sainte-Trinité, d'autres tombeaux, dont nous n'avons point à nous occuper après celui-ci. L'abbesse Cécile, et deux autres princesses de la famille royale y avaient eu chacune le leur. L'emplacement n'en a point été reconnu.

Les bâtiments d'habitation de l'Abbaye-aux-Dames sont modernes, et ne datent, pour la plupart, que du commencement du siècle dernier. Quelques parties importantes y ont été ajoutées tout récemment, et depuis sa transformation en Hôtel-Dieu.

L'établissement occupe les hauteurs de Saint-Gilles, d'où il domine entièrement nos belles prairies de l'est. Il est peu d'effets de perspective plus frappants que celui qu'il présente, vu du côteau de Sainte-Paix, qui lui fait face au sud, aux abords des routes de Paris et d'Honfleur, etc.

ABBAYE DE SAINT-ÉTIENNE.

Les premiers travaux de fondation de l'abbaye de Saint-Étienne de Caen, furent commencés par le duc Guillaume en 1066. Ce dut être avant la Conquête, comme l'indique cette circonstance, que, dans un des actes qui s'y réfèrent, le titre de *comte*, pour *duc*, est encore le seul qui se trouve attribué au fondateur.

Guillaume avait dès lors appelé, pour être placé à la tête de l'établissement, en qualité d'abbé, l'illustre Lanfranc, alors prieur des Bénédictins du Bec, créateur de la célèbre école de cette autre abbaye, le même auquel il devait le succès de la négociation à Rome, au sujet de son mariage.

Lanfranc fut de ce moment chargé, en son nom, du soin des constructions, achats et échanges à faire en vue de cet objet, et il s'en acquitta comme on pouvait l'attendre de son zèle et de ses talents. Nommé archevêque de Cantorbéry, en 1070, Lanfranc ne put terminer les travaux de la fondation de Saint-Étienne, et dut laisser à son successeur, Guillaume de Bonne-Ame, l'honneur de les amener à leur fin. La dédicace eut lieu, sous les auspices de ce dernier, le 13 de septembre 1077.

Ce fut, plus encore que pour celle de l'abbaye de Sainte-Trinité, une grande et imposante cérémonie. Le monarque y assista avec toute sa famille, et tous les grands personnages de son duché, compagnons de sa fortune et de sa gloire, enrichis comme lui des dépouilles d'un royaume conquis.

Sa dotation fut magnifique, au-delà de toute attente, même après ce qu'on avait déjà vu de tel; et outre les biens situés en Normandie, s'étendit aussi à de nombreux et importants domaines situés en Angleterre, tous énumérés et dénommés dans la charte y relative.

Ici encore, comme on l'avait vu ailleurs, les donations primitives furent suivies de beaucoup d'autres ultérieures, et la foule des grands voulut de même s'associer à cette œuvre de son chef.

On remarque que quelques-uns stipulèrent pour condition de leurs libéralités, celle d'être reçus, présentement ou plus tard, eux-mêmes ou l'un de leurs fils, en qualité de religieux, dans le nouvel établissement.

Parmi les concessions primitivement faites par le roi Guillaume à son abbaye de Saint-Etienne, se trouvent spécialement énoncées:

1° Celle d'une foire de trois jours, qui a donné naissance à celle qui s'est tenue, jusqu'à ces derniers temps, sous le nom de *Foire-Saint-Michel,* dans les champs attenant à l'église Saint-Nico-

las. Ici se faisait, pour l'abbé de Saint-Étienne,
ce que nous avons vu faire ailleurs pour l'abbesse
de Sainte-Trinité. Trois jours durant, ses agents
et ses armoiries étaient substitués à ceux du roi,
aux portes de la Ville, et tous les droits d'entrée
et autres s'y percevaient à son profit;

2° Celle du lit du Vieux-Odon, depuis Venoix
jusqu'à l'embouchure de l'Orne, par où les vaisseaux de l'abbaye pouvaient alors remonter jusqu'au bassin qu'elle avait fait établir dans son
jardin.

A sa mort, le roi Guillaume ajouta encore à ses
dons précédents celui d'une terre dans le Cotentin, et légua à l'abbaye son sceptre, sa couronne,
et le reste de ses attributs royaux, etc.

Après lui, ses fils et successeurs, jusques et y
compris Henri II, confirmèrent toutes ses concessions, auxquelles plusieurs d'entr'eux ajoutèrent
encore quelques objets nouveaux. On remarque,
quant à ceux du legs ci-dessus, qu'ils donnèrent
lieu à une négociation, par suite de laquelle ils
revinrent au roi Henri I, moyennant cession d'une
seigneurie en Angleterre, au prix de laquelle il
les racheta.

L'abbaye de Saint-Étienne de Caen, fut, dès
le principe, sous les auspices de saint Lanfranc
et la règle de Saint-Benoît, qui, avec celle du
Bec, son modèle, contribua puissamment à la ré-

novation des études latines en France. Dans le
nombre des élèves qu'elle a produits, seulement
au premier siècle de son existence, on ne compte
pas moins de trois évêques et archevêques, et une
vingtaine de savants abbés. Des novices des autres
monastères de la Province y venaient faire leurs
études, et, d'une autre part, quelques religieux
de Saint-Étienne allaient perfectionner les leurs à
Paris, et jusqu'à Pavie.

Le Bourg-l'Abbé, sauf parcelles d'exception
réservées, faisait partie essentielle de la dotation
de l'abbaye de Saint-Étienne, et celle-ci y avait
droit de haute-justice. Elle avait aussi un droit de
juridiction spirituelle, dite *Exemption de l'abbé
de Caen*, tant sur les paroisses dudit bourg, que
sur celles d'Allemagne, Ifs, et Bretteville-l'Or-
gueilleuse.

Les mêmes motifs qui, après les désastres de
l'invasion anglaise de 1346, avaient détermine
à fortifier l'abbaye de Sainte-Trinité, firent adop-
ter une résolution semblable, à l'égard de celle
de Saint-Étienne. Le roi Jean, qui y séjournait
en 1354, donna lettres-patentes, à cet effet,
sous la date du 4 décembre de cette même année,
et le travail, en pleine activité en 1357, dut être
probablement terminé peu après. En 1371, le
fort était occupé par un chevalier, qui en avait
le commandement au nom du roi.

Dans l'invasion suivante de 1417, ce même fort étant tombé aux mains des Anglais, ils s'en servirent contre la Ville, et de manière à faire beaucoup de mal à cette dernière. Ce fut en plaçant son artillerie dans la tour du milieu de l'église Saint-Étienne, que le roi Henri V, en avança le siége et la prit d'assaut. Cette mesure ébranla la tour, qu'il fallut réédifier par la suite, et obligea de faire aussi beaucoup de réparations aux murs.

En 1454, un nombreux rassemblement de la noblesse et des paysans, armés contre les Anglais, leur enleva l'abbaye, et demantela une partie de ses fortifications. Mais faute de vivres et d'artillerie, il ne put s'y maintenir, et dut se retirer sans autre résultat.

Enfin, en 1450, par suite de la bataille de Formigny, le roi Charles VII reprit la Ville, et le point par où il força d'abord ses remparts, fut précisément sous les murs de l'abbaye, vers l'emplacement actuel de la rue dite de Guillaume-le-Conquérant. Il s'en suivit plus tard de nouveaux travaux à y refaire, auxquels on ajouta même une tour, dont la construction n'était pas encore achevée en 1462.

L'abbaye de Sainte-Etienne, en raison de sa destination propre, a été habituellement appelée *Abbaye-aux-Hommes*, comme on a vu déjà que celle de Sainte-Trinité était qualifiée *Abbaye-aux-Dames*.

L'une et l'autre furent des établissements privilégiés pour la noblesse. Celle de Saint-Etienne ne reçut dans l'origine, que des sujets de familles nobles, la plupart ayant préalablement, et plus ou moins long-temps, exercé la profession militaire. Ses usages ne changèrent, en ce point, que dans la seconde moitié du XVIIe siècle, lorsqu'elle accepta la réformation dite de Saint-Maur.

. Le nombre des religieux y a varié selon les époques. Il dut être de 120 dans le principe; il s'y trouva être de 54 à 70, au temps des visites de l'archevêque Odon Rigaud, années 1250, 1256 et 1266, non compris ceux qui étaient absents dans leurs prieurés. Il était réduit à 32, au temps de la suppression, en 1790.

Les revenus de la maison, tels que les reconnut l'archevêque Odon, aux époques indiquées, se montaient alors à 4,000 livres tournois, en France, et à 110 livres sterling en Angleterre; les 4,000 livres de France, valant alors un peu plus de 82,000 de nos francs. Plus tard, elle perdit ses possessions situées en Angleterre (1414), mais la masse de ses biens en France ne laissa pas de s'accroître encore, et s'évaluait de notre temps à 192,000 livres, dont les deux tiers étaient attribués à l'Abbé.

L'établissement tombé en commande, en 1531, y était constamment resté depuis.

Les anciens religieux de Saint-Étienne s'étaient occupés de beaucoup de travaux de recherches sur l'histoire de notre province, et possédèrent une bibliothèque nombreuse de manuscrits relatifs à ce sujet. Les désordres des deux invasions anglaises, et ceux des troubles du Calvinisme, en 1562, dissipèrent ce dépôt de richesses, et il ne s'en est conservé qu'une Chronique de Caen (*Chronicon cadomense*), qui, insérée en partie dans la collection de Duchesne, n'existe d'ailleurs complète que dans les manuscrits du Vatican.

Il est connu qu'à cette dernière époque de 1562, la dévastation fut telle, que les religieux durent quitter leur maison et leur église délabrées, dont il ne demeura que les murs, et ne purent y être rétablis que soixante-quatre ans après.

Dans l'intervalle, et par suite de cette interruption des habitudes de la vie monastique, les mœurs des religieux avaient subi un relâchement non moins fâcheux que notoire. Ce fut pour y remédier que fut introduite la réformation de Saint-Maur, en 1663. L'abbaye a fleuri sous cette seconde forme, jusqu'à l'époque de sa suppression. Alors encore elle entretint des professeurs de littérature, de philosophie et de théologie, qui formèrent des élèves du mérite le plus distingué.

5

Le grand bâtiment d'habitation du monastère ayant sa façade à l'est, sur le jardin, est un ouvrage moderne, et ne date que du commencement du siècle passé. Il fut construit sur les plans de Guillaume de La Tremblaye, frère convers de l'ordre, qui avait aussi fourni ceux des nouvelles constructions des abbayes de Sainte-Trinité et de Saint-Denis.

Entre les parties subsistantes d'édifices plus anciens, on remarque :

1° Sur le côté ouest de la grande cour, ce qu'on appelait le *Grand-Palais*, ou le *Palais du Roi*. C'est le nom et l'emplacement de celui que dut y posséder Guillaume-le-Conquérant ; mais ce ne sont pas les constructions de cette époque. L'ancien palais passait pour magnifique. C'était le logement habituel des rois de France, dans leurs voyages et séjours à Caen. Les recherches pour découvrir la date primitive de l'édifice actuel, et en suivre les vicissitudes, sont restées jusqu'ici sans résultat. Mais d'après le caractère de l'architecture, il ne semble pas possible de faire remonter cette construction au-delà du XIV° siècle, et tout porte à croire qu'elle remplace celle qui avait été l'ouvrage du Conquérant, dévastée ou détruite dans les guerres des XII°, XIII° et XIV° siècles. On vient d'approprier, pour y établir l'École normal, ce bâtiment qui avait été défiguré d'une manière

si fâcheuse, lorsque, au commencement de la révolution, on le transforma en magasins pour l'administration de la guerre. La façade qui est d'un
beau style ogival, a été fort bien restaurée et
refaite telle qu'elle existait anciennement.

2° Au fond de la même cour, faisant retour
vers l'est, et ayant face au nord, le vieux hôtel,
dit dans le temps, *Logis neuf de l'évêque de
Castres*. Il est de l'an 1490, et fut, comme le rap-
pelle son nom, le manoir de son fondateur,
Charles de Martigny, évêque de Castres, qui était
aussi abbé de Caen.

3° Un peu plus à l'est, faisant masse isolée
nord et sud, à l'approche des bâtiments neufs, ce
que quelques-uns avaient nommé à tout hasard
Salle des gardes du duc Guillaume ; c'était un
monument important, dont il existe de curieuses
descriptions, avec dessins, détails, etc. On y
admirait de superbes vitraux, et le pavé était
en briques émaillées, représentant des armoiries,
mêlées d'autres attributs féodaux, de chasse aux
chiens et à l'oiseau, etc. Cette salle est connue
pour avoir servi de lieu d'assemblée aux États de
la Province, et l'Échiquier y avait plusieurs fois
tenu ses séances, depuis l'époque de la réunion.
Le caractère de l'architecture ne permet pas de
supposer sa construction antérieure au XII° siècle.

Les briques armoriées du pavé ont donné lieu à

beaucoup d'hypothèses diverses. M. De La Rue
croit qu'elles étaient destinées à conserver le souvenir des familles illustres qui avaient fourni des
abbés ou des religieux au monastère. Avec celles
de France et de la ville de Caen , on y remarquait
entre autres, celles des Roncheville , des Tancar-
ville, des Harcourt, des Mathan , des Briqueville,
des Creully, des Tilly, etc. , en tout vingt-quatre ,
mais toutes répétées un grand nombre de fois.

Ce monument avait échappé , on ne sait comment, à toutes les dévastations qui avaient précédé notre époque. L'administration le défigura
en 1804 , par de malheureux travaux de distribution intérieure, pour en faire des classes de
collège, étroites et incommodes, qu'il a fallu
abandonner dès qu'on a eu la possibilité d'en établir d'autres ailleurs.

De tout l'établissement religieux de Saint-
Étienne, l'église est ce qui subsiste de plus important à tous égards. C'est un des plus précieux
monuments du moyen âge , l'honneur de notre
ville, et l'objet de la juste admiration de tous les
étrangers. L'édifice appartient à des époques diverses. La nef et le croisillon , avec le portail et
les deux tours carrées qui l'accompagnent, sont
reconnues pour avoir fait partie de la construction
primitive. Seulement les hautes et belles pyramides , surajoutées à ces tours, présentent un

caractère plus moderne , et ne doivent pas être
antérieures au XIV° siècle. Le chœur et les ailes
paraissent appartenir aussi à cette dernière époque, et passent communément pour être du temps
de l'abbé Simon de Trévières , qui fleurit de l'an
1316 à 1344. L'ensemble se raccorde sans effort
comme sans disparate , et tout y concourt à l'effet
d'une simplicité grandiose , excluant toute apparence d'ornement étudié.

Sur le milieu de l'église s'élevait anciennement
une tour déjà une fois endommagée et rétablie au
temps de la deuxième invasion anglaise. Elle était
en pyramide, et à peu près semblable à celles du
portail. Les Calvinistes la détruisirent en 1562,
Elle n'a été réédifiée depuis que sous la forme de
lanterne, telle que nous la voyons actuellement.

On regrette que le chevet se trouve masqué aujourd'hui d'une manière si déplorable par les nouvelles classes du collège royal. Cette partie entièrement reconstruite vers le commencement du XIII°
siècle, est d'un fort bel aspect, et remarquable surtout comme un exemple de la direction que prenait
l'art à cette époque. Il existe sur le mur, à quelques
pouces de terre, sur la partie la plus saillante du
rond-point , une inscription en caractères du
temps , qui fait connaître le nom de l'architecte à
qui l'on doit cette belle portion de l'église Saint-
Étienne.

Voici cette inscription dont la lecture présente quelques difficultés :

VILLELMUS. JACET. HIC. PETRARUM. SUMMUS. IN ARTE.
ISTE. NOVUM. PERFECIT. OPUS. DET. PRÆMIA. CHRIS-
TUS. PERENNIS. AMEN.

Le roi Guillaume-le-Conquérant, à sa mort arrivée en 1087, avait été inhumé dans cette église de Saint-Étienne de Caen. Les circonstances de cette inhumation furent remarquables, mais fourniraient un détail qui nous entraînerait trop loin de notre sujet. Seulement sur ce qui regarde le personnage nommé Ascelin, dont la singulière réclamation mit un moment obstacle à l'achèvement de la cérémonie, nous croyons à propos d'observer d'après Huet et M. De La Rue :

1° Que quelques historiens du temps qualifient cet Ascelin du titre de chevalier (*miles*), et le disent fils d'Arthus.

2° Qu'il existait alors, ou avait existé peu auparavant, à Caen, un certain Arthus, qui, du reste, nous est actuellement tout-à-fait inconnu ; mais qui devait y avoir eu une certaine importance, au moins dans ce quartier de Saint-Étienne, s'il est vrai que ce fût de lui qu'eût pris son nom la porte de la Ville ayant sortie sur le Bourg-l'Abbé.

3° Que la famille Ascelin est connue par des

actes du cartulaire de Saint-Étienne, comme ayant,
à cette même époque, vendu aux deux premiers
abbés de Caen, une grande partie de l'emplacement de l'abbaye, et même celui de l'église abbatiale.

Quoiqu'il en soit, le tombeau de Guillaume-le-
Conquérant existait dans l'église de Saint-Étienne,
et s'y trouvait surmonté d'un monument éclatant
d'or, d'argent et de pierreries, que lui avait fait
élever son fils Henri I. On y remarquait son effigie
taillée en bosse, couchée sur la pierre tumulaire,
et aux pieds de cette effigie, son épitaphe, en
vers latins du temps, composée par Thomas, archevêque d'York, laquelle y était gravée sur une
lame d'or, et conçue dans les termes ci-après :

Qui rexit rigidos Northmannos, atque Britannos
*   Audacter vicit, fortiter obtinuit,*
Et cenomanenses virtute coercuit enses,
*   Imperiique sui legibus applicuit,*
Rex magnus parvá jacet hâc Guillelmus in urná,
*   Sufficit et magno parva domus domino.*
Ter septem gradibus se volverat atque duobus
*   Virginis in gremio Phœbus, et hic obiit.*
*   MLXXXVII.*

Ce tombeau avait été ouvert en 1522, sur la demande de trois prélats italiens, qui, l'ayant visité
à leur passage en notre ville, manifestèrent le désir d'en vérifier le contenu. Le corps s'y trouva
dans un état de conservation telle, qu'il put en

être fait un portrait, qui fut placé, et demeura
suspendu en face, après que toutes choses eurent
été remises en leur premier état.

Quarante ans plus tard, c'est-à-dire en 1562,
survint le soulèvement des Calvinistes, qui amena,
comme on sait, la dévastation de toutes nos
églises. Celle de Saint-Étienne fut surtout des plus
maltraitées : le tombeau de Guillaume ne manqua
pas d'être du nombre des premiers objets détruits. Les sectaires y cherchaient, dirent-ils, un
trésor caché. Ils n'y trouvèrent que des ossements
desséchés, qu'ils dispersèrent avec fureur et in-
sulte : un seul de ces mêmes ossements a pu être
retrouvé ; c'était un os de la cuisse, et l'on remarque qu'il était de quatre doigts plus long que
le comporte la stature ordinaire de l'homme.

Ajoutons que les désastres du premier moment
furent suivis de beaucoup d'autres, continués
long-temps de sang-froid et par système, et que
même en se retirant de la Ville, tandis que se
préparait notoirement l'édit de pacification du 19
mars 1563, l'amiral de Coligny laissa aux siens
l'ordre de démolir l'abbaye, à quoi ils travaillè-
rent jusqu'à l'instant même de la publication de
ce même édit. Il existe un procès-verbal de l'état
dans lequel ils laissèrent l'édifice. Il en résulte,
comme nous l'avons dit, *qu'il n'en demeurait aucune chose excepté les murs.*

A la suite de ces ravages, l'église à demi dé-

molie dut rester long-temps abandonnée, et ne se
rétablit que lentement. Elle ne put être rendue
au culte qu'en 1626, par les soins du prieur Dom
Jean de Baillehache, qui avait consacré une partie de sa vie à la faire restaurer.

Jusqu'alors, et quinze autres années après, la
tombe de Guillaume-le-Conquérant était restée
vide. Jean de Baillehache, qui, vers cette époque
et après bien des recherches, avait enfin recouvré
l'ossement unique, reconnu pour en avoir été ex-
humé, l'y fit replacer honorablement en 1642, et
au lieu de l'ancien monument détruit, érigea, au-
dessus, une petite construction nouvelle, avec
inscription latine commémorative du fait et de ce
qui l'avait précédé.

Ces deux premiers tombeaux de Guillaume
avaient été placés, comme on le comprend, au
lieu même de l'inhumation, lequel se trouvait alors
dans le sanctuaire de l'église; mais, comme dans
la suite, l'église avait été prolongée dans sa partie orientale, pour y former un nouveau chœur,
il s'en suit que les parties de l'édifice avaient
changé depuis de nom et de rapports entre elles,
et que l'ancien sanctuaire, par exemple, était
devenu la partie basse du chœur, vers la nef, de
sorte que le tombeau qui s'y trouvait, en quelque
façon, rejeté, n'y était plus convenablement, et
y gênait d'ailleurs beaucoup le mouvement régulier des cérémonies solennelles.

Les religieux sollicitèrent en conséquence et obtinrent du roi Louis XV, l'autorisation de le déplacer, et le transportèrent en effet, en 1742, de l'ancien au nouveau sanctuaire, où il fut rétabli, sous une troisième forme, et encore avec une troisième inscription.

Ici, les révolutionnaires, après 1789, le trouvèrent sur leur passage, et le renversèrent de nouveau à cause des armoiries qu'ils y remarquèrent, mais au reste sans violer autrement la sépulture placée au-dessous.

Tout finit, avec le renouvellement du siècle, par un acte du gouvernement consulaire, ou du général Dugua, son préfet, en 1801 (un an avant le rétablissement des cultes), lequel, fermant une dernière fois cette fosse si souvent troublée, la recouvrit d'une simple dalle de marbre blanc, sur laquelle se lisent ces seuls mots :

HIC SEPULTUS EST

INVICTISSIMUS

GUILLELMUS

CONQUESTOR

NORMANNORUM DUX

ET ANGLIÆ REX

HUJUSCE DOMUS

CONDITOR

QUI OBIIT ANNO

M . LXXXVII.

L'abbaye de Saint-Étienne, supprimée avec toutes les autres, dut être évacuée au commencement du mois de novembre 1790. L'église, rendue au culte en 1802, est devenue alors paroissiale, remplaçant seule, comme nous l'avons dit, celles de Saint-Étienne-le-Vieux, Saint-Martin et Saint-Nicolas. Les bâtiments d'habitation, occupés durant quatorze ans par l'administration départementale et les préfets qui l'ont continuée, ont été plus tard consacrés à l'instruction publique, et sont devenus le siége du lycée, ou collége royal, qui s'y trouve admirablement établi depuis l'an 1804.

ÉGLISE COLLÉGIALE DU SAINT-SÉPULCRE.

Cette collégiale fut fondée, en 1219, par un prêtre, nommé Guillaume Acarin, originaire de la paroisse de Grainville, et connu pour avoir exercé divers emplois à l'Échiquier et au conseil du roi, sous Philippe-Auguste et Louis VIII, et durant la minorité de Louis IX.

Le nombre des chanoines ne fut pas fixé dans le principe. Il était de seize en 1266. Il fut augmenté dans la suite, et retomba finalement à dix.

L'église primitive du Saint-Sépulcre était très-belle. Le fondateur, qui avait fait le voyage de la

Terre-Sainte , avait fait construire son édifice sur
le plan de celui du Saint-Sépulcre de Jérusalem.
On y remarquait une chapelle, dite du *Monument*,
qui représentait au vrai le tombeau de Notre-
Seigneur Jésus-Christ , et où l'on conservait un
morceau de la vraie croix, que toutes les paroisses
de la Ville venaient processionnellement adorer le
dimanche des Rameaux. Une autre cérémonie qui
s'y faisait le Vendredi-Saint , attirait un tel concours, que les oblations de ce jour, mises à ferme
au XIVe siècle , y ont été adjugées à des prix de
44 et de 52 florins d'or.

L'église du Saint-Sépulcre se trouvant , comme
nos deux grandes abbayes , en-dehors de l'enceinte des murs de la Ville, et ne pouvant, comme
elles, être protégée par cette fortification , comme
elles aussi dut solliciter et obtenir l'autorisation
d'y suppléer par d'autres ouvrages de fortification
spéciale. C'est ce qui eut lieu en effet au XIVe
siècle , et on trouve qu'aux dates de 1372 et 1376,
elle avait un fort soumis à l'inspection du grand
bailli de Caen , et où existèrent cinq *balistes* avec
leur artillerie, qui en garnissaient les murs.

Cette collégiale avait un trésor dont il est souvent fait mention dans ses registres. On y conservait des reliques renommées, surtout des vête-
ments et des meubles ayant appartenu à saint
Thomas de Cantorbéry. On y remarquait aussi de

précieux manuscrits, et de petites statues en ivoire
et en bronze , probablement d'origne grecque on
romaine. — Il y existait une chronique latine ,
composée par les chanoines de l'établissement.

L'église du Saint-Sépulcre avait été pillée par
les Anglais dans l'invasion de 1417, et ils en
avaient alors enlevé le morceau de la vraie croix
qu'on y révérait si particulièrement. Ils le rendirent peu après , à la suite de quelques désastres,
dans lesquels ils avaient cru reconnaître les caractères d'une punition divine. On fit de ce sujet un
tableau historique , qui fut placé dans l'église de
la collégiale, où il était fort remarqué, et où M. de
Bras l'avait long-temps vu.

Les Calvinistes qui , à leur tour, ne manquèrent
pas de dévaster cette même église en 1562 , dispersèrent ou détruisirent tous ces objets , de manière à n'en laisser subsister aucune trace. Après
quoi , ce fut le duc de Bouillon , gouverneur pour
le roi, mais partisan connu des sectaires, qui
compléta l'œuvre de ces derniers , en faisant démolir l'édifice , *tant à coups de canon qu'à coups
de marteau* , dit l'historien , sous prétexte de danger , que de cette position élevée , l'ennemi ne pût
entreprendre d'inquiéter la garnison du Château.

En réparation de cette perte, les chanoines du
Saint-Sépulcre obtinrent du chapitre de Bayeux
la chapelle de Sainte-Anne , située près de leur

ancienne église, laquelle après quelques agran-
dissements tous récents, forma la nouvelle collégiale, qui a subsisté jusqu'à nos jours. L'église du
Sépulcre a été supprimée par suite de la révolution
de 1789, et demeure actuellement sans emploi.

Les degrés par où l'on monte de la rue du Vaugueux à la place du Saint-Sépulcre, sont dus à la
libéralité des chanoines de cette collégiale ; ce fut
en l'année 1629 qu'ils furent mis en l'état où ils
existent présentement.

COUVENTS ET CONGRÉGATIONS D'HOMMES.

CARMES.

On sait que les religieux carmes se donnaient
pour les continuateurs des disciples d'Élie au mont
Carmel. Ils avaient été anciennement nommés *Pères barrés*, à cause de leur robe, alors bariolée de
bandes orangées, noires et blanches. Ils s'étaient
faits mendiants, ne vivant que d'aumônes, à l'exemple des Franciscains.

On ignore la date précise de leur établissement
à Caen ; seulement on trouve un legs stipulé en
leur faveur, à la date de 1275, et il est connu que
leur fondateur, nommé Jean Pillet, a dû fleurir à

cette même époque. La rue où ils s'établirent s'appelait précédemment Petite-Rue-Saint-Jean ; elle était alors fermée à son extrémité, par leurs jardins et d'autres propriétés, et ne fut ouverte, sur le Quai, qu'en 1613.

Leur église ne fut d'abord que ce qui est devenu plus tard leur chapelle dite de Sainte-Anne. Le surplus y avait été ensuite ajouté peu à peu. Elle fut dévastée en 1562. Il y existait alors un contre-autel à personnages en fin or battu, que M. de Bras met au-dessus de tout ce qu'il avait vu de plus beau en ce genre, et dont il a laissé une description extrêmement curieuse.

Nous savons peu de chose sur l'histoire de ce couvent, parce que les documents qui le concernaient ont été, à cette époque, dispersés ou totalement détruits. Quelques religieux de ce monastère ont laissé un nom recommandable par leur savoir en théologie, et leurs talents distingués pour la prédication.

Sur la porte d'entrée de leur cloître, en dedans, se trouvait ce singulier distique, en l'honneur du bienheureux Simon Stock, un des saints de leur ordre :

D	Di	Si	scapul	ac	ab as
um	vus	mon	are	cepit	tris.
T	sœ	Dœ	ulul	in	in an

La petite tour octogone est du XVIIe siècle.

Les bâtiments subsistent, abandonnés depuis
1790.

Ceux de cet ordre, appelés *Frères prêcheurs*,
sont plus communément connus sous le nom de
Jacobins, que leur avait donné le peuple de Paris, par la raison qu'ils s'y étaient établis d'abord
dans la rue Saint-Jacques. Ils avaient été primitivement institués comme chanoines réguliers, et
s'étaient faits peu après religieux mendiants.

Leur établissement à Caen est dû au roi saint
Louis ; le sire de Joinville le dit en termes formels, et on trouve, d'autre part, un legs stipulé
pour eux en 1247. La rue où ils se fixèrent s'appelait alors rue de la *Chaussée*. C'est d'eux qu'elle a
pris celui de rue des *Jacobins*.

Ils furent long-temps, à Caen, les inquisiteurs
de la foi et on les trouve agissant en cette qualité, dans le procès des Templiers en l'an 1307.
Ils ne paraissent pas avoir jamais abusé de cette
fonction, et l'histoire locale ne leur attribue aucun de ces faits qui ont fait ailleurs justement dé-
tester ce nom.

Leur couvent a produit quelques hommes distingués, notamment un évêque et plusieurs pro-

fesseurs de théologie. Un autre de leurs frères, qui, vers le milieu du XVIᵉ siècle, avait long-temps prêché la foi chez les sauvages caraïbes, a composé un dictionnaire et une grammaire de la langue de ces peuples.

L'église des Dominicains avait été ravagée, comme les autres, par les Calvinistes, en 1562. L'établissement supprimé en 1790, a été plus récemment détruit par un incendie.

Les Dominicains avaient en arrière de leur couvent, vers la prairie, une espèce de verger, formant île, et nommé *la Cercle*, que M. de Bras décrit comme un lieu de récréation charmant. C'est de quoi on a fait plus tard l'emplacement de la *Foire-Franche*, la Ville l'ayant acheté d'eux, à cet effet, en 1535, comme il sera expliqué ailleurs.

C'est dans l'église et le couvent des Dominicains que se tenaient, durant la révolution, à Caen (comme à Paris), les assemblées de la prétendue *Société populaire*, dite de là plus communément *Club des Jacobins.*

CORDELIERS.

C'est, comme on sait, le nom vulgaire des *Frères mineurs* franciscains, auxquels il fut donné

apparemment à cause de leur ceinture en façon
de corde. C'était l'ordre mendiant par excellence,
sur le modèle duquel les autres s'étaient établis ou
réformés.

On ne connaît pas au juste l'époque de leur établissement dans notre ville, leurs titres ayant été
brûlés comme beaucoup d'autres, dans le soulèvement des Calvinistes en 1562.

On cite d'une part une famille Guesdon, et de
l'autre une famille de Beleth, comme en ayant été
les fondateurs. La Chronique de Caen les dit établis en 1236, et on trouve des legs à leur profit stipulés en 1247.

Les Cordeliers de Caen furent de bonne heure
en relations intimes d'intérêts et de bons offices
avec l'université de cette ville. Dès l'an 1440, à
l'époque de sa formation, ce corps avait commencé
à tenir ses assemblées dans leur couvent, et Michel
Tregore, le premier recteur, avait réglé qu'à
l'avenir il continuerait d'en être ainsi.

On trouve en revanche, qu'en l'an 1492, les
Cordeliers courant risque d'être expulsés de leur
maison par d'autres cordeliers réformés, dits de
la Bulle, l'Université les prit sous sa protection
spéciale, et les débarrassa des prétentions de
leurs concurrents.

Il existait dans le couvent des Cordeliers, de
vastes salles, qui ont servi souvent à des usages

solennels. L'une d'elles était appelée la salle de
Bretagne ; une autre, salle du *Tinel*, c'est-à-dire
de la Cour. Le parlement de Rouen y tint ses séances, lorsqu'il fut momentanément transféré à Caen
par Henri IV, pour le soustraire à l'influence des
ligueurs : le tribunal de l'Élection y siégea ensuite, et y était encore établi en 1790.

L'église et le couvent des Cordeliers avaient été
occupés par les Calvinistes en 1562, et ils y avaient
célébré leur cène, le jour de Pâques de cette
même année. Ils les brûlèrent dans la nuit suivante,
au moment où venait de se publier l'édit de pacification, par dépit de ce que cet acte ne leur conservait pas le libre exercice de leur culte dans les
villes. L'église fut réédifiée plus tard par les aumônes des fidèles : le nom de Henri IV figure en tête
ceux des personnages qui firent les principaux frais
de cette réparation.

Les Cordeliers de Caen possédaient une bibliothèque curieuse et bien choisie. Le P. Martin,
savant bibliographe et ami du célèbre Huet, l'avait
enrichie de livres précieux. Cette belle collection a
été dispersée par suite de la révolution de 1789.
Ce qui en resta a été réuni à la bibliothèque de la
Ville.

Il existait dans l'église des Cordeliers quelques
tombeaux remarquables, particulièrement celui
du fameux abbé Michel de Saint-Martin, si connu

par les bouffonneries de la *Mandarinade*, etc. —
Le tout a été détruit en haine des écussons qui
pouvaient s'y trouver.

Le couvent dut être évacué en 1790. On y a rétabli plus tard les religieuses bénédictines du Saint-
Sacrement, qui l'ont fait restaurer et l'occupent
aujourd'hui. L'église a été réparée et remise en
très-bon état.

CAPUCINS.

Ceux-ci étaient fransciscains, comme les cordeliers, mais formant ordre distinct, réformé, et
le plus rigide de tous les ordres mendiants

Les Capucins portaient la barbe longue, marchaient jambes et pieds nus, chaussés seulement
de sandales découvertes ; n'étaient vêtus que d'é-
toffe brune et grossière, avec une courroie de cuir
pour ceinture ; ne pouvaient individuellement posséder quoi que ce soit en propre, etc. La croix
placée sur leur autel, et portée en tête de leurs
processions était de bois brun, équarri, sans mou-
lure ni aucune sorte d'ornement quelconque. Leur
misère et leur humilité les rendaient vénérables
aux yeux des peuples, qui avaient une grande
confiance en leurs prières. On les recherchait
comme confesseurs et comme prédicateurs, et ils
avaient beaucoup de succès dans les missions.

Les Capucins n'avaient été admis en France
qu'en l'an 1574. Leur couvent de Caen fut le troisième de l'ordre, fondé l'année suivante 1575, à
la demande des échevins de la Ville, et sur le conseil du gouverneur, M. de la Vérune. Les religieux
de Saint-Étienne fournirent l'emplacement situé paroisse Saint-Ouen, où il avait formé anciennement
le fief de Brucourt.

En l'an 1635, la Ville de Caen se trouvant cruellement affligée d'une maladie contagieuse, et qui
y faisait de grands ravages, les Capucins, qui s'é-
taient montrés pleins de dévouement et de charité
contre le fléau, se rendirent processionnellement
à La Délivrande, afin d'en implorer la cessation.
Ils s'y trouvèrent au nombre de quarante, portant
chacun une croix de bois. Le résultat fut tel que
tout l'honneur en revint aux pères Capucins. L'u-
sage du pélerinage devint annuel, et nous l'avons
vu subsistant jusqu'à la révolution. Il se faisait le
mardi dans l'octave de la Fête-Dieu. Le clergé
de Saint-Pierre, en procession solennelle, portant le Saint-Sacrement, sortait de son église et
s'avançait jusqu'au haut de la rue du Vaugueux,
à la rencontre des bons pères à leur retour. Le
peuple affluait en foule, et l'on parlait beaucoup
des miracles qui avaient communément lieu à cette
occasion.

On a conservé à Caen le souvenir des services

que les Capucins rendaient dans les incendies. Ils
y montraient une rare intrépidité.

Le couvent des Capucins n'a pas manqué d'être
supprimé, comme les autres, par suite de la révolution de 1789. Le local a été depuis vendu aux
religieuses du Bon-Sauveur, qui y ont donné à
leur établissement les importants développements
qu'il n'avait pu prendre ailleurs.

CROISIERS.

Les Croisiers se disaient proprement *chanoines
réguliers de Sainte-Croix.* Ils se qualifiaient *ordre
canonial, militaire et hospitalier,* et portaient,
pour insigne spécial, une croix d'étoffe rouge et
blanche, cousue à l'endroit de la poitrine, sur leur
scapulaire noir. Ils avaient commencé par vivre
exclusivement d'aumônes ; mais plus tard ils furent
autorisés à posséder des revenus et des biens fonds.

La première apparition de ces religieux à Caen,
doit remonter au moins à l'an 1275, époque où on
y trouve un legs stipulé en leur faveur ; mais il
paraît qu'ils n'y avaient point alors encore d'établissement propre, et qu'ils ne parvinrent à s'y
fixer, en effet, qu'à la date de 1306. L'emplacement qu'ils y occupèrent d'abord est celui où se

trouve actuellement le marché aux bestiaux , dans
les fossés de Saint-Martin. Ils furent obligés de le
quitter en 1356, attendu qu'à la suite de la première
invasion anglaise , on crut devoir exécuter, sur ce
point, des travaux de fortification dans l'alignement
desquels leur couvent se trouvait placé.

Le prince régent du royaume (Charles V)
leur donna en échange , le couvent des Béguines
de la Franche-Rue , qui furent elles-mêmes transférées ailleurs. La Franche-Rue prit de là , et a
gardé par la suite , le nom de *Rue des Croisiers*.

Cet établissement avait déchu dans le cours du
XVIIIe siècle. Il fut supprimé par décret de l'évêque
de Bayeux, suivi des lettres patentes du roi Louis
XV, en 1772. La maison et les revenus furent alors
réunis à la faculté de théologie de l'université de
Caen.

L'église a été démolie en 1808.

JÉSUITES.

Les Jésuites formaient une grande congrégation
ecclésiastique, plutôt qu'un ordre religieux proprement dit. Leur création ne remonte qu'à l'an
1534 , et se lie à l'histoire du protestantisme , dont
ils se chargèrent surtout de combattre les progrès

alors de plus en plus alarmants. Le titre qu'ils
prirent tout d'abord fut celui de *Société de Jésus*.
Aux fonctions ordinaires de la prédication, des
missions, et de la direction des consciences, ils
joignirent le soin de tenir des colléges d'instruction publique, formant toujours partie essentielle
de leur établissement. Ils s'occupaient aussi de la
culture des sciences et des lettres, et surtout de
l'histoire, et de l'éloquence et de la poésie latines,
que plusieurs d'entre eux ont traitées avec beaucoup de succès.

L'objet et les formes particulières de leur institution les mettant en rapport plus intimes que
tout autre ordre avec le mouvement et les actes de
la politique du temps, il s'en est suivi naturellement que leur existence a dû être plus agitée, et
qu'ils ont dû aussi avoir des amis plus ardents et
des adversaires beaucoup plus passionnés.

L'établissement des Jésuites, à Caen, ne date
que de l'an 1608, et fut l'œuvre du roi Henri IV,
qui paraît y avoir mis alors un vif intérêt. Les premiers fonds furent fournis par résignation volontaire du sieur Robert de la Ménardière, abbé de
Sainte-Colombe et prieur de Sainte-Barbe-en-Auge,
lequel, du consentement de ses religieux, y affecta
irrévocablement les revenus de ce dernier bénéfice,
instituant les Jésuites, en son lieu et place, comme
titulaires perpétuels de ce même prieuré. Le roi les

mit alors en possession immédiate du collége dit
du *Mont*, situé rue de l'Église de Saint-Étienne-le-
Vieux, où ils s'établirent aussitôt, et qu'ils augmentèrent ensuite considérablement.

Ils se procurèrent avec le temps, par acquisi-
tions dans les Petits-Prés, l'emplacement de leur
église, qu'ils commencèrent à bâtir en 1684, et
qui fut consacrée en 1689. Le roi Louis XIV y
avait ajouté, en 1686, la donation du bastion, placé
derrière leur collége, sur lequel ils ont étendu leurs
jardins, jusqu'alors en disproportion extrême avec
les besoins de leur maison.

L'établissement des Jésuites de Caen a fleuri
durant cent cinquante-quatre ans, et a produit
beaucoup de sujets distingués dans l'Église et dans
l'État. Il fut supprimé, comme tous ceux du même
ordre, par arrêt spécial du Parlement, à la date
de 1762. Leur collége, alors rendu à l'Université,
a subsisté sous cette dernière forme jusqu'à l'époque de 1790. L'emplacement a été depuis occupé
par les bureaux de la préfecture du Département.

L'église, long-temps abandonnée, a été rendue
au culte, et est devenue paroissiale, sous le titre
de *Notre-Dame*, en remplacement de celle de
Froide-Rue, par suite du concordat de 1802. C'est
un petit édifice, dans le style grec moderne, ou
plutôt italien et le seul de cette espèce existant à
Caen, qui a été fort admiré pour son *élégance*, à

une époque où l'on avait tout-à-fait perdu le véritable sentiment de l'art chrétien. On y remarque
un riche contre-autel, qui fut celui de l'Abbaye-aux-
Dames, d'où il a été transporté après la suppression de ce monastère en 1790. L'ange qui paraît
planer au-dessus de l'autel est particulièrement
digne d'attention.

ORATORIENS.

La congrégation des *Prêtres de l'Oratoire de
France*, vulgairement dite des *Oratoriens*, ne
date que de l'an 1613, et fut fondée alors à Paris
par le P. de Bérulle. Ce fut une société purement
séculière, indépendante de tout vœu, et n'agissant
que sous la direction des évêques diocésains. L'objet spécial de l'institution fut de se livrer aux fonctions ecclésiastiques, en aide des curés, et sur leur
demande, sans bénéfices ou emplois quelconques.

Quelques-unes des maisons de l'Oratoire eurent
des colléges et des séminaires, qui ont joui d'une
juste célébrité.

La maison des pères de l'Oratoire de Caen fut
fondée en 1622, par MM. de Répichon, qui les
établirent alors dans la rue Guilbert. Les Oratoriens achetèrent plus tard (1653 et années suivantes), celle qu'ils ont occupée de notre temps, dans
la rue dite de l'*Oratoire*, qui fut précédemment
nommée rue *Saint-Jacques*, ou des *Jacobins*.

L'établissement a été évacué en 1790. Il était
de peu d'importance. Les bâtiments ont été aliénés.

EUDISTES.

La congrégation des prêtres *Missionnaires Eudistes*, comme celle de l'Oratoire, d'où elle sor-
tit, fut purement séculière, soumise à l'autorité
diocésaine, et indépendante de toute espèce de
vœu. Elle fut fondée à Caen, en 1643, par le P.
Eudes, de l'Oratoire, frère de l'historiographe Mézeray.

L'objet de l'institut fut de former des sujets
pour l'état ecclésiastique, et de répandre la parole
divine par le moyen des missions.

Le P. Eudes forma son établissement par acquisition d'un terrain sur la place des Petits-Prés,
appelée aujourd'hui Place-Royale, où il ne tarda
pas à se développer amplement. Le séminaire y fut
installé en 1652, et y est demeuré uni jusqu'à nos
jours. La maison des Eudistes, fut supprimée, avec
le séminaire, en 1790. La Ville qui s'en empara
alors, en est restée en possession, et y a établi
son Hôtel-de-Ville, et ses musées de peinture et
d'histoire naturelle, etc.

L'église, qui était d'une architecture bâtarde,

mais assez vaste, a été appropriée de manière à
fournir deux pièces, haute et basse. La bibliothèque publique occupe la première; l'autre sert aux
fêtes municipales, aux concerts de la Société philharmonique.

Les restes du fondateur, anciennement dépo-
sés dans cet édifice, en ont été alors retirés et
transférés dans l'église de la nouvelle Notre-Dame
(ci-devant des Jésuites), où on les a replacés avec
une inscription commémorative.

COUVENTS ET COMMUNAUTÉS DES FEMMES.

CARMÉLITES.

Les religieuses carmélites de Caen appartenaient à la branche réformée, dite des *Déchaus-
sées de sainte Thérèse*, établie en Espagne, par
cette même sainte, en 1562. Cet ordre était des
plus sévères, soit pour la clôture, soit pour les
abstinences et les autres austérités de toute espèce·

Une maison de cet institut avait été fondée à
Paris, sous les auspices du P. de Bérulle, de l'Oratoire, en 1604, et donna naissance à plusieurs
autres dans le royaume.

Celle de Caen date de l'an 1616, et dut son origine à une personne pieuse, qui y entra ensuite

elle-même, mais qui n'a pas voulu que son nom fût autrement connu. Les huit premières religieuses furent amenées du couvent de Rouen. Son établissement primitif fut dans la rue Guilbert, d'où il fut transféré peu après dans celle de Saint-Jean. L'église fut consacrée en 1626. Cette maison a été supprimée et évacuée en 1790. L'église a été démolie.

Une rue, dite des *Carmélites*, a été ouverte à travers le jardin et l'enclos du couvent, de la rue Saint-Jean à celle des Jacobins.

URSULINES.

L'institut des Ursulines a existé au XVIe siècle, en Italie, à l'état de congrégations nombreuses et distinctes, toutes libres de vœux, et exemptes de la vie commune. Une de ces congrégations s'établit en Provence, en 1594, et de là fut appelée à Paris en 1612, par les dames Acarie et de Sainte-Beuve, qui la firent élever à l'état d'ordre religieux, à la condition de se charger de jeunes pensionnaires à instruire, et de se vouer à l'enseignement gratuit des petites filles de la classe indigente. Cette maison en produisit d'autres, entre lesquelles on compte celle de Caen.

L'ordre des Ursulines était astreint à peu de pratiques, « le travail de l'enseignement devant « lui être compté comme équivalant d'offices et « d'austérités. »

La maison des Ursulines de Caen, fut fondée en 1624, par Jourdaine de Bernières, qui y fit elle-même profession, et en devint plus tard supé-rieure. Les constructions ont été faites de son temps et à ses frais.

L'établissement a été évacué en 1790, et peu a-près aliéné. C'est sur l'emplacement de cette maison, rue Saint-Jean, aux abords de la rue Frementel, qu'a été récemment ouverte la nouvelle rue Singer.

Après la tourmente révolutionnaire terminée, d'autres Ursulines se sont établies dans une mai-son particulière de la rue de la Chaîne, en face du pavillon ouest des grandes écoles de l'Université.

VISITATION.

L'ordre des religieuses de la *Visitation de No-tre-Dame* avait été institué sous les auspices du bienheureux saint François de Sales, par madame Frémiot de Chantal, à Annecy, en Savoie, en 1616. C'est de là qu'il s'était étendu en France, où il avait formé un grand nombre de maisons.

L'objet principal de cette institution avait été de fournir une retraite et des secours aux filles et femmes infirmes. L'ordre était astreint à peu de pratiques, « ses travaux hospitaliers devant lui « tenir lieu d'austérités. »

La maison de la Visitation à Caen fut fondée en 1631, par translation d'un établissement qu'on avait essayé de former d'abord à Dol, en Bretagne, et que des raisons de salubrité avaient fait abandonner presque aussitôt. La pieuse colonie s'établit d'abord rue Saint-Jean, aux environs du pont Saint-Pierre ; elle passa, l'année suivante, au Bourg-l'Abbé, rue des Capucins, où elle fit, avec le temps, de belles et vastes constructions.

La maison, évacuée en 1790, a été, depuis ce temps, employée comme caserne, et paraît devoir conserver cette destination.

Depuis le rétablissement du culte en France, un nouveau couvent de la Visitation s'est établi dans l'ancienne abbatiale de Saint-Étienne, Petite-Rue de ladite abbatiale, attenant à celle de l'Écu.

BÉNÉDICTINES DU SAINT-SACREMENT.

Il y a eu des religieuses bénédictines de plusieurs instituts très-différents. Celles dites de l'*A*-

doration perpétuelle du Saint-Sacrement, furent fondées à Paris, sous les auspices de la
reine Anne d'Autriche, en 1653. C'est de là que
cette branche de l'ordre s'est étendue ailleurs.
L'objet de cette création fut d'expier, par un
hommage d'adoration perpétuelle, les outrages
journellement renouvelés, par les sectaires et les
incrédules, contre le mystère du saint sacrement
de l'autel. Pour cela, de nuit comme de jour, et
sans nulle interruption, il fallait qu'une religieuse
de la maison, chacune à tour de rôle, se tînt en
adoration, devant le Saint-Sacrement, toujours
exposé, la torche à la main, et la corde au col,
en signe d'amende honorable. Elles portaient pour
insigne spécial, sur leur scapulaire, une petite figure d'ostensoir du Saint-Sacrement, en cuivre
doré.

La maison des Bénédictines de Caen, fondée en
1643, par translation d'établissement essayé à
Pont-l'Evêque, en 1638, appartenait à un institut
antérieur, et était, elle-même, plus ancienne de
dix années. Elle s'y affilia en 1685. Cette maison
a dû porter dans le principe, le nom de *Prieuré
du Bon-Secours*. Elle fut fondée par la marquise
de Mouy, sur l'emplacement de l'ancien collége
de Loraille, rue de Geôle, près les Tours des
Terres.

On l'appelait vulgairement des *Petites Bénédic-*

tines, par opposition aux religieuses de la grande *Abbaye-aux-Dames*, lesquelles étaient aussi de l'ordre de Saint-Bénoît. Ce monastère a été supprimé en 1790. L'église a été donnée au culte protestant, qui en a fait son temple. Un établissement des Frères des Écoles chrétiennes, occupe le bâtiment d'habitation y attenant.

Depuis le retour aux principes de la liberté religieuse, de nouvelles Bénédictines du Saint-Sacrement se sont établies rue Neuve-des-Cordeliers, dans l'ancien couvent de ces pères, qu'elles ont amplement et heureusement restauré.

CHARITÉ.

L'établissement des religieuses de *Notre-Dame de la Charité* dit aussi du *Refuge*, est de création locale, et fut fondé à Caen, en 1666, par le P. Eudes, de l'Oratoire, aidé de M. le président, Le Roux de Langrie, etc.

Jamais l'esprit religieux ne réalisa une pensée de miséricorde plus touchante.

L'objet fut de subvenir aux misères des *filles repenties*, et de leur fournir (après leur amendement opéré par le moyen de la prédication), un asile, où, sous la direction d'un institut de

saintes femmes, elles trouvassent repos, subsis-
tance, instruction et encouragements charitables,
jusqu'à ce qu'on pût leur procurer ailleurs un emploi propre à les faire vivre à l'abri de tout retour
à leurs désordres passés.

Sa création, ébauchée dès l'an 1641, subit
tour à tour plusieurs variations importantes. D'a-
bord la direction avait été confiée à une association de dames séculières, qui s'en étaient chargées avec un zèle exemplaire, mais qui bientôt en
vinrent à trouver le fardeau trop pesant. On y appela, en leur place, des religieuses de la Visitation. Celles-ci n'y suffirent pas non plus, et finirent
par être, à leur tour, remplacées par une congrégation instituée *ad hoc*, ainsi que nous l'avons
dit, en 1666. C'est de ce moment que l'établissement prit la forme définitive, dans laquelle il s'est
soutenu jusqu'à nos jours.

Pour le local aussi, il y avait eu déplacement
de la Porte-Millet à la rue des Jacobins, et de
celle-ci à la Neuve-Rue. L'établissement final, rue
des Quais, près ladite Neuve-Rue, date de l'an
1656.

Les religieuses d'un côté, et les pénitentes de
l'autre, y occupaient des parties de logement tout-
à-fait à part.

Quelques maisons de cet institut s'étaient formées en Bretagne et ailleurs.

Le couvent de la Charité , comme tous les autres , fut évacué en 1790.

Les bâtiments, conservés sans dégradations , ont été vendus , après le concordat de 1802, à des religieuses qui y ont renouvelé cet institut.

Notre célèbre abbé De La Rue avait débuté , dans sa carrière ecclésiastique , par être chapelain du couvent de la Charité.

NOUVELLES CATHOLIQUES.

Cet établissement fut fondé par M. Servien , évêque de Bayeux , en 1658., sur le modèle de ce qui avait déjà été fait en ce genre à Paris et à Sédan. Le prélat fournit l'emplacement situé rue Guilbert, à droite en descendant vers les Quais , et fit les frais de la dotation.

Sa destination fut d'y recevoir des jeunes personnes de familles protestantes, disposées à abjurer contre le vœu de leurs parents.

Cette maison subsistante jusqu'à nos jours, a été supprimée en 1790.

On en a fait , plus tard , un hôtel d'état-major, pour le général commandant de la division.

BON-SAUVEUR.

Cette communauté, dite, dans son origine, le
Petit-Couvent, s'établit en 1731, dans la rue du
Four, aux carrières de Vaucelles, par fondation
de la dame Anne Leroi, sa première supérieure,
et sous la protection de M. de Luynes, alors évêque
de Bayeux.

L'établissement fut transféré, en 1737, sur un
autre terrain, acquis dans la rue d'Auge-de-Sainte-
Paix, où il a subsisté jusqu'au temps des suppressions générales, amenées par la révolution de 1789.

Après une dispersion de près de quinze années,
seize de ces religieuses, sur vingt-trois, survivantes
aux désastres des mauvais jours, parvinrent à se
réunir en 1804, et, grâce à des secours charitables,
se trouvant en état de faire les frais d'acquisition
d'un nouvel emplacement, fixèrent leurs vues sur
l'ancien enclos des pères Capucins, alors inoccupé,
et l'achetèrent de leurs deniers.

Là s'est développée cette nouvelle fondation avec
une importance faite pour causer quelque surprise
dans nos temps de tiédeur et de dédains irréligieux.

Le premier objet de l'institution avait été de
former une congrégation, non cloîtrée, vouée au

secours intérieur et extérieur de toutes les misères, et qui pût, à cet égard, remplacer celle de la Visitation, telle que l'avait conçue d'abord saint François de Sales, avant qu'en se soumettant à la clôture, celle-ci eût renoncé par là même à la partie la plus utile et la plus méritoire des obligations de ses anciens statuts.

Les religieuses du Bon-Sauveur s'y sont dévouées de manière à surpasser toute espèce d'attente.

L'ensemble de la maison forme comme une réunion de cinq ou six maisons différentes, consacrées à autant de services de charité, divers et particuliers.

Il y existe en conséquence :

1° Maison d'entretien et de traitement des aliénés, ladite maison séparée en deux parties, appropriées à l'usage des deux sexes, et ouverte à tous ceux du Département;

2° Établissement de secours, médicaments, aumônes, aliments et soins personnels, à donner sur le lieu même ou à distribuer à domicile, à tous les blessés ou malades pour lesquels ils peuvent être réclamés;

3° Grande école de jeunes sourds-muets;

4° Pension et école pour l'éducation et première communion des jeunes demoiselles de famille;

5° Autre école gratuite pour l'instruction des petites filles d'artisans du quartier;

7

6° Pensionnat de rétraite pour les dames libres,
etc.

·Pour donner une idée sommaire de l'importance
de cette vaste création, il nous suffira de dire que
le nombre des religieuses n'y est pas actuellement
moindre de 130 , toutes sérieusement et utilement
occupées du travail de la maison , et qu'en ce moment aussi il y existe au-delà de 300 aliénés.

Les fonds d'entretien général sont fournis , partie par les revenus des dames religieuses associées,
et les profits obtenus sur leurs pensionnaires ;
partie par les secours provenant de la pieuse libéralité des fidèles ; et partie encore par une allocation stipulée par l'administration départementale, pour l'article de dépense relatif aux aliénés
qu'elle s'est réservé le droit d'y placer.

Ces succès sont dûs à une charité intelligente
autant que sincère, unie à l'esprit d'ordre le plus
constant comme le plus actif.

Le principal mérite en revient à M. l'abbé Ja-
met, attaché à la maison dès 1790, et qui, dans les
modestes fonctions d'aumônier qu'il y exerce , a
été en effet l'âme de l'entreprise, et le créateur de
l'ensemble et de tous les détails de l'institution.

RÉSUMÉ GÉNÉRAL DES CHANGEMENTS SURVENUS PAR
SUITE DE LA RÉVOLUTION DE 1789, DANS L'ÉTAT
ET LE NOMBRE DES INSTITUTIONS MONASTIQUES
ET ECCLÉSIASTIQUES EXISTANT A CAEN
AVANT CETTE ÉPOQUE.

On a vu que la Ville de Caen a possédé anciennement :

1° Deux abbayes royales, — de Sainte-Trinité et
de Saint-Étienne ;

2° Une collégiale, — du Saint-Sépulcre ;

3° Huit couvents et congrégations d'hommes :
— Carmes, Dominicains, Cordeliers, Capucins,
Croisiers, Jésuites, Oratoriens et Eudistes.

4° Sept autres de femmes : — Carmélites, Ursulines, Visitation, Petites-Bénédictines, Charité,
Nouvelles-Catholiques et Bon-Sauveur.

Deux de ces établissements avaient été supprimés dans le cours du XVIIIᵉ siècle, à savoir : les
Jésuites en 1762, et les Croisiers en 1772.

Tous les autres, subsistant en 1789, furent
frappés de suppression peu après cette époque,
par décrets portant abolition des vœux monastiques et confiscation générale des biens du clergé.
Cette suppression s'est maintenue dans tous ses

effets, pour tout ce qui regarde les établissements
d'hommes, abbayes, collégiale, couvents et congrégations, sans exception quelconque.

Pour ce qui est de ceux des femmes, cinq sur
sept se sont rétablis par suite du concordat de
1802, à savoir : les Ursulines, la Visitation, les
Petites-Bénédictines, la Charité et le Bon-Sauveur.

De celles-ci, la Charité seule est rentrée en possession de son ancienne maison. Les quatre autres,
trouvant la leur occupée ou aliénée, se sont établies, comme on l'a vu :

Les Ursulines, dans un emplacement d'acquisition privée, rue de la Chaîne.

La Visitation, dans l'ancienne abbatiale de
Saint-Étienne.

Les Petites-Bénédictines, dans le couvent délaissé des anciens Cordeliers.

Et le Bon-Sauveur, dans celui des ci-devant
Capucins.

Les suppressions effectuées et maintenues ont
donné lieu, d'ailleurs, aux résultats d'appropriation, ci-après :

1o Dans les bâtiments conventuels de l'ancienne
abbaye de Sainte-Trinité, on a transporté le grand
hospice, dit de l'*Hôtel-Dieu*; et l'église de cette
même abbaye, non encore occupée, est en état
de réparation présente, pour devenir vraisembla-
blement paroissiale de ce quartier.

2o De la grande église de l'autre ci-devant ab-baye de Saint-Étienne, on a fait une paroissiale de ce même nom ; et dans les bâtiments d'habita-tion en dépendants, a été établi le collége royal.

3° La petite église et la maison d'habitation des ci-devant Jésuites, sont devenus de même une église paroissiale de la nouvelle Notre-Dame, et un éta-blissement pour les bureaux de la Préfecture.

4o L'établissement des Eudistes a fourni un Hôtel-de-Ville, avec salles de musées, de biblio-thèque et d'assemblées, etc.

5o L'ancien couvent de la Visitation a été trans-formé en une caserne.

6° Enfin, de l'église des Petites-Bénédictines on a fait un temple pour les protestants.

N. B. — Avec tous ces objets, matériellement subsistants en 1789, et sur lesquels nous n'avons aucunement à revenir, il est bien connu que la Ville a possédé aussi, dans un autre temps, deux autres couvents, dont l'existence passagère n'y a laissé qu'à peine la trace de quelques faibles sou-venirs.

Ce sont ceux des religieuses *béguines* et des frères de la *Pénitence*, dits vulgairement du *Sac* ou *Sachets*.

L'institut des religieuses béguines était d'ori-gine flamande, et elles abondaient dans ce pays. Elles y étaient organisées en communautés sécu-

lières, vivant librement, sans clôture, et exemptes
de vœux permanents, etc. — Le roi saint Louis
les introduisit en France. Celles de Caen s'établirent dans la rue Franche, paroisse de Saint-Sauveur. Elles portaient un vêtement gris-blanc, avec
un voile blanc sur la tête. Leur maison fut donnée
aux religieux croisiers en 1356, et elles durent
être transférées ailleurs. Il paraît qu'elles furent
entièrement supprimées peu après.

Les frères du Sac que quelques-uns ont appelés
aussi *Frères béguins*, existaient en Espagne et en
Italie au commencement du XIII$_e$ siècle. Ce fut
aussi au roi saint Louis qu'ils durent leur admission en France. Leur habillement était de couleur
bleue, et en forme de sac. Ils étaient mendiants,
et avaient été affiliés à l'union générale des her-
mites de Saint-Augustin. Leur institut, fort rigide d'abord, dégénéra promptement, et fut supprimé en 1270. Leur établissement, à Caen, se
trouvait vers le milieu de la Neuve-Rue, attenant
au palais de l'Évêché, auquel il a dû être alors
réuni.

Huet compte encore l'ordre des Templiers dans
le nombre de ceux qui s'étaient établis à Caen,
et il parle de leur *hôtel*, dont les restes subsistaient, dit-il, de son temps, dans la rue Saint-
Jean, aux abords de la rue de Bernières. S'il a
compris que cet *hôtel* fût un établissement conven-

tuel, évidemment il s'est trompé, attendu qu'on
ne trouve aucun document qui ne tende à faire re-
pousser cette hypothèse. — L'hôtel mentionné a
pu être un *manoir* appartenant à l'ordre, mais à
coup sûr rien de plus, et l'ordre ne posséda certainement, à Caen, ni commanderie ni aucune sorte
de maison religieuse quelconque ; autrement les
actes du grand procès de suppression n'eussent-ils
pas manqué d'en faire un article spécial, en son
rang, et avec celles du reste du grand bailliage, où
ils ne disent pas un mot qui puisse y avoir seulement le plus léger rapport. — On sait que l'ordre
militaire des Templiers avait été institué à Jérusalem, en 1118, pour la garde des lieux saints
et la défense des pélerins d'Occident ; qu'il avait
formé des établissements nombreux en France,
où il devint très-puissant et trop riche ; et que ses
déréglements, plus ou moins réels, amenèrent son
abolition générale en 1307, etc.

En ce qui tient à l'état actuel des choses, nous
trouverons ailleurs à mentionner :

D'abord une congrégation d'hospitalières au-
gustines chargées de la direction de l'Hôtel-Dieu.

Et ensuite une autre association d'hospitalières
d'institution locale, attachée au service de l'hôpital
général de Saint-Louis.

Dans un mode d'existence, considéré comme
inférieur, nous devons ajouter d'autre part encore :

1° Les Frères des Écoles chrétiennes, ayant leur
établissement rue de Geôle, et chargés de l'instruction primaire gratuite des jeunes garçons,
dans les paroisses de Saint-Pierre, Saint-Étienne
et Vaucelles.

2° Les sœurs de charité de Saint-Vincent-de-
Paul, institutrices et *servantes des pauvres*, tenant les écoles ordinaires des petites filles ; plus
une institution spéciale d'orphelines, et soignant
les pauvres malades de la paroisse Saint-Étienne,
où elles ont leur maison.

3° Les sœurs de la Providence, répandues dans
plusieurs autres paroisses de la Ville, où elles
tiennent aussi d'autres écoles de petites filles.

Ces trois dernières institutions sont d'origine
récente, et n'ont pas été toujours suffisamment
appréciées. La modestie et l'abnégation de leurs
attributions ne sont pour elles, en effet, qu'un titre de plus à l'estime et aux respects des bons esprits et des gens de bien.

Les Frères des Écoles chrétiennes avaient fait
leur première apparition à Caen, vers le milieu
du siècle passé. Ils y occupaient, en 1786, une
petite maison située rue Basse-Saint-Gilles. Expulsés durant la révolution, après 1790, ils ont
été rétablis, en 1814, dans le logement qu'ils occupent rue de Geôle, près les Tour des Terres.

L'établissement des sœurs de Saint-Vincent-de-

Paul est à peu près du même temps. Il fut le résultat d'un testament de M. Bonhomme, curé de
Saint-Nicolas, qui avait entendu leur donner la
direction d'un hôpital à fonder à ses frais. Il y
eut contestation, suivie de transaction, sur cet
acte, par suite de quoi l'effet en fut réduit à la concession d'une maison d'habitation rue de Bayeux.
Cette maison a été conservée aux sœurs. Elles y
sont actuellement au nombre de huit, entre lesquelles se partagent les trois branches diverses de
services confiés à leurs soins.

HÔPITAUX ET LÉPROSERIES, ETC.

HÔPITAL DE GUILLAUME-LE-CONQUÉRANT.

Il est bien connu que Guillaume-le-Conquérant
avait fondé quatre hôpitaux, dans les quatre villes
de Rouen, Caen, Bayeux et Cherbourg; et les
historiens les mieux informés s'accordent à rapporter le fait de ces fondations à l'histoire des ex-
piations que dut lui imposer l'autorité ecclésiastique, en raison de l'irrégularité de son mariage.
Ce même fait paraît avoir dû suivre de près les
premiers actes de censure relatifs à ce mariage,
et pourrait, par conséquent, remonter aux dates

de 1054 ou 1055. Les chartes de fondation de ces mêmes hôpitaux ne sont point parvenues jusqu'à nous. Seulement on sait qu'ils avaient été établis pour l'entretien d'un nombre total de cent pauvres ; que celui de Bayeux avait dû en recevoir vingt pour sa part, et que , dans ce dernier , ils avaient chacun une portion de revenu déterminée , et que l'on appelait *prébende*.

Celui de Caen avait son emplacement dans une portion de terrain dont on a fait plus tard l'*Ile des casernes* , aux approches du grand courant de l'Orne , à gauche de la chaussée tendant de la Ville à Vaucelles. C'est probablement le même qui a été souvent mentionné sous le nom de *Saint-Josse*. Le chef de l'établissement prenait le titre d'*Hospitalier de Caen* (Hospitalarius Cadomi).

Cette maison existait en 1160 , et on y recevait ensemble des infirmes de toute espèce , estropiés, aveugles , paralytiques , etc. Il paraît qu'elle fut supprimée peu après , et que ses propriétés passè- rent , en parties démembrées , aux hôpitaux de Beaulieu , et de Saint-Thomas et Saint-Antoine , qui durent la remplacer alors.

HÔPITAL DE SAINT-GILLES.

En fondant l'abbaye de Sainte-Trinité , en 1066,

au faubourg de Calix, avec droit de seigneurie sur
ce même quartier, il entra sans doute dans les
vues du duc Guillaume et de la duchesse Mathilde,
que cet établissement fût mis en état de concourir,
autant que possible, au soulagement des indigents
qui l'habitaient alors en grand nombre. Ce fut sans
doute à cet effet qu'ils y adjoignirent, alors même,
la fondation d'un hôpital contigu et en dépendant,
qu'ils appelèrent de *Saint-Gilles.*

Les fonds furent faits à part, pour cette fondation accessoire, et il y fut attribué : « le tiers de
« la dixme de tout Villers (Saint-Ouen), le tiers
« de la dixme de la moitié de Caen, la dixme de
« toutes les charités faites au monastère, et celle
« de tous les vivres fournis par les terres de l'ab-
« baye en Angleterre. » Il fut stipulé aussi que ces
fonds d'aumône seraient administrés par une religieuse, *aumonière des pauvres*, et que ladite
aumonière assisterait à leur inhumation avec les
quatre chanoines de l'abbaye.

Cependant, la population bourgeoise du quartier ayant pris, peu après, un accroissement considérable, il devint convenable d'y ériger une é-
glise paroissiale, et, dès 1082, celle de Saint-
Gilles commença à être affectée à ce nouveau service, en conservant, toutefois apparemment, sa
destination primitive avec son titre de *chapelle*;
sous lequel on la trouve encore désignée vers la
fin du siècle suivant.

Les documents nous manquent sur tout ce qui
se rapporte à l'existence ultérieure et à la suppression finale de cet établissement.

HÔPITAL DU NOMBRIL-DIEU.

Cet hôpital fut pour le Bourg-l'Abbé et l'abbaye
de Saint-Étienne, ce qu'était celui de Saint-Gilles
pour le Bourg-l'Abbesse et l'abbaye de Sainte-
Trinité. Il fut fondé par Lanfranc, durant sa gestion comme premier abbé de Saint-Étienne, c'est-
à-dire dans l'intervalle de 1066 à 1070.

La chapelle dédiée à la Sainte-Trinité fut nommée du *Nombril-Dieu*, ou de *Sainte-Trinité-du-
Nombril-Dieu*. D'où put lui venir ce nom? c'est ce
que nous ne savons aucunement. Quelques-uns
l'ont voulu supposer formé par corruption du français *n'oublie Dieu*. Les chartes latines l'ont accepté
dans son sens matériel, et traduisent tout simplement, *de umbilico Dei*.

Lorsque la lèpre se fut répandue en France, à
la suite des deux premières croisades, beaucoup
d'hospices, anciens ou nouveaux, durent être consacrés à la séquestration des malheureux affligés
de cette affreuse maladie.

L'hôpital du Nombril-Dieu fut de ce nombre,

et devint *maladrerie*, qu'on appela *petite*, pour la distinguer d'une autre plus grande, existant tout près de là, dans le même quartier, ainsi qu'il sera dit ci·après. On le trouve mentionné aussi sous les noms d'*Hôpital du Bourg-l'Abbé* ou de *Saint-Étienne*, etc., etc.

L'établissement était desservi par un prieur ou chapelain.

Lorsque la lèpre eut disparu de nos contrées, l'ancien hôpital du Nombril-Dieu, resté vide, demeura à l'état de bénéfice simple, dans lequel il a subsisté jusqu'à nos jours.

Le bâtiment s'est conservé, comme propriété privée, dans le hameau de la Maladrerie, près de la maison de Beaulieu, hors de la Ville, sur la gauche de la route de Caen à Cherbourg. Il est petit et de peu d'importance, si ce n'est en ce qu'il offre, d'une manière très-frappante, les caractères connus de l'architecture du temps de sa fondation.

HÔPITAL DE BEAULIEU.

Cet hôpital était aussi nommé *Grande-Maladrerie*, et ce dernier nom nous révèle deux choses, à savoir :

1° Qu'il avait été établi pour les malheureux affligés de la lèpre ;

2° Qu'il était, à Caen, le principal établissement de ce genre, apparemment commun à toute
la ville, et appelé *grand,* par opposition à ceux de
quelques quartiers, et notamment à la *Petite-Ma-
ladrerie* du Nombril-Dieu.

Le roi Henri II en fut le fondateur en l'année
1160. C'est l'époque où la contagion multipliait le
plus cruellement ses ravages, et forçait par là de
multiplier aussi les établissements destinés à se-
courir ses innombrables victimes. Il fut placé hors
de la Ville, en lieu isolé, sur la gauche de la route
de Cherbourg, tout près de l'autre hôpital du
Nombril-Dieu.

Il fut nommé *Beaulieu*, à cause de la beauté du
site, et aussi en raison de l'importance des bâtiments qui y furent construits. Son autre nom, de
Maladrerie, a été étendu à l'espèce de village qui
dans la suite s'est formé alentour.

Le roi Henri y forma, non pas des *prébendes*
particulières pour chaque lépreux, comme le roi
Guillaume l'avait fait ailleurs, mais une *grande
prébende royale*, sur le fonds commun de laquelle
tous devaient être entretenus.

Entre les concessions que le monarque fit à cet
établissement, on remarque la création de la foire
de Saint-Simon-et-Saint-Jude, qu'il institua à son
bénéfice, et le don qu'il lui fit d'un droit de co-
lombier.

Il finit aussi par y réunir les biens de l'hôpital du duc Guillaume, qui dut être supprimé, par conséquent, vers le temps de cette fondation.

Beaucoup de seigneurs et de riches bourgeois avaient concouru à cette pieuse entreprise, et les chartes de leurs donations ont été conservées avec soin jusqu'à nos jours.

Il y a eu une époque où le corps municipal de Caen a eu la prétention de s'arroger la qualité de fondateur de la Grande-Maladrerie ; tous les actes du cartulaire concourent à établir qu'il n'a pu y avoir aucune sorte de droit réel.

La Maladrerie était encore habitée par les lépreux en 1593. — Elle était apparemment déserte en 1696, époque où nous trouvons que ses biens, avec ceux de quelques autres établissements du même genre, furent réunis à ceux de l'Hôtel-Dieu de Caen.

L'établissement a été postérieurement changé en une maison de détention, qui a pris, depuis peu, d'immenses accroissements.

L'église et l'hospice de la Maladrerie étaient anciennement desservis par un chapelain, qui prenait indifféremment les titres de *prieur* et de *curé*. L'emlpoi existait encore, mais à l'état de bénéfice simple, au temps de la révolution de 1789.

HÔPITAL DE SAINT-THOMAS-L'ABATTU.

Cet hôpital fut une maladrerie spéciale, fondée
pour le quartier de Saint-Gilles, par l'abbaye de
Sainte-Trinité. Elle fut dédiée à saint Thomas-le-
Martyr (de Cantorbéry), et par conséquent ne put
être fondée qu'après l'an 1173, époque de la canonisation de ce même saint. On eut soin de la placer
dans les champs vers le nord, hors de la partie
habitée du faubourg ; d'où il vient qu'elle a été
souvent nommée de *Saint-Thomas-des-Champs*.

On trouve plusieurs mentions de cet établissement dans les chartes des cartulaires de Sainte-
Trinité et du Saint-Sépulcre, aux XIIᵉ, XIIIᵉ et
XIVᵉ siècles ; et dans les registres de nos tabellions, au XVe.

Son surnom de l'*Abattu* ne commence à se
rencontrer que dans les actes de cette dernière
époque, et l'origine de ce même surnom nous est
inconnue. On ne sait s'il se doit entendre du saint,
terrassé par ses meurtriers, ou de l'édifice, mal-
traité peut-être par l'artillerie des Anglais, dans
leurs deux guerres d'invasion.

L'établissement existait encore aux années 1486
et 1488. Ses biens étaient régis par un chapelain,

qualifié aussi *curé*. L'emploi subsistait comme bénéfice simple, à l'époque de la révolution de 1789.

L'édifice ne s'était conservé qu'à l'état de *ruine*,
n'ayant point été réparé après les dévastations
qu'il avait subies de la part des Calvinistes, en 1562.

HÔPITAL DE SAINT-THOMAS ET SAINT-ANTOINE, COM-
MUNÉMENT DIT HOTEL-DIEU DE CAEN.

Cet hôpital a été et reste, jusqu'à présent, l'une
des fondations les plus importantes de notre ville.

Son origine est inconnue, et a donné lieu à
beaucoup d'hypothèses et de discussions.

Les débats ont généralement porté à faux, surtout en ce qui regarde un droit de suprématie
que le corps de Ville réclamait sur l'établissement,
duquel il se prétendait fondateur.

Il résulte d'un acte authentique du cartulaire
de cet établissement, se rapportant à la date de
1188 :

1° Que l'Hôtel-Dièu y est dit fondé sur le territoire de la mère-église de Vaucelles, et dépen-
dre du patronage des abbayes de Sainte-Trinité et
de Saint-Étienne, en leur qualité de patrons de
ladite mère-église.

2° Qu'il était desservi par des *frères*, sur la

présentation desquels se faisait, entre quatre candidats, par les deux abbayes, le choix du *prieur*,
ou *chapelain*, chargé de la régir.

On remarquera que le territoire de Vaucelles
s'étendait alors, à gauche du grand canal de l'Orne,
jusqu'aux environs du lieu où se trouve actuellement la rue Frementel.

Un autre acte, du commencement du XIII° siècle, nous fait connaître :

Que les frères de Saint-Thomas, traitant alors
avec Hugues, chanoine de Saint-Jean de Caen en
la cathédrale de Bayeux, cédèrent à celui-ci une
pièce de terre, sise auprès de la porte Millet,
pour en former un cimetière à l'usage de la paroisse de Saint-Jean, qui en avait un trop petit;
en dédommagement de quoi, ledit chanoine leur
accorda, de son côté, le droit de construire, dans
ce même cimetière, une chapelle pour leurs malades, avec droit de sépulture, etc.

Il est à noter à cette occasion, que l'établissement, qui jusques là ne se trouve désigné que sous
le nom d'hôpital de *Saint-Thomas-le-Martyr*, y
joint de ce moment aussi celui de *Saint-Antoine-
Abbé*, qui fut apparemment le titre de cette
seconde chapelle, ajoutée à celle de la première
fondation.

Une bulle subséquente du pape Innocent III,
à la date de 1200, nous apprend d'abord qu'à

cette époque, la gestion de l'établissement avait
passé aux mains d'un prieur, assisté de religieux,
chanoines réguliers de Saint-Augustin. — Elle ne
dit point quand ni comment, l'objet de cette pièce
étant de confirmer à ces religieux la possession de
toutes les donations antérieurement faites à leur
hospice. Elle offre, à cet effet, une longue énumé-
ration des objets donnés et des donateurs, mais
sans fournir d'ailleurs aucune notion sur le fait de
la fondation primitive, dont elle ne nomme ni ne
désigne les auteurs.

De son silence sur ce point, comme aussi de la
perte du titre primitif, qui déjà ne se retrouvait
plus en 1540, sont provenus tout naturellement une
foule de systèmes tout gratuits, et de prétentions
erronnées auxquels nous avons déjà fait allusion.

Celle du corps municipal de Caen est surtout absolument insoutenable.

Non-seulement on a vu que, dans les données
connues des anciens actes, il ne se trouve pas un
seul fait qui tende à présenter ce même corps, dans
l'exercice d'un droit quelconque sur l'Hôtel-Dieu ;
mais un argument bien plus péremptoire, c'est que
le corps municipal, dont la création ne remonte
qu'à l'an 1203, n'a pu en aucune façon être le fondateur de l'Hôtel-Dieu, qui nécessairement, comme
nous l'avons dit, existait en 1188. La part qu'il a
fini par y exercer véritablement dans nos temps

modernes, n'a pu lui être dévolue que par surprise et ignorance de l'état réel de la question.

Une conjecture d'origine plus plausible peut-
être, serait d'attribuer au roi Henri II la fondation
de cet établissement, qui, dans ce cas, n'aurait
été qu'un développement, avec déplacement par-
tiel de celui de son bisaïeul, le duc Guillaume.

Le nom de *Saint-Thomas-le-Martyr*, qui lui
aurait été donné alors en remplacement de celui
de *Saint-Josse*, indiquerait que la fondation aurait eu lieu après 1175, époque de la canonisation
de saint Thomas de Cantorbéry.

La mention du fondateur aurait été omise dans la
bulle, parce qu'à cette époque, voisine de l'expulsion des Plantagenets, on aurait dédaigné à dessein de rappeler les faits qui pouvaient les honorer.

Quelques-uns ont voulu attribuer à saint Louis
la construction de l'église que nous avons vue subsistante à l'Hôtel-Dieu. Le fait est peu probable.
Joinville n'eût pas manqué d'en faire mention. Il
est connu que l'Hôtel-Dieu faisait agrandir son é-
glise à la date de 1449.

Un fait réel de ce même saint Louis à l'égard
de l'Hôtel-Dieu, est la donation qu'il lui fit de deux
moulins, à la date de 1255 ; ils furent établis sur
le canal dit de l'Hôtel-Dieu, existant préalablement, en communication du canal du duc Robert
avec les deux courants réunis de la grande et de la

petite Orne, et creusé par ce même duc Robert, en
avant de la porte Millet.

L'hospice de l'Hôtel-Dieu fut visité par le célèbre Odon Rigaud, archevêque de Rouen, aux années 1256 et 1266. A la dernière de ces deux époques, il y trouva le prieur et cinq chanoines ; il
ne dit pas de quel ordre. La maison avait alors
2,000 livres de revenu, qui donneraient au-delà
de 40,000 de nos francs.

Une institution des plus remarquables, au sujet
de l'Hôtel-Dieu de Caen, est celle de la procession des corps de métiers, au jour de la Pentecôte,
pour la remise des *deniers à Dieu*. Voici de quoi
il s'agissait :

Il était d'usage, de temps immémorial, entre
marchands, que, pour la sécurité de leurs transac-
tions verbales, l'acheteur remît au vendeur une
espèce de gage en valeur d'argent, qu'on appelait
le *denier à Dieu* du marché. Ce gage devait être
employé comme aumône, et c'est de là que lui
venait son nom. Comme il ne laissait pas d'arriver
que, par négligence ou autrement, les détenteurs
de *deniers à Dieu* ne se montraient pas tous bien
exacts à les employer réellement en aumônes, on
chercha les moyens d'échapper à cet abus, et il
fut établi en conséquence :

Que dans chaque corps de métier il serait élu
un prévôt, chargé de recueillir les deniers à Dieu

de tous les marchés qui se feraient dans sa corporation ; que le jour de la Pentecôte, il serait fait
une procession solennelle, à laquelle assisteraient
tous les corps de métiers, chacun en son rang,
faisant porter devant eux , chacun par son prévôt ,
un .cierge auquel seraient attachés et exposés en
évidence tous les deniers à Dieu de sa corporation ; et qu'à l'issue de la procession, tous les deniers à Dieu, seraient portés à l'Hôtel-Dieu de
Caen, et versés en sa caisse, pour être employés
par les religieux au service des pauvres.

Cette procession se faisait de l'église Saint-Pierre
à celle de Saint-Nicolas , et de cette dernière à
l'Hôtel-Dieu. Le prieur présidait à la cérémonie,
et la conduisait en personne.

On n'a pas la date de cette ordonnance. La concession de deniers avait été stipulée dans son principe par une bulle du pape, Nicolas IV , portant
celle de l'an 1288.

La dignité de prieur de l'Hôtel-Dieu de Caen
était alors des plus importantes. Il avait rang de
prélat du second ordre , se disait *prieur par la
grâce de Dieu*, et même quelquefois *Grand-maître
de l'Hôtel-Dieu de Caen*. Il portait le bâton pas-
toral dans les cérémonies publiques. Sa maison
avait fourni des religieux pour former ailleurs des
établissements affiliés au sien.

Par l'effet des guerres d'invasions anglaises , l'é-

tablissement de l'Hôtel-Dieu était tombé dans un
excès de désordre tel que les religieux y avaient
renoncé à la vie commune, et que la grande salle
des malades avait été abandonnée au service particulier du meunier de la maison. Cet état de choses
existait encore en 1540, et c'est l'époque où un
acte authentique l'a constaté. C'est vers ce temps
aussi que, par suite de la disparution de tous les
titres de fondation primitive, le corps municipal
imagina de se porter lui-même comme fondateur,
et commença par en réclamer les droits relatifs
surtout à la nomination du prieur et des religieux,
et à la surveillance à exercer sur leur gestion. Un
arrêt du conseil les lui attribua en 1555, et il les
a constamment exercés depuis, en dépit de toute
opposition de la part desdits prieur et religieux.

Nous avons vu que l'archevêque Odon Rigaud
avait trouvé à l'Hôtel-Dieu, en 1266, d'anciennes
religieuses chargées du soin des malades; il y en
existait de même en 1323 et en 1375. Il n'y en
avait plus en 1540, et leur bâtiment d'habitation
avait été démoli. On y en a rétabli d'autres en 1629.
Celles-ci furent appelées de Rouen. Elles déclinè-
rent tout d'abord la suprématie du prieur, et après
quelque débat, obtinrent gain de cause, sur ce
point, par bulle de 1637, et arrêt définitif de 1740.

La révolution de 1789 ne manqua pas de dé-
sorganiser l'Hôtel-Dieu; mais il fut réorganisé

peu après. Les religieux et les religieuses avaient été emportés dans la tourmente. Les religieuses ont été rétablies aux premiers temps du Consulat ; le prieur et les religieux n'ont plus reparu. Ces derniers, comme on l'a vu, étaient chanoines réguliers de Saint-Augustin. M. de Bras dit qu'avant les troubles de 1562, ils portaient habituellement, par la Ville, le surplis et l'aumusse ; à quoi ils avaient substitué, depuis, le rochet blanc. Nous les avons vus, plus récemment, porter la bandelette de baptiste blanche en sautoir. Les religieuses étaient, et sont encore hospitalières de Saint-Augustin.

L'ancien Hôtel-Dieu était situé en lieu bas et humide, et d'un aspect des plus tristes. On avait souvent signalé ces inconvénients auxquels il ne semblait pas facile de remédier. Lorsque, par suite des événements de 1789, la suppression générale de tous les établissements monastiques eut mis à la disposition de l'État, un si grand nombre de vastes constructions restées sans emploi, on pensa à en chercher une qui pût remplacer l'Hôtel-Dieu, et être appropriée à son service. La voix publique et la réunion de toutes les convenances s'accordaient à désigner, à cet effet, l'emplacement de l'ancienne abbaye de Sainte-Trinité. L'administration finit par en faire choix, et l'établissement y fut en conséquence transféré solennellement, le 6

de novembre 1823. Aucune mesure de même espèce n'a jamais obtenu un assentiment plus complet à tous égards.

L'établissement est magnifique. Il peut entretenir à la fois au-delà de quatre cents malades. Les
dames hospitalières y sont au nombre de vingt-
quatre.

Les bâtiments de l'ancien Hôtel-Dieu, aliénés
et démolis, par suite de la translation, sont, dès
ce moment, en partie, remplacés par des constructions particulières, et des chantiers de dépôt,
pour les objets d'arrivages du port. Mais les amis
de nos antiquités locales regretteront toujours ce
vaste édifice, cette grande salle et ces deux beaux
gables que, dans son naïf enthousiasme, M. de
Bras ne se lassait pas d'admirer.

HÔPITAL DE SAINT-GRATIEN.

Cet établissement fut de peu d'importance, et
dura aussi peu de temps. Sa destination fut spécialement pour les *pauvres aveugles*, et il fut
fondé en 1324, des libéralités d'un personnage
nommé maître Michel Louvet, et de plusieurs autres particuliers. Il occupait une partie de la rue
Saint-Jean, dans le voisinage de l'Hôtel-Dieu.

8

La guerre d'invasion de 1346 lui fit perdre une partie de ses revenus, assis sur des maisons qui furent brûlées par l'ennemi, et aussi sur d'autres, qu'il fallut abattre plus tard, à raison des changements à exécuter dans le système des fortifications de la Ville.

On trouve qu'en 1346, un bourgeois, nommé Jean Quittel, fit don à cet hôpital, d'une maison sise rue Saint-Jean, pour y édifier une nouvelle chapelle, qu'il stipula devoir être construite sur le modèle de celle de l'ancien hôpital de Guillaume-le-Conquérant. Cette construction ne put être terminée qu'en 1409. La nouvelle chapelle fut consacrée sous le nom de Saint-Philippe-et-Saint-Gratien.

Dans l'intervalle, et à la date de l'an 1399, l'établissement avait été réuni aux Quinze-Vingts de Paris, qui dès-lors en avaient pris en conséquence l'administration, exercée jusques-là par un chapelain et un bourgeois.

Bientôt les revenus, presque tous en rentes, ayant continué à décheoir, l'hospice aussi déchut peu à peu, et finit par tomber de lui-même.

La chapelle se soutint toutefois à part, à l'état de bénéfice simple, et jusqu'en 1586, nous la trouvons en la possession d'un clerc des Quinze-Vingts, probablement aveugle, qui, comme ses prédécesseurs, prenait encore le titre de *Prieur des aveugles de Caen.*

HÔPITAL DE ROGER LAIR.

Roger Lair, dit des Étables, fut un riche bourgeois de Caen, natif de la paroisse Saint-Nicolas, ayant son hôtel sur la place Saint-Sauveur, auprès de la rue Pémagnie. Il possédait, en partie, rue Bicoquet, et en partie rue Saint-Blaise, une maison, avec grange et jardin, qu'il érigea en hôpital, en 1453, « pour loger, reposer et coucher les « pauvres. » Il voulut aussi que « pour les re-« paistre, » il se fît tous les samedis, en ce même hôpital, une distribution de cinquante pains, de chacun vingt-quatre onces, dont il fit également les fonds, à prendre sur ses biens et héritages spécifiés. Des précautions très-compliquées furent par lui prescrites, pour assurer le maintien et la fidèle exécution de ses dispositions, sur tous les détails de sa fondation.

Tout cela ne laissa pas d'être négligé, et de tomber dans un tel oubli, que nos deux premiers historiens paraissent n'avoir pas connu son établissement, et n'ont pas même cité son nom. La trace de ses souvenirs ne s'est retrouvée que dans les registres de nos tabellions.

Il existe, rue Bicoquet, presque en face de la

rue Saint-Blaise, une grande porte cintrée qui pourrait avoir été celle de cet hôpital. On la juge plus ancienne. — Elle donne accès à un lieu dit *Cour de l'aumônerie,* connu pour avoir appartenu à l'abbaye de Saint-Étienne, et dont les revenus furent concédés à l'hôpital général, avec ceux des autres aumôneries conventuelles de la Ville, par lettres-patentes du mois de juin 1659.

HÔPITAL DES PETITS-RENFERMÉS.

Ce petit hospice spécial, dit aussi de *Saint-Joseph,* a été comme une annexe, et une espèce d'appendice de l'ancien Hôtel-Dieu, auquel il était attenant. On y recevait, dans deux maisons contiguës et distinctes, les enfants pauvres des deux sexes, pour leur donner nourriture et entretien, les élever dans la pratique de leurs devoirs religieux, et les mettre en état de gagner leur vie.

Les premiers essais de la fondation furent l'œuvre d'un digne ecclésiastique, nommé Jacques Garnier, qui, après avoir consacré toute sa vie à la création de cet établissement, voulut y être inhumé à sa mort, arrivée en 1631. La Ville avait accepté les plans, et en avait traité avec l'Hôtel-Dieu, l'année précédente, 1630. Sa confirmation par lettres-patentes n'eut lieu que dix ans après.

On trouve que M. de Bernières de Louvigny s'occupait beaucoup de cette fondation en 1633. —
Huet lui en attribue le principal mérite, sans
faire aucune mention de Jacques Garnier.

GOBELINIÈRE.

Orderic Vital nous fait connaître le nom de *Go-
belin* comme celui d'un esprit malfaisant, que les
païens gaulois du pays d'Évreux honoraient d'un
culte insensé, au temps où l'évêque saint Taurin
entreprit l'œuvre de leur conversion. Ce même
nom s'est conservé dans les croyances populaires
de notre province, comme celui d'une espèce de
lutin qui s'établit dans les maisons isolées, et se
plaît à en tourmenter les habitants.

Le lieu de la *Gobelinière*, à Caen, se trouve au
territoire de Sainte-Paix, où il dépendait de l'abbaye de Fécamp. La Ville en fit l'acquisition, en
1606, pour l'employer en manière de succursale de
l'Hôtel-Dieu, destinée spécialement aux pestiférés
qu'on voulait éloigner de l'établissement principal.
Les contagions ayant cessé, et le local se trouvant
sans emploi en 1632, on y plaça temporairement
d'abord les enfants dits *Petits-Renfermés* de l'Hôtel-Dieu, puis, plus tard, les pauvres non valides.

pour lesquels se préparait alors un plus vaste établissement.

La maison et l'enclos de la Gobelinière ont cessé depuis long-temps d'être occupés comme hospice, et, du reste, appartiennent encore présentement à l'Hôtel-Dieu.

HÔPITAL GÉNÉRAL DE SAINT-LOUIS.

Cet établissement fut une création du XVIIe siècle. Il fut fondé par suite d'une délibération générale de la Ville, à la persuasion du gouverneur, duc de Longueville, par actes des années 1655 et suivantes, jusques et y compris 1674. On cite M. de Gavrus-Bernières comme l'un de ceux qui y ont le plus puissamment contribué. L'objet, bien qu'annoncé comme général, fut cependant plus particulièrement de donner asile et secours aux pauvres vieillards non valides et aux enfants abandonnés. La dotation se composa de dons de la Ville et de ceux de quelques particuliers charitables, à quoi devaient être ajoutés les profits résultant du travail des ateliers de la maison, etc. L'inauguration eut lieu en 1678, par la translation qui s'y fit alors des pauvres de la Gobelinière.

Les bâtiments, qui se sont accrus par la suite,

ont été construits en partie des matériaux du temple des protestants, démoli en 1685. L'église ne fut achevée et consacrée qu'en 1690.

L'établissement occupe le local où se tenait anciennement la foire dite des *Petits-Prés*, en avant duquel a été ouverte la rue Saint-Louis. Il subsiste sans déplacement, et à peu près dans l'état où il existait immédiatement avant la révolution de 1789.

L'hôpital de Saint-Louis est desservi par des sœurs, formant congrégation particulière, non cloîtrée, et vivant sous une règle spéciale qui leur a été donnée par le P. Le Vallois, jésuite, en 1696.

RÉSUMÉ DE CLASSIFICATION ET FILIATION SUCCESSIVE DES HÔPITAUX DE LA VILLE DE CAEN.

La Ville de Caen n'a pas eu moins de onze hôpitaux connus ; mais il est à observer que, pour la plupart, ils n'ont existé que successivement, et que plusieurs aussi n'ont eu qu'une destination spéciale, d'objet ou de quartier.

Ainsi tout commence par l'hôpital dit de *Guillaume-le-Conquérant*, que remplacent peu après, et comme par dédoublement, ceux de Beaulieu et de l'Hôtel-Dieu ; ce dernier se dédoublant lui-même encore, dans la suite, pour former l'hôpital général de Saint-Louis.

Ces quatre établissements seuls furent de desti_
nation générale, et n'ont existé simultanément, au
plus, que deux à deux.

Quatre autres furent de destination spéciale,
quant au quartier, à savoir :

Au Bourg-l'Abbesse, les hôpitaux de Saint-Gilles
et de Saint-Thomas-l'Abattu; et au Bourg-l'Abbé,
ceux du Nombril-Dieu et de Roger-Lair.

De tous pris ensemble, on trouve affectés exclusivement à l'entretien des lépreux : Beaulieu, le
Nombril-Dieu et Saint-Thomas-l'Abattu; et à celui
des aveugles, Saint-Gratien.

Ce qu'on appelle les Petits-Renfermés et la Gobelinière ne furent proprement que des annexes
ou dépendances de l'Hôtel-Dieu.

Aux approches de la révolution de 1789, tout
ce que la Ville avait possédé en hôpitaux de destination spéciale avait disparu depuis long-temps,
par suppression, abandon ou transformation quelconque.

Il n'y restait de subsistants, comme établissements généraux de charité, que l'Hôtel-Dieu, d'une
part, avec son annexe des Petits-Renfermés, et de
l'autre l'hôpital général de Saint-Louis.

Tous deux eurent d'abord quelque chose à souffrir des expériences violentes de l'époque. Ils finirent par échapper à cette épreuve, et ne tardèrent
pas à revenir à peu près à leur ancienne forme.

C'est ainsi qu'ils existent, se complétant l'un
l'autre, le premier transféré dans le superbe local
de l'ancienne Abbaye-aux-Dames; le second conservé dans l'emplacement qu'il a toujours occupé
depuis sa création.

CHAPELLES.

La ville et les environs de Caen ont possédé anciennement un très-grand nombre de chapelles,
dont l'origine et la destination sont à peu-près généralement inconnues. Huet, qui s'occupait de ce
sujet en 1702, déclare que, dès cette époque, il
était devenu impossible d'en faire une histoire sa-
tisfaisante. Il ne laisse pas d'en énumérer environ
une quarantaine, qu'il donne seulement comme
les principales, et sur lesquelles il fournit peu de
notions positives.

Il en compte quatre à Sainte-Paix, quatre à Saint-
Gilles, quatre dans la seule enceinte de l'Abbaye-
aux-Dames, etc. Entre celles sur lesquelles il entre
dans quelques détails, nous remarquons :

La chapelle dite du *Reclus*, située au territoire
de Sainte-Paix de Caen, près du Gros-Orme,
dont il décrit les ruines comme ayant dû former
une espèce de petit monastère, où se distinguaient
encore trois cellules, une salle commune, etc.

Avant lui, M. de Bras avait recueilli ce qui se rapporte à celle de Sainte-Paix-de-Toussaint, dite autrement aussi de Saint-Marc, monument connu du concile tenu dans ce lieu, en 1061, pour l'établissement de la *Trève de Dieu*, etc. Il ne fait guère que le répéter sur ce point.

Des travaux de recherches subséquentes de M. De La Rue, sur les hôpitaux de Caen, il résulte bien clairement :

Que dans le nombre des quarante chapelles de Huet, plusieurs ont commencé par être des hospices ou des léproseries, tombées plus tard à l'état de bénéfices simples, par suppression, délaissement, translation ou transformation quelconques.

Telles sont notoirement, celles de Saint-Josse, du Nombril-Dieu, de Beaulieu, de Saint-Thomas-l'Abbattu et de Saint-Gratien.

M. De La Rue nous fournit, d'autre part, les deux autres observations :

1o Que dans la seule enceinte du Château de Caen, indépendamment de son église paroissiale de Saint-Georges, il existait aussi six chapelles, dont on connaît exactement les titres et la position.

2o Que durant le siége de Caen, sous Charles VII, en 1450, tandis que le roi se tenait à l'abbaye d'Ardennes, ou bien à celle de Sainte-Trinité, les seigneurs de la cour s'étaient logés dans les chapelles aux approches de la partie nord-est de la Ville, à savoir : celles de Notre-Dame-des-Champs , Saint-Thomas , Sainte-Marguerite et Saint-André.

Nous avons encore vu de notre temps, subsistant matériellement, en son entier, la chapelle de Notre-Dame-des-Champs, située au territoire de Saint-Julien, près le Jardin des Plantes, et de laquelle dépendait le terrain dont on a fait le grand cimetière dit des *Quatre-Nations*.

Alors subsistaient aussi, mais à l'état de ruine plus ou moins avancée, vers l'Abbaye-aux-Dames, au territoire d'Hérouville, et sur la prairie, celles de Saint-Thomas, Sainte-Marguerite et Sainte-Agathe. L'état de délabrement où elles se trouvaient, provenait en général des dévastations qu'elles avaient subies de la part des Calvinistes en 1562.

La chapelle de Notre-Dame-des-Champs était petite et basse, au point de ne pas dépasser les dimensions et l'apparence d'une très-modeste chaumière. C'est la seule idée qui nous en soit restée après cinquante ans écoulés.

Celles de Saint-Thomas et Sainte-Marguerite étaient plus élevées et avaient des fenêtres en ogives.

Nous avons dit que la construction du Nombril-Dieu et celle de Saint-Marc ont été conservées, l'une en entier et l'autre seulement en partie.

Il reste, à l'entrée de la grande église de Saint-

Étienne, sur la gauche, et, attenant, comme partie sur-ajoutée, un bâtiment dit *Chapelle-Halle-
bout* , qui ne laisse pas de se faire remarquer
comme l'un des principaux monuments actuellement existants du genre. Elle fut fondée par Ph. de
Hallebout, vers l'an 1315, et bâtie à ses frais pour
quatre chapelains chargés de la desservir. Le fondateur était de famille noble , curé de Brouay ,
chanoine du Saint-Sépulcre, archidiacre de Lisieux , et vicaire général de l'abbé de Caen.

L'église projetée paroissiale de Sainte-Paix ,
qui n'a pu être maintenue à ce titre dans l'organisation présente du culte, y a été conservée,
comme nous l'avons dit, à l'état de chapelle , la
seule qui y subsista sous ce nom et dans cet emploi.

CULTE PROTESTANT.

Les premiers indices de l'existence du protestantisme à Caen , commencent à se montrer dans
le cours de l'année 1558.

A cette époque l'imposition des décimes, comme
toutes les autres, ayant été exagérée outre mesure, plusieurs curés et vicaires de campagne,
exposés à des poursuites de recouvrement, avaient
quitté leurs presbytères, et laissaient le service

du culte interrompu. — Cela était arrivé aux villages de Plumetot, Périers, Séqueville, Putot,
Soliers et autres. — Ce que voyant, dit le bon
M. de Bras, « aucuns prédicants sortis de Genève,
« se saisissaient des temples et des églises, » —
et à eux s'étaient joints deux régents de notre
ville, nommés maître Vincent Le Bas et Pierre
Pinchon, — et de ce temps-là aussi sortirent, en
diverses fois, seize religieuses de l'Abbaye-aux-
Dames, — desquelles quatre se retirèrent audit
Genève, les autres seulement dans leurs familles.

En 1560, nous trouvons les mêmes prédicants
tenant leurs assemblées dans l'intérieur de la Ville,
et y prêchant, avec autorisation, en deux places
désignées, à savoir: le jardin de l'Échiquier, rue
Saint-Jean, et la maison dite du *Collége*, quartier de Saint-Pierre; — sans compter d'autres lieux
de réunion, dont ils s'étaient emparés aussi, — à
Vaucelles, le *Pré de l'Évangile;* à Saint-Sauveur,
les Grandes Écoles; à Saint-Pierre, la Halle au blé,
dite vulgairement aussi le *Tripot*, etc.

Nous avons dit à quels excès le parti se porta
en 1562, dans les deux fameuses journées des 8 et
9 mai, où ils se jetèrent sur toutes les églises de
la Ville, qu'ils dévastèrent et ruinèrent généralement de fond en comble. Ils étaient excités et dirigés, en cela, par le ministre Cousin, l'un des prédicants ci-dessus mentionnés, lequel n'avait pas

craint de le déelarer d'avance aux magistrats, di-
sant « qu'on avait trop souffert de cette idolâtrie,
« et que tout serait abattu. »

Les Calvinistes étaient apparemment en grand
nombre, ou du moins soutenus plus ou moins ou-
vertement par le plus grand nombre, puisqu'ils
purent énoncer et accomplir cette menace, sans
que l'autorité pût en prévenir ou se mettre seulement en mesure d'en poursuivre et d'en punir les
effets. Ils s'emparèrent alors de celles de ces églises qui se trouvèrent à leur convenance, et notamment célébrèrent leur cène, le jour de Pâques suivant, dans celle du couvent des Cordeliers.

Cependant l'édit de pacification qui survint alors
(19 mars 1563), les privant de l'exercice de leur
culte dans la Ville, la prédication se trouva par là
refoulée de nouveau dans les villages, et s'établit
tout aux environs de Caen, et particulièrement
dans les paroisses de Vimont, Fontaines et Allemagne, etc.

En 1592, le parti de la Ligue n'ayant pu préva-
loir à Caen, et les dissidences de secte s'effaçant
en quelque sorte dans le sentiment d'affection commune que tous portaient à la cause du roi Henri
IV, les protestants profitèrent de cette circonstance pour tenter un nouvel établissement plus *à
portée de la ville*, et choisirent, à cet effet, un
jardin nommé la Carrière, situé vers l'entrée du

Bourg-l'Abbé, auprès de la porte de Bayeux, où ils commencèrent aussitôt leurs exercices.

Ils occupaient ce local à titre de loyer en 1598, c'est-à-dire à l'époque de l'édit de Nantes, en vertu duquel ils furent alors même autorisés à y rester. Ils en firent, en conséquence, l'acquisition, et se trouvaient, en 1608, en disposition d'y bâtir un temple, lorsque, par réflexion, on jugea qu'il y aurait quelque inconvénient à les laisser prendre cette position, presque attenante aux murs de la Ville. Il y eut transaction, et la Ville ayant fait acquisition d'un autre terrain, sis plus haut, dans la même rue, au lieu dit le *Jardin-Moulin*, entre les rues de Bayeux et de Bretagne, elle le leur concéda en échange de celui qu'on avait désiré leur retirer.

Cette affaire demeura ainsi réglée à l'amiable en 1611. Incontinent après, fut entreprise, et bientôt terminée, la construction du temple qui a subsisté depuis lors jusqu'à l'an 1685, époque où quelques faits de contravention particulière, et le grand fait général de la révocation de l'édit de Nantes, en firent prononcer et exécuter la démolition. Il existe une gravure assez rare de ce temple dont l'architecture contrastait d'une si étrange manière avec celle de nos magnifiques églises catholiques. Le peuple, par allusion à la forme extérieure de cet édifice, l'avait fort complaisamment nommé le *Pâté de godiveau*.

C'est dans cet intervalle qu'avait fleuri le célèbre ministre Samuel Bochart, mort en 1685, duquel l'évêque Huet n'a pas balancé de dire que « son « siècle, et même les siècles passés, ont eu peu « de personnes dont le savoir pût être comparé « au sien. »

Les protestants de Caen s'étaient depuis long-temps fort adoucis, et la chose est d'autant plus louable de leur part, qu'ils étaient devenus fort nombreux. On trouve dans le registre de délibé-rations sur l'admission des Jésuites, en 1608, qu'ils formaient alors un tiers de la population totale de la Ville, et qu'ils y vivaient en pleine paix avec les autres habitants.

L'édit de révocation changea cet état de choses, et amena un système de rigueurs vexatoires qui déterminèrent l'émigration de la plupart des fa-milles protestantes, au grand détriment du com-merce et de l'industrie du pays.

L'insouciance religieuse du XVIIIe siècle écarta peu à peu les vexations, mais la législation de-meura subsistante dans ses termes, et sans aucune amélioration quelconque, jusqu'à l'époque de 1787. Alors, encore les protestants ne pouvaient se li-vrer aux exercices de leur culte que dans l'inté-rieur de leurs familles, et à huis clos. Leurs en-fants nouveaux-nés devaient être présentés à l'é-glise paroissiale catholique pour y être baptisés

par le curé. Tout acte émané d'un de leurs minis-
tres, agissant en cette qualité, eût été non pas
seulement nul, quant à son effet légal, mais pas-
sible aussi de peines juridiques, contre ceux qui
se le seraient permis.

L'édit de 1787, empreint de l'esprit de bienveillance du roi Louis XVI, n'avait été donné que
comme un acheminement à d'autres dispositions,
et se bornait, pour le présent, à l'objet unique
de rendre aux sujets non catholiques la possession
régulière de l'état civil. Il fut accueilli, comme
tel, avec une extrême faveur.

L'ère de 1789 amena des essais plus larges,
mais qui ne furent aussi qu'une ébauche, que la
tourmente de 1793 emporta bientôt dans le tourbillon de la proscription générale de toutes les
formes de culte religieux.

Ce n'est que sous le régime consulaire, par suite
du concordat de 1802, que le culte protestant fut
enfin constitué régulièrement, sur les principes
de liberté et de protection égale pour tous.

Les protestants de Caen furent alors organisés
en église dite *consistoriale*, ayant son pasteur,
ou président, nommé et entretenu par l'État. La
petite église des Bénédictines de la rue de Geôle,
vacante par l'expulsion des religieuses, leur fut
concédée pour en faire leur temple, et ils n'ont
pas cessé de l'occuper depuis.

Leur nombre a subi, avec le temps , une réduc-
tion considérable , attribuée surtout à l'émigration de ceux qui crurent devoir quitter le pays à
la suite de la révocation de l'édit de Nantes. On
ne pense pas qu'il soit actuellement de plus de
2,000 individus, femmes et enfants compris.

ANCIENNES ÉCOLES, ETC.

Il serait difficile de recueillir rien de positif sur
l'état de l'enseignement, à Caen, avant le dernier
quart du XI° siècle. Les Normands *païens*, de
l'invasion, avaient tout détruit, et leurs descendants, bientôt convertis au christianisme, avaient
eu jusqu'alors peu de temps et de moyens de rétablir.

Caen n'ayant point de cathédrale, n'avait, par
conséquent, aussi point d'école ecclésiastique pour
le diocèse ; cet établissement devait se trouver à
Bayeux, avec l'évêché, et il ne paraît pas qu'aucun autre pût y suppléer chez nos aïeux. La fondation de l'abbaye de Saint-Étienne, en 1066,
établit un autre ordre de choses.

Les abbayes, habituellement si mal jugées sur
ce qu'elles étaient devenues dans nos temps modernes, étaient, en effet, tout autre chose à leur
origine ; et à leur destination monastique, elles
joignaient surtout aussi les caractères de grands
ateliers de libraires-copistes et de grands établissements d'instruction pour les sujets aspirant
à l'état religieux.

Lanfranc, déjà célèbre par les succès de son école du Bec, ne manqua pas, comme premier abbé de Saint-Étienne de Caen, d'y en ouvrir une autre du même genre, et nous avons dit ailleurs à quel degré d'éclat celle-ci parvint aussitôt, et quelle foule d'élèves distingués elle produisit.

A côté de cette école des Bénédictins de Caen, il paraît qu'il ne tarda pas à s'y en ouvrir aussi d'autres, et nous trouvons qu'Arnould Malcouronne, chapelain de notre duc Robert-Courte-Heuse, y en tenait une un peu avant 1096, époque où il dut la fermer, pour prendre parti dans la croisade. Un historien du temps, Raoul de Caen, déclare en termes formels « qu'il a été élevé à cette même école, « et que c'est à ce maître qu'il doit ses talents dans « l'art d'écrire. »

Après Arnould, vint Thibault d'Étampes, sur lequel nous savons peu de chose, si ce n'est ce que nous en apprennent ses lettres : « qu'il avait pro- « fessé d'abord à Oxford, puis ensuite à Caen, » et qu'il se qualifiait *magister* et *doctor Cadomensis.*

Vers le milieu du XIIe siècle, le poëte romancier Robert Wace, natif de Jersey et chanoine de Bayeux, nous dit de lui-même qu'il fut élevé aux écoles de Caen ; et, comme il prend les titres de *maître, clerc lisant* et *clerc de Caen,* il est fort probable qu'il avait personnellement aussi professé en cette ville.

Le XIII$_e$ siècle passe sans nous fournir aucun document propre à éclaircir notre sujet.

Peu après le commencement du XIV°, nous trouvons que l'étude des lois était cultivée avec ardeur dans les écoles de Caen, et qu'il y existait des docteurs ès lois, professeurs de droit civil et canonique, entre lesquels on distingue Guillaume Porte, chapelain de Saint-Nicolas-de-Couvrechef, en 1328, Robert d'Anisy, official de Caen, en 1372, etc. Il y avait apparemment aussi des écoles de médecine et de chirurgie, puisqu'on trouve que, dans le courant de ce même siècle, notre ville n'avait pas fourni moins de trois médecins et un chirurgien, à la cour de nos rois, Philippe-le-Bel, Charles V et Charles VI.

Quels furent à peu près l'état et les formes de l'enseignement dans ces anciennes écoles? Personne ne pourrait le dire plausiblement, mais il est possible du moins de les juger sur ce qu'elles ont produit, et même en remontant aux plus anciennes, c'est-à-dire à celles du XI° siècle, l'épreuve se résout entièrement en leur faveur.

Les œuvres des vieux historiens normands qu'elles ont formés, sont là pour en rendre témoignage, et quiconque voudra bien lire ceux-ci sans prévention, ne se défendra pas de reconnaître, qu'à part les idées de leur siècle (qu'ils ont dû avoir), et à part aussi les bizarreries d'une

latinité qu'ils se sont faite à dessein, ils ne manquèrent, d'ailleurs, ni de sagacité ni de logique
usuelle ni d'aucune des qualités du style que comporte la simplicité de leurs récits.—D'où il suit,
qu'en faisant, sur le tout, la part des écoles, on
arrivera naturellement à conclure que celles-ci,
bien que fort différentes sans doute des nôtres, ne
laissèrent pas d'avoir en tout cas un mérite incon-
testable, celui de former des esprits éminemment
appropriés aux besoins de la société du temps.

L'examen des poëmes latins de ce même temps
aussi, malgré les jeux de versification qui souvent
les déguisent, ne pourrait que fournir des observations analogues, et conduirait au même résultat.

UNIVERSITÉ, ETC.

Les établissements d'enseignement public existant à Caen au XIV° siècle, et qui s'y étaient
maintenus au commencement du XV°, paraissent
avoir été dispersés par suite de l'invasion anglaise
du roi Henri V, en 1417. Devenu peu après pos-
sesseur paisible du pays, ce monarque songea à
y établir de nouvelles écoles, et fit venir d'Angleterre, à cet effet, des docteurs auxquels il en
confia la direction. Sa mort survenue en 1422,

interrompit le travail de cette réorganisation, qui
ne fut repris, au nom du jeune roi Henri VI, par
le Régent, duc de Bedford, son oncle, qu'en l'année 1432.

On ne créa alors que les deux facultés de droit,
civil et canonique ; cinq ans après, on y affilia les
écoles subsistantes, des maîtres en théologie et
ès arts ; à quoi fut ajoutée une faculté de médecine, qui compléta l'établissement.

L'un des actes de cette fondation, à la date du
10 mars 1438, spécifie les priviléges royaux ac-
cordés au nouveau corps enseignant, et commet
le grand bailli de Caen, pour en être le conservateur. Le pape Eugène IV, par bulles postérieures,
institua pour chancelier, l'évêque de Bayeux, et
pour conservateurs des immunités ecclésiastiques,
ceux de Lisieux et de Coutances.

L'installation solennelle eut lieu le 20 octobre
1439. — Le recteur ne fut nommé que le 19 mars
suivant, 1440. Ce fut Michel Tregore, prêtre anglais, bachelier en théologie de l'université d'Oxford. Il avait été réglé, dès-lors, que cet emploi de
recteur serait électif et semestriel. Il était d'une
haute importance, et de ce chef dépendaient,
dans l'ordre de l'enseignement, un grand nombre
de personnages constitués en dignité, évêques,
abbés, docteurs, etc. — On lui avait donné un costume magnifique, robe écarlate, richement four-

rée d'hermine, etc, le même, dit-on, que portaient les rois d'Angleterre, dans leur plus pompeux appareil.

Pour l'exercice des cours publics, le roi fondateur avait donné d'abord aux deux facultés de
droit, civil et canonique, partie d'une maison,
sise rue des Cordeliers, où se tenait précédemment
la halle à la Mercerie. Un peu plus tard, à la date
de 1442, il attribua aux trois autres facultés le
surplus de cette maison, où s'était établi le *Prétoire* avec la *Cohue*, dont le mouvement et les cla-
meurs étaient devenus fort incommodes pour le
nouvel établissement. Afin de prévenir d'autres
causes de bruits quelconques, l'Université avait
été autorisée à mettre des barrières aux deux
bouts de la rue où se faisaient ses exercices, et à
tenir ces barrières fermées, pendant toute la durée
des cours.

En 1445, par manière d'encouragement et de
récompense, le même roi fondateur compléta ses
concessions en faveur de l'Université de Caen, par
celle qu'il lui fit, temporairement, de la moitié
de tous les bénéfices qui se trouvaient à sa présentation ou collation, en Normandie, avec les dîmes et tous autres revenus quelconques, qu'y avait
possédés l'université de Paris. Des statuts spéciaux avaient organisé toutes les parties de l'institution, et réglé les fonctions et l'entretien des

maîtres, comme aussi ceux des officiers subalternes, chargés de divers détails du service extérieur.

. Cet état de choses subsista sans difficulté jusqu'au mois de juillet 1450. A cette époque, les Anglais ayant été expulsés du territoire de la France, par les armes du roi Charles VII, quelques changements ne purent manquer de s'en suivre par rapport à l'état des pays qu'ils avaient occupés. L'Université de Caen surtout eut à craindre que le nouveau roi, ne voyant en elle qu'une création d'un pouvoir étranger et ennemi, ne se montrât peu disposé à lui accorder la faveur et l'appui qu'elle avait à réclamer de sa part.

'Il n'y eut, toutefois, pas grande difficulté sur la confirmation, de laquelle seulement le monarque voulait d'abord excepter la faculté de droit civil, qu'on lui disait être surabondante, attendu qu'il n'en existait pas de semblable dans l'université de Paris. Il finit par céder sur ce point, à la demande des États, et donna lettres patentes du tout, à la date du 30 octobre 1452. — Par quoi l'Université de Caen demeura, sous son nouveau maître, ce qu'elle avait été précédemment sous son fondateur, sauf, en somme, quelque retranchement sur sa dotation, de laquelle dut être distrait ce qui lui avait été concédé sur les revenus de celle de Paris.

Dans les vicissitudes des temps qui suivirent

cette époque, cette corporation se fit remarquer par la sagesse et la loyauté de sa conduite, non moins que par les succès distingués de son enseignement.

Sous Louis XI, en 1467, à l'occasion de la *guerre du bien public*, elle refusa de s'associer aux manœuvres du prince Charles, frère du roi, qui s'était fait céder la Normandie, et prétendait se faire prêter un serment de fidélité préjudiciable à l'unité de l'État. Sous le même, en 1478 et 1479, elle prit une part non moins honorable aux délibérations du clergé de France et du concile de Lyon, sur les affaires de la *pragmatique sanction*; puis encore en 1491, avec le clergé de la métropole de Rouen, aux mesures de résistance contre une *décime* irrégulièrement imposée.

En 1511, sous Louis XII, elle concourut par ses envoyés aux conciles de Pise et de Lyon, aux décisions qui durent y être prises, sur les démêlés survenus entre le roi et le pape Jules II.

Pendant les guerres de religion, elle resta constamment attachée au parti catholique, et eut même un de ses docteurs au colloque de Poissy.

Durant la Ligue, elle tint constamment au parti du roi légitime, sans jamais incliner vers les principes reprochés aux ultramontains.

Enfin, en 1791, la grande affaire du serment civique qui termina son existence, y mit fin de la

manière la plus digne d'elle, à tous égards, à la
suite d'un acte solennel, dans lequel, faisant aux
pouvoirs nationaux toute la part qui peut leur être
due, elle déclara, quant aux articles relatifs à
la discipline ecclésiastique, s'en tenir à la décision du souverain pontife et à la conduite des
évêques de France, seuls ayant droit de statuer
sur ce point. Cette pièce est du 25 de mai. Un bref
du pape Pie VI, en date du 9 juillet suivant, fut
expédié à notre université pour la féliciter sur son
courage et ses doctrines. Elle avait dès lors même
cessé d'exister.

Depuis ce temps, l'Université de Caen n'a point
été rétablie dans son ancienne forme, mais seulement remplacée par une *académie universitaire*,
dépendant de la grande *Université de France*, laquelle est une tout autre création.

Un peu moins de cinq ans avant la suppression,
à la date du mois d'août 1786, le roi Louis XVI
avait donné un édit portant règlement pour l'Université de Caen, et tendant à modifier quelques
parties de ses anciens statuts.

Les principaux changements, effectués en conséquence, furent :

1o L'institution, ou *rétablissement*, d'un office
de *syndic général* perpétuel, associé à l'administration, jugée apparemment un peu vacillante,
d'un recteur trop souvent renouvelé ;

2° L'accroissement de dotation , par concession
du prieuré de Sainte-Barbe , saisi sur les Jésuites,
à l'époque de leur expulsion , en 1762 ;

3° Quelques dispositions relatives à l'organisation et à la tenue des colléges , dont il sera parlé
ci-après.

L'état et la dotation de l'Université avaient déjà
subi, à plusieurs époques antérieures, d'autres
modifications , entre lesquelles nous remarquons
surtout , sous Louis XIV , la suppression du droit
par elle perçu jusques là , sur les postes et messa-
geries de la Province, qu'elle y avait établies dès
son origine, et pour dédommagement duquel il lui
fut attribué une pension annuelle de 2,000 fr.

On doit remarquer qu'à l'époque de l'édit de
Louis XVI , les droits civil et canonique ne comp-
taient plus que pour une seule et même faculté.
Ils en formaient encore deux distinctes en 1564.

M. de Bras nous fait connaître que de son temps
la collation des grades de l'Université se faisait
d'une manière fort solennelle, particulièrement
celle de la licence aux droits , qui n'avait lieu que
tous les deux ans. Les candidats examinés et reçus
étaient conduits au son des tambourins, flûtes,
etc., des écoles dans la cour de l'église, où le degré leur était conféré par le vice-chancelier , après
quoi l'on donnait des dragées aux régents, officiers
et gens notables qui y assistaient, « comme l'on
« ferait à une fiançaille. »

Beaucoup de désordres s'étaient introduits dans les cours des facultés, par suite des troubles causés par le soulèvement des Calvinistes. Il résulte d'une visite qui en fut faite en 1564, que quelques docteurs avaient adopté et professé publiquement les doctrines des sectaires, et que plusieurs autres furent trouvés, ès salles des classes, seuls et sans aucuns auditeurs présents.

On a vu que l'Université de Caen avait été d'abord établie dans un emplacement situé rue des Cordeliers. Nous la trouvons occupant un peu plus tard, avant 1450 (sans qu'il soit expliqué comment), un bâtiment dit des *Grandes-Ecoles*, située près de là, attenant à la rue aux Namps et aux halles de Saint-Sauveur, et qu'elle devait tenir du duc d'Orléans, père du roi Louis XII. Marie de Clèves, veuve du même duc d'Orléans, avait d'abord réclamé cette propriété, et se l'était fait rendre, au nom de ses enfants, en 1450. Elle finit par la céder à l'Université, par lettres patentes de l'an 1476, moyennant fondation d'un service pour le repos de l'âme de son mari. Les anciens bâtiments ont subsisté jusqu'à la fin du XVII° siècle. Ceux qui les remplacent actuellement, ont été construits au commencement du XVIII°, par les soins de l'intendant Foucault.

Dans la partie supérieure de cet ancien bâtiment des Grandes Écoles, l'Université avait établi

une riche et précieuse bibliothèque de bons livres
relatifs à toutes les matières de l'enseignement.
Robert Jolivet, abbé du Mont-Saint-Michel, en
avait fourni le premier fonds, auquel contribuè-
rent aussi Louis de Harcourt, évêque de Bayeux et
patriarche de Jérusalem, Robert Cornegrue, évêque de Séez, et plusieurs autres personnages non
moins distingués. Plusieurs professeurs aussi a-
vaient concouru à l'enrichir par legs de partie ou
totalité de leurs collections privées, dans le cours
des XVe et XVIe siècles, à dater de sa première
fondation en 1457. Elle se composait presque uni-
quement de manuscrits et d'éditions dites *prin-
ceps*, les seuls qui existassent alors.

Au temps de la reconstruction des Grandes Écoles, vers 1701, en reconnaissance de services reçus à cette occasion de l'intendant Foucault, l'U-
niversité, qui connaissait le goût de celui-ci pour
les raretés littéraires, n'imagina rien de mieux
que de lui offrir celles de sa bibliothèque, que le
choix qui en fut fait ruina à peu-près entièrement.

Cette perte fut réparée jusqu'à certain point en
1736, par la donation que fit alors à l'établissement M. Lesueur de Colleville, des livres de la
bibliothèque de son oncle, feu Samuel Bochart,
livres précieux en général par eux-mêmes, et quelques-uns surtout aussi par les annotations margi-
nales que ce savant y avait ajoutées de sa main.

Le ministre cardinal de Fleury l'augmenta peu
après de quelques largesses, à quoi furent joints,
en 1762, les livres de la bibliothèque des Jésuites,
supprimée à cette époque : le tout portant le nombre total de la collection à un nombre d'environ
vingt mille volumes, tel qu'il se trouvait en 1791,
au moment de la dispersion du corps de l'Université. Les événements postérieurs ont mis cette bibliothèque de l'Université, en la possession de
l'administration municipale, qui en a fait le noyau
de la sienne, présentement établie dans le nouvel
Hôtel-de-Ville de la Place-Royale, où elle occupe,
comme nous l'avons dit, la partie supérieure de
l'ancienne église des pères Eudistes, autrement
dits de la *Mission*.

Un autre établissement dû au zèle de l'ancienne
Université de Caen, est celui du *Puy du Palinod*.
On appelait ainsi un concours de poésie d'allusion,
ouvert, chaque année, au sein de l'Université, en l'honneur de la sainte Vierge, à l'occasion de sa fête de la Conception. Cette fête de la
Conception était, comme on sait, pour le pays,
une solennité toute nationale, et pour cela même,
qualifiée spécialement la *Fête aux Normands*.
Dès l'an 1466, l'Université de Caen *était dans l'u-
sage* de la célébrer en grande pompe, dans l'église
des Cordeliers, avec harangue latine pour le public, et distribution de vin aux professeurs. C'est

à ces premières données que se rattache l'institution du Palinod.

En l'an 1527, il arriva que le sieur Jean Le Mercier, seigneur de Saint-Germain, et avocat des plus
distingués à Caen, se trouvant désigné, à son tour
de rôle, à l'effet de rendre le pain bénit, pour ladite fête de la Conception, aux Cordeliers, imagina, afin de donner plus d'éclat à la cérémonie,
d'y rattacher un concours de compositions en vers,
sur le même sujet, comme déjà, dit-on, cela se
pratiquait alors à Rouen.   -

L'Université, à laquelle il soumit ce projet,
non-seulement l'accueillit avec faveur, mais résolut aussitôt de le réaliser en forme d'institution
permanente, pour son compte, se chargeant, pour
l'avenir, de faire les frais des prix, et dressant,
dès à présent, tous les statuts auxquels il conve-
nait de soumettre l'association.

Jean Le Mercier déclaré, pour cette fois, *premier prince du Palinod*, fut chargé, en cette
qualité, de tous les détails de la première fête, qui
s'accomplit en effet, sous ses auspices, avec le plus
brillant succès.—Une invitation du *Prince*, en vers
latins, avait appelé tous les poëtes de la contrée
à prendre part au débat, et ils s'y étaient engagés
en grand nombre. L'épigramme latine, le chant
royal, la ballade et le rondeau sont les genres dans
lesquels ils avaient été appelés à s'exercer.

De cette époque de 1527 , l'institution ainsi
réglée dans ses formes essentielles (invitations et
concours , etc.) s'est maintenue jusqu'en l'année
de dissolution 1791, sauf les incidents et les modifications ci-après :

1° De l'an 1550 à l'an 1557 , première interruption des concours (sans explication de cause
bien connue), — suivie du rétablissement, moyennant fondation d'une rente *ad hoc* , par Étienne
du Val , seigneur de Mondrainville, — stipulant en
conséquence, pour lui-même et pour ses descendants en ligne directe, la création de l'emploi
et titre de *princes-nés du Palinod* , en remplacement des *princes* électifs , jusqu'alors annuel-
lement renouvelés.

2o De 1616 à 1624 , autre interruption , expli-
quée par le manque de fonds , résultant de la dé-
préciation des revenus de la Compagnie , — celle-
ci réparée par nouvelle concession de rentes, de
Jacques Le Maistre, seigneur de Savigny , chanoine d'Avranches, et principal du collége du Bois.

3° En 1627, et années suivantes , fondation de
nouveaux prix, pour une ode française, par Pierre
Lè Marchand, seigneur de Saint-Manvieu et de
Rosel , — et de deux odes latines , alcaïque et
iambique, par le sieur Louis Fouet , professeur ès
droits.

On attribue surtout à cette institution du Palinod de Caen, l'avantage qu'a eu cette ville de produire un grand nombre de poëtes distingués par leurs succès dans les deux langues, latine et française, Halley et ses émules d'une part, Malherbe et ses disciples de l'autre. Tous s'étaient exercés d'abord dans les concours (1).

La dénomination de *Puy du Palinod* est figurée et quelque peu incertaine. *Puy*, formé du latin *podium*, s'explique par *sommet* ou *théâtre*. C'est *l'arène élevée des concurrents*. Le mot *Palinod* peut signifier *chant répété*, *chant à refrain*, ou *chant contraire à un autre*; peut-être aussi seulement *chant renouvelé*.

Il nous reste à éclaircir ce qui se rapporte aux colléges :

Il y a eu des colléges à Caen, avant la fondation de l'Université. La chose est hors de toute espèce de doute. Sans soulever la question de savoir jusqu'à quel point les anciennes écoles de Lanfranc et d'Arnould Malcouronne, etc., étaient près ou loin de ressembler à des *colléges*, nous trouvons le fait plus que suffisamment établi, pour

(1) Un fait sur lequel on peut prendre une idée du renom que notre ville s'était acquis, en matière de poésie, au XVIIe siècle, c'est que, quand Paris, la cour et l'Académie française se partagèrent sur le mérite relatif des deux sonnets de *Job* et d'*Uranie*, ce fut au poëte de Caen, Halley, et à ses collègues, que la duchesse de Longueville fit déférer le jugement définitif de la question.

les temps immédiatement voisins de la fondation, par le texte des actes de cette fondation même, qui, outre la mention formelle qu'il fournit de leur existence, nous fait connaître aussi qu'ils étaient *considérables*, et tels, que la Ville en tirait une partie de son *ornement : Notabilibus collegiis ornata.*

Remarquons, toutefois, pour éviter toute équivoque, qu'en acceptant les mots de ce passage pour ce qu'ils sont, nous n'entendons en rien inférer au hasard sur la nature des établissements qu'ils désignent. Il est connu que long-temps plus tard encore, le nom de *collége* se trouve indifféremment appliqué à deux choses fort différentes entre elles, à savoir : aux établissements d'institution publique et permanente, analogues à ceux auxquels nous l'avons maintenant restreint, — et aux *pédagogies*, ou maisons de répétition ou d'exercice subalternes, tenues par des maîtres particuliers, librement et temporairement associés, comme sont à peu près nos *pensionnats* actuels.

En faisant cette distinction, pour l'époque seulement où elle devient possible, nous trouvons que durant la dernière moitié du XVe siècle, les institutions de la seconde de ces deux espèces, ont dû être, à Caen, au nombre de dix à douze, entre lesquelles on compte :

Le *Collége Bouet*, rue des Croisiers, en face du couvent de ce nom,

Celui de *Maître Henri Le Prevost*, rue de l'Église Saint-Étienne (le Vieux), maison du Mont-Saint-Michel,

Et ceux de *Cingal*, *Avoine* et de la *Couronne*, tous trois au quartier Saint-Jean.

A quoi quelques-uns veulent ajouter encore celui de *Loraille*, qui aurait existé rue de Geôle, près de la *Fontaine-aux-Poissons*.

Six autres à peine connus de nom, se trouvent mentionnés aux registres de l'Université, sans aucune désignation d'emplacement. Pour ce qui est des colléges en titre, fondés et bien reconnus pour tels, il y en a eu quatre en tout, ainsi qu'il suit, savoir :

1° *Collége du Cloutier*, rue Neuve-Saint-Jean, appelé autrement collége d'Enfer et collége de Paradis, — fondé en 1452, par Roger Le Cloutier, seigneur de Saint-Germain-le-Vasson, et du Mesnil d'Argences. — Supprimé en 1731, par lettres-patentes, appliquant les revenus de sa dotation au paiement du bibliothécaire de l'Université.

2° *Collége des Arts*, — à l'angle de la rue des Grandes-Écoles et de la cour des Cordeliers, — fondé par la faculté des arts, dont il a pris son nom, — sur l'emplacement de l'hôtel de Michel d'Anfernet, sieur de Montchauvet, que ladite fa-

culté avait acheté de ses deniers, en 1460. —
Vers 1487, il y fut fait une belle façade, sur *arcs*
et *porches*, ornée des statues des sept arts libéraux, que les Calvinistes détruisirent en 1562,
les ayant prises, dit-on, pour des images de
saints. — Supprimé en 1786, pour être remplacé
par un établissement d'une autre espèce, comme
il sera dit ci-après.

3o *Collége du Bois*, — rue Saint-Sauveur, —
ayant subsisté comme *pédagogie*, la plus anciennement connue en l'Université, dès l'an 1441, —
fondée et tenue par Nicolas du Bois (ancien chef
du Collége Bouet), de qui elle avait pris son nom,
—appelée aussi *Collége Harrington*, du nom du
propriétaire de la maison; — érigée en collége régulier, dit aussi de *Gouvix* et de *La Mare*, en
1493, de fonds provenant d'un legs de P. Cau-
chon, évêque de Lisieux (l'un des juges de Jeanne
d'Arc), — et par les soins et libéralités de ses
exécuteurs testamentaires, Jean de Gouvix, archidiacre de Bayeux, etc., etc. — S'est maintenu
comme tel jusqu'à nos jours.

4° *Collége du Mont*, rue de l'Église-Saint-
Étienne (le Vieux), dans l'emplacement de l'ancienne pédagogie de maître Henri Le Prevost, qui
fut le manoir de l'abbaye du Mont-Saint-Michel,—
d'où lui est venu son nom moderne. — Erigé en
collége de l'Université en 1594, par placement de

fonds d'économies, provenant de concession royale, — qualifié en conséquence *Royal*, et dit *Re-
gio-Montanus* ; — concédé aux Jésuites, en 1609,
par expulsion des professeurs de l'Université, —
et rendu à la même université, par suite de l'expulsion générale des Jésuites, en 1762. — A subsisté jusqu'à nos jours.

De ces quatre grands colléges, un seul, celui du
Cloutier, avait été supprimé, comme nous l'avons
dit, en 1731 ; — les trois autres (des Arts, du
Bois et du Mont), existaient honorablement, bien
que peut être un peu déchus, en 1786, époque
de l'édit du roi Louis XVI, portant réglement
pour notre université.

L'objet de cet édit, quant aux colléges, outre
l'intention d'y élargir un peu le cadre de l'enseignement, fut surtout d'y ranimer le zèle des études, par les moyens d'une émulation propre à
remplacer celle qu'avait produite, en son temps,
l'utile rivalité des Jésuites.

Il y fut établi en conséquence :

1° Que des trois colléges, alors en plein exercice, deux seulement, ceux du Bois et du Mont,
seraient conservés, et complétés par création,
pour chacun d'eux, d'une chaire d'histoire et de
géographie.

2° Que le collége des Arts, supprimé comme
collége ordinaire, serait transformé en un établis-

sement dit *Collége royal de Normandie* , où seraient institués dès cours libres de physique expé-
rimentale , mathématiques , littérature française
et langue grecque , ouverts à tous auditeurs béné-
voles, sans condition préalable d'inscription ni ré-
tribution quelconques.

3° Que dorénavant les chaires des deux colléges
ordinaires , et toutes celles des facultés , seraient
données au concours, et à des conditions prescrites.

4° Que les compositions pour les prix, à la fin
de l'année classique , se feraient, à l'avenir, con-
curremment par les élèves des deux colléges , réunis classe par classe , de sorte qu'il n'y aurait plus
de distribution particulière de prix de collége ,
mais une distribution générale et solennelle de prix
de l'Université.

Nous avons vu que ce dernier état de choses ne
dura pas cinq ans entiers.

Plusieurs couvents d'hommes , à Caen , étaient
comptés pour colléges de l'Université , et en cette
qualité autorisés à donner l'enseignement classique à leurs novices. M. de Bras nomme comme tels
les Carmes , les Dominicains , les Croisiers , les
Cordeliers et les Capucins. Il ajoute que bon nombre des évêques et abbés de la Province étaient
affiliés à ladite Université, participaient à ses priviléges , et s'empressaient d'assister à ses lectures
solennelles , *aux veilles des fêtes de Noël, Pâques*

fleuries , la Pentecoste , et le lendemain de la Saint-Denis, etc. Entre ceux-ci étaient les abbés de Troarn , du Mont-Saint-Michel., d'Aunay , d'Ardennes, de Barbery , du Val , de Savigny, de Mondaye , de Belle-Étoile , etc. , etc. Tous lesquels avaient, à Caen, des maisons d'entretien pour ceux de leurs élèves ou religieux qu'ils voulaient y envoyer suivre les cours. M. de Bras avait vu tous ces usages en pleine vigueur ; mais on avait commencé à s'en relâcher de son temps , au point que plusieurs de ces maisons d'études avaient été louées à des artisans, et que l'abbé du Mont-Saint-Michel, en particulier, avait vendu la sienne en 1579, laquelle se trouvait plus tard , vers 1587 , transformée en un magasin de marchands.

Il existe sur tout ce qui se rapporte à l'histoire de l'Université de Caen , des documents authentiques , d'où sont pris la plupart des détails de cet article , et qui pourraient en fournir , au besoin , beaucoup d'autres plus étendus.

Ce sont d'abord des *registres des recteurs ,* et autres dits *de rectories,* les premiers tenus par les recteurs eux-mêmes, chacun durant sa gestion , à compter de l'an 1457 ; les seconds par les *scribes* de l'Université, commençant en 1440, et continués, ainsi que les précédents , jusqu'à l'an 1620 , sauf lacunes pour les temps de troubles , etc. Et ensuite, un travail de résumé historique , dit *Matro-*

loge de l'Université, fait sur les pièces officielles,
par le sieur de Lesnauderie, l'un des *scribes,* à la
date de l'an 1515. Dans ce matrologe, se trouve
inséré le catalogue des livres de l'ancienne bibliothèque de l'Université, telle qu'elle existait
alors.

Pour ce qui concerne le Palinod, nous avons la
collection suivie des pièces de poésie couronnées
à ces concours, lesquelles ont été imprimées, chacune en leur temps, dès l'origine de l'institution.

Les bâtiments des Grandes Écoles de l'Université, avec ceux du ci-devant collége des Arts, en
face, ont été mis en la possession de l'académie
universitaire, pour les cours publics des facultés,
nouvellement rétablies. L'administration s'est approprié ceux du collége du Mont, où ont été établis les bureaux de la Préfecture. Les emplacements des colléges du Cloutier et du Bois ont été
aliénés.

ÉCOLES NOUVELLES.

De la fin de mai 1791 à celle de février 1795,
il y eut à Caen, comme à peu-près partout en
France, lacune d'enseignement public classique,
à quelque degré que ce fût. A la seconde de ces
deux époques, la Convention délivrée enfin de ses

convulsions intérieures, porta son attention sur la
nécessité de réorganiser un système quelconque
d'études nationales, et commença, à cet effet, par
créer ce qu'elle appela les *écoles centrales des départements*.

Caen eut la sienne, composée des chaires ci-
après, au nombre de neuf en tout, savoir : dessin,
histoire naturelle, langues anciennes, mathématiques, physique et chimie, grammaire générale,
belles-lettres, histoire et législation.

Cette création était insuffisante. Que pouvait faire
un professeur de *législation*, chargé seul de toutes
les parties de l'enseignement du droit? Un professeur de *langues anciennes*, tenant, à lui seul, la
place de six régents de collége, pour tous les degrés de l'enseignement du latin et du grec, depuis
les premiers éléments, jusqu'aux exercices de la
rhétorique y compris?

L'établissement toutefois eût pu être utile comme
cours de facultés, si au-dessous de ces grandes
écoles, on en eût organisé d'autres, inférieures,
chargées de former des élèves capables de suivre
ces mêmes cours avec quelque fruit. Mais c'est ce
qu'on ne fit pas. Il y eut bien, sur ce sujet, plusieurs décrets rendus en termes assez magnifiques,
mais qui tous restèrent sans aucune espèce d'exécution.

Les écoles centrales avaient d'ailleurs été créés

en trop grand nombre, et n'avaient pas réussi également bien partout. Ces inconvénients étaient graves. Le général Buonaparte, parvenu au gouvernement de l'État, sous le titre de premier consul, ne
manqua pas d'en être frappé. Il comprit tout ce qui
faisait faute dans les établissements nouvellement
créés, et tout ce qui devait faire obstacle à l'exécution des vastes plans, adoptés d'avance, sur ce
qui restait à réaliser encore. Il en conclut qu'il fallait changer tout le système, et reprendre, sur
nouveaux frais, l'œuvre entière de l'organisation.

Les écoles centrales durent en conséquence être
supprimées, et faire place à des établissements,
en plus petit nombre, moins fastueusement annon-
cés, et toutefois d'une utilité plus réelle et plus
pratique. On appela ceux-ci *lycées*. Ils furent organisés à peu-près sur le modèle de nos anciens
grands colléges, prenant de même pour base l'enseignement de la langue latine, divisé en six classes, avec rhétorique, philosophie et mathématiques (auxquelles on ajouta plus tard l'histoire,
l'histoire naturelle et la physique, etc.) Et il fut
dit qu'il y en aurait au moins un *dans chaque ressort de cour d'appel*.

Caen obtint le sien, dont la création date du 6
mai 1803. Il fut dès lors établi, comme nous l'a-
vons dit, dans les bâtiments d'habitation de l'abbaye de Saint-Étienne, où il subsiste, dans un de-

gré remarquable de prospérité, sous le nom de
collége royal, qui lui fut donné en 1815.

L'année suivante, qui fut la première de l'Empire, le gouvernement s'occupa de remplir un autre vide, en réorganisant des *écoles spéciales de droit*. Celles-ci durent être composées chacune de cinq professeurs, dont trois pour le code civil français, un pour le droit romain, et un autre pour le code de procédure civile et criminelle.

Il en fut établi une à Caen, par décret impérial du 21 septembre 1804.

En 1808, la pensée de réunir en un seul grand système d'organisation, tous les établissements d'enseignement public, déjà existants, ou encore à former, en France, donna naissance à ce qu'on appela l'*Université impériale*, avec ses subdivisions en *académies* et *facultés*.

Dans ce mode d'organisation, les facultés, sauf quelque extension ou modification de détail, furent à peu-près ce qu'elles avaient dû être dans les anciennes universités locales.

Les académies, d'autre part, remplacèrent bien aussi les anciennes universités; mais avec cette notable différence de condition, qu'au lieu de l'indépendance absolue dans laquelle avaient vécu les unes, il fut imposé aux autres la soumission la plus entière, en toutes choses, à l'autorité du grand-maître, chef unique, nommé par l'Empereur, etc.

Le nom d'*Université*, dans son application nouvelle, devint exclusivement celui de l'ensemble du corps enseignant, pris dans son entier. Des académies (universitaires), furent placées, comme l'avaient été les lycées, *dans chaque chef-lieu de cour d'appel.* Chaque académie eût son recteur, nommé pour cinq ans par le grand-maître, avec possibilité d'être continué, une ou plusieurs fois, dans ses fonctions.

L'académie de Caen fut organisée par nomination du mois de juillet 1809. Son ressort fut étendu aux trois départements du Calvados, de l'Orne et de la Manche. Elle fut composée de trois facultés, comme il suit, à savoir :

1° Faculté de droit, — par changement de titre de l'école spéciale de ce nom, créée en 1804, et qui a été suffisamment mentionnée ci-dessus.

2° Faculté des sciences, — par création de chaires de mathématiques, chimie, physique et histoire naturelle.

3° Faculté des lettres, — par institution de celles de philosophie, histoire, littérature latine et littérature française.

Il n'y fut joint, et il n'y a été ajouté depuis, ni faculté de théologie, ni faculté de médecine.

Une école d'enseignement médical, créée par décret impérial du 24 mars 1808, comme formant dépendance des services de l'Hôtel-Dieu, et plus

tard érigée en *école secondaire* , et affiliée à l'U-
niversité, par ordonnance royale du 18 mai 1820,
s'y trouve , encore actuellement , seule , chargée
du dernier de ces deux objets. L'enseignement s'y
distribue en huit cours , à peu près comme dans
les facultés constituées *ad hoc.*

L'instruction primaire élémentaire est partagée à Caen , entre un établissement d'enseignement mutuel , et un autre , des Frères des Écoles
chrétiennes. — Ces derniers ont leur institution
principale , rue de Geôle , dans les bâtiments des
anciennes Petites-Bénédictines, et desservent deux
autres classes, aux quartiers de Vaucelles et du
Bourg-l'Abbé.

Dans ces derniers temps , et par suite de la loi
du 28 juin 1833, il a été de nouveau fondé à Caen :

1o Une école primaire supérieure , de cours
spéciaux , formant système complet et sommaire
d'enseignement , dégagé de l'étude préalable des
langues classiques , à l'usage de jeunes sujets destinés aux professions commerciales et industrielles.

2o Une école normale primaire , ayant mission
de former des maîtres pour l'enseignement primaire élémentaire , à organiser dans les communes rurales, etc.

Toutes deux devront être placées dans les bâtiments attenant à ceux du Collége royal , qu'elles
sont censées compléter dans son objet.

L'instruction des jeunes filles des classes ou-
vrière et indigente, spécialement soignée à Saint-
Étienne, par les sœurs de Saint-Vincent-de-Paul,
est confiée, ailleurs, aux sœurs de la Providence,
— les unes et les autres dans chaque paroisse,
sous la surveillance particulière de MM. leurs
curés.

ÉCOLE, DITE AUSSI ACADÉMIE D'ÉQUITATION.

. La Ville de Caen possède une *école d'équitation* , plus communément dite *Académie* , qui ne
laisse pas d'avoir brillé momentanément d'un assez
vif éclat.

L'établissement est moderne, et paraît avoir
commencé par des ébauches d'entreprise privée,
qu'on trouve citées pour la première fois, mais
déjà florissantes, à la date de 1672.

L'organisation effective eut lieu en 1719 , et fut
réglée alors par lettres de privilége du grand
écuyer de France, concédées au sieur Jean Fous-
sié qui en fut nommé directeur.

L'institution, languissante sous ce premier chef,
ne se développa avec son importance réelle qu'en
1727, par suite d'un nouvel acte de concession et
nomination d'un autre directeur, dans la personne
du sieur Robichon de la Guérinière , frère et di-

gne émue du célèbre écuyer du roi, de même
nom, et collaborateur de ses Traités sur la cavalerie, etc.

Son objet, comme il fut compris en ce temps,
fut surtout de compléter l'éducation des jeunes
gentilshommes destinés à la profession des armes,
et à cet effet, indépendamment des exercices de
manége et d'escrime, il y fut introduit aussi des
cours de dessin, musique, mathématiques, etc.,
auxquels on joignit encore des leçons de langue
française, en faveur des élèves étrangers qu'on dé-
sirait y attirer.

L'Académie ainsi organisée, obtint bientôt une
grande célébrité, et se trouve citée dans les écrits
de l'époque comme l'une des meilleures du royaume. Elle comptait parmi ses élèves un grand nombre de jeunes Anglais, appartenant aux premières
familles de leur pays. L'établissement avait une
espèce de succursale, en la paroisse de Cormelles,
où M. de La Guérinière avait fait construire un
manége, avec une ferme et un château qui ont
retenu son nom, et dont, après lui, l'Académie a
fait cession à ses héritiers.

L'Académie d'équitation de Caen avait continué
de fleurir sans vicissitudes notables, jusqu'à l'é-
poque de la révolution de 1789. Elle perdit, en
ce temps, et ses revenus et ses élèves : ses revenus supprimes avec l'octroi de la Ville, sur lequel

ils lui étaient alors assignés , et ses élèves, les
uns qui durent se retirer, en leur qualité d'étran-,
gers, les autres qui furent dispersés ou pourchas-
sés comme nobles , etc. — Lorsqu'elle essaya de
se relever un peu plus tard, elle eut, durant quelques années, à se soutenir de ses propres ressour-
ces, sans aucune subvention de la Ville ou de l'État.

En 1809, le chef du gouvernement impérial,
occupé de ses grands desseins d'organisation toute
militaire, eut la pensée d'y rattacher une création d'écoles spéciales d'équitation, à établir dans
les principales villes de l'Empire. L'école de Caen,
dans l'état où elle se trouvait, lui parut offrir
comme un heureux essai de celles qui devaient
entrer dans son plan. Il se hâta, en conséquence,
de la réorganiser sous cette nouvelle forme, la
soumit à l'administration des haras, fit faire les
fonds d'entretien et de traitement nécessaires, et
la déclara de première classe, et la première dans
cette même classe, après celle de Paris. Les choses se maintinrent dans cet état jusqu'à la grande
crise de 1814.

La chute de l'Empire, survenue alors, apporta
d'abord peu de changement aux destinées des établissements d'équitation, sur lesquels rien ne fut
innové jusqu'à l'année 1827.

A cette dernière époque, de misérables chi-
canes sur le budget conduisirent à leur retrancher

11

l'allocation annuelle pour laquelle ils y étaient portés. Ce coup eût été mortel pour notre école de
Caen, si son directeur actuel, M. Person fils, ne
se fût présenté pour en détourner l'effet, en se
chargeant de l'établissement, à ses périls et ris-
ques, avec les seuls secours de la concession du
matériel, consentie par la Ville, et d'une subvention de 2,000 francs fournie par le conseil général
du Département. Tel est l'état où elle se trouve
quant à présent, en attendant, peut-être, une phase
incertaine de temps meilleurs.

Les chefs de l'Académie-École d'équitation de
Caen, après M. de La Guérinière, ont été, MM. de
La Plégnière, de La Tour, Person père, Harrel
Dejean et Person fils.

Les constructions composant le local de l'établissement, existent dans la rue dite de l'Académie, ancienne paroisse de Saint-Martin, au territoire du Bourg-l'Abbé.

ANCIENNES MAGISTRATURES.

PRÉFECTURE ET ÉCHIQUIER.

Nous ignorons quelle dut être l'organisation des établissements judiciaires existant à Caen, immédiatement après sa fondation par les Saxons. Comme ces peuples se soumirent peu après aux descendants de Clovis, il est probable que la Ville fut, de ce moment, régie comme l'était le reste de la France.

Rollon devenu maître de la Province, par le traité de Saint-Clair-sur-Epte, en 912, y laissa apparemment subsister les formes de l'organisation antérieure. On trouve encore, en 997, sous Richard II, que le pays se divisait en arrondissements appelés *pagi* et *vicariæ*.

Au XI⁰ siècle, sous Guillaume-le-Conquérant, le tribunal de Caen s'appelait *Préfecture*, et son chef, *Préfet*. Le magistrat ainsi qualifié, n'était pas chargé seulement du soin de rendre la justice, mais aussi de l'administration des domaines et de la recette des impôts. — On le trouve mentionné plusieurs fois sous les règnes suivants, jusques vers la fin du XII⁰ siècle, où il paraît remplacé par les *bailli*, *vicomte* et *prevost* de Caen.

Ces magistratures d'arrondissement, restreintes dans leur ressort local, furent, par cela même, inférieures à l'*Échiquier*, dont l'autorité s'étendait sur tout le duché.

L'Échiquier n'était autre chose que la *cour de justice suprême du duc*, présidée par lui-même ou par son *grand sénéchal*, — où siégeaient, en tout cas, avec celui-ci, les deux autres grands officiers, *chancelier* et *trésorier* du duc, et tous les barons du pays, ses vassaux immédiats.

Ce tribunal était ambulatoire, pouvant siéger partout où il survenait occasion de le convoquer. Ses attributions étaient doubles, à savoir : de rendre la justice au nom du prince, et d'administrer ses revenus ; — d'où naît une distinction bien connue en deux branches, l'*Échiquier des causes* et l'*Échiquier des comptes*.

L'Angleterre et la Normandie ayant commencé à avoir chacune leur Échiquier distinct, sous le roi Henri Ier, celui de Normandie fut fixé à Caen d'une manière à peu près permanente. Il avait ordinairement alors deux sessions solennelles chaque année, savoir : à Pâques et à la Saint-Michel. L'Échiquier des causes se tenait communément dans l'église du château de Caen, et celui des comptes dans une chapelle de la rue Saint-Jean.

Plus tard, lorsque la domination anglo-normande se fut étendue sur toutes les côtes ouest de la France, l'embarras d'évoquer à Caen des causes relatives à des faits souvent trop éloignés, donna lieu d'instituer une justice ambulante de *tribunaux itinérants*. Les magistrats qui les composèrent, furent pris parmi ceux de l'Échiquier, et on les envoyait ordinairement au nombre de deux ou trois, dans les différentes parties de la Province, où ils réglaient sommairement les affaires les plus simples, devant renvoyer les autres à la connaissance de l'Échiquier, etc.

Après la réunion de la Normandie à la couronne de France, sous Philippe-Auguste, en 1204, l'Échiquier de cette province subit divers changements notables, et cessa d'être fixé à Caen. En 1499, le roi Louis XII l'érigea en *Parlement de Normandie*, à la résidence de Rouen, où il est resté par la suite, jusqu'à la révolution de 1789, sauf interruption de cinq ans, à l'occasion des troubles de la Ligue, durant lesquels il fut momentanément transféré à Caen, de 1589 à 1594. — A cette époque, il y siégea tout d'abord dans les bâtiments du Bailliage, rue de Geôle, et ensuite dans le couvent des Cordeliers.

Les juges de l'ancien Échiquier, dans leurs assemblées, étaient assis autour d'une table, dont le tapis figurait celle d'un jeu d'échecs, divisée en cases de couleur différente. — On croit que ces cases avaient pour objet de faciliter certaines opé-

rations de calculs usuels, sur les monnaies dont
on y faisait le compte, et qui étaient d'espèces
très-diverses. C'est de là, sans doute, que cette
cour avait tiré son nom. Elle l'avait pris sous
Henri 1ᵉʳ, et l'a conservé jusqu'à sa suppression.

BAILLIAGE ET VICOMTÉ, ETC.

Le nom de *Bailli* a été employé originairement
dans une signification générale, et comme équivalant de *commandant délégué du souverain*. Tout
ressort d'office du commandement local pouvait
être alors qualifié *baillie* ou *bailliage*. La province entière formait ainsi comme la *baillie* du
sénéchal, etc. On trouve plus tard, vers la seconde moitié du XIIᵉ siècle, des *baillis* d'arrondissements locaux, à Caen, à Bayeux, à Falaise,
à Vire, au Lieuvin, à Bonneville-sur-Touque, etc.
— Il paraît qu'il y eut un de ces baillis, partout
où il existait un château fort, pouvant former la
glèbe d'où relevaient les fiefs de l'arrondissement.
   Les *grands baillis* ont eu une autre origine.
L'institution de ceux-ci fut une œuvre du roi Louis
IX, et eut pour principal objet, de ramener l'administration de la justice aux mains de la couronne, en soumettant les jugements des petites

juridictions inférieures, à la réformation, sur ap
pel aux magistrats royaux. Cette création date de
l'an 1258.

Le Grand Bailliage de Caen comprenait les quatre *vicomtés* de Caen, Bayeux, Falaise et Vire.
Il y fut ajouté en 1552, un *siége présidial*, chargé de juger, en dernier ressort, les causes dont
l'intérêt n'excédait pas la somme de 250 livres,
et par provision, celles au-dessus, qui ne montaient pas au-delà de cinq cents.

L'emploi de *Grand Bailli* de Caen existait encore en 1789, et se trouvait, en ce temps, occupé par M. le duc de Coigny (deuxième maréchal
de ce nom). C'était alors une dignité purement
militaire, les *grands baillis d'épée* s'étant dé-
goutés depuis long-temps d'exercer les fonctions
judiciaires, et en ayant abandonné l'exercice à des
lieutenants gradués, chargés de les suppléer.

Le bon vieux M. de Bras a exercé la charge de
lieutenant-général au Bailliage de Caen, de laquelle il fut pourvu en 1541. — « Ledit siége con-
« sistant alors aux trois lieutenants, général, cri-
« minel et particulier, douze conseillers, un gar-
« de-des-sceaux, et deux avocats et procureurs
« du roi. »

Le nom de *vicomté* aussi a subi des phases
de signification très-diverses selon les temps et les
systèmes. Il ne fut d'abord que comme un synony-

me de *vicairie*, appliqué, en ce sens, à certaines subdivisions de l'administration romaine ou mérovingienne, dont les restes, ainsi qu'on l'a vu, n'ont pas laissé de se conserver jusque sous le quatrième de nos ducs.

Les *vicomtes* de ces anciens temps étaient *lieutenants des comtes*, et gouvernaient, sous l'autorité de ceux-ci, une portion plus ou moins étendue de leur *comté*. De lieutenants des comtes, ils se transformèrent en lieutenants des ducs, après l'institution du duché, et leur condition put se modifier en ce point sans changer de titre, attendu que les ducs se qualifiaient souvent eux-mêmes du nom de *comtes*; il devenait naturel par cela même que celui de viconte fût donné à leurs représentants.

Lorsque peu après, ces mêmes ducs eurent occasion de créer de nouveaux établissements judiciaires, il est naturel aussi qu'ils leur aient donné, ou laissé prendre, une dénomination déjà consacrée par l'usage commun, pour tous ceux qui avaient subsisté jusqu'alors. Les vicomtés de création ducale, plus récentes que celles qui continuèrent les *vicairies*, furent, d'autre part, plus anciennes que les *bailliages*, et purent avoir des attributions beaucoup plus étendues. Quelques vicomtes ajoutent expressément à leur titre, ceux de *gouverneur de ville* et de *fermier des impôts* (Vice-comes, municeps et firmarius).

Dans les XI° et XII° siècles, les places de vicomtes étaient remplies par des personnages du
plus haut rang. — Quelques-unes étaient héréditaires sous nos ducs. — Une famille, propriétaire
de celle de Vire, en a pris son nom propre de *Le
Vicomte*, qu'elle a conservé jusqu'à ce moment.
La création des grands baillis diminua de beaucoup la dignité des vicomtes, et les fit descendre
dans un rang inférieur.

La qualité de *Vicomte de Caen*, mentionnée
en 1152, se trouvait alors attribuée à Robert Fitz-
Bernard, seigneur de Moult, l'un des braves les
plus renommés dans les guerres de son temps.
Cette juridiction fut supprimée en 1741. Les vicomtes, comme les grands baillis, étaient devenus
alors des titulaires d'offices sans fonctions, remplacés de fait et de droit par leurs lieutenants, à
la nomination du lieutenant-général, du grand
bailli, etc.

Les juridictions de Vicomté et Grand Bailliage
de Caen, au temps de l'usurpation anglaise, sous
Henri VI, ont occupé, durant quelque temps,
comme *Prétoire*, une portion de bâtiments situés
rue des Cordeliers, faisant partie de ceux où avait
été alors aussi établie l'Université. Mais celle-ci
se trouvant incommodée du bruit de ce voisinage,
les deux tribunaux durent lui céder la place, et
quitter entièrement le local en 1442, pour être

transférés en leur établissement, rue de Gedle, où le Bailliage a subsisté jusqu'à l'époque de la révolution de 1789.

Les formes de la procédure devant ces anciens tribunaux, y compris aussi celui de l'Échiquier ; paraissent avoir été fort simples dans leur principe. On n'y voit aucune mention de jurisconsultes, avocats, avoués, ou autres. Il paraît que tout s'y réglait par manière d'arbitrage ou de transaction. La chicane avec ses formalités semble n'être entrée en Normandie qu'avec Philippe-Auguste. L'étude du droit dans la nouvelle université, ne fit que lui fournir de nouveaux moyens d'influence. On trouve les avocats de Caen organisés en corporation dès l'an 1475 ; sous le patronage de saint Yves, mort en 1303.

La profession d'avocat à Caen a été exercée au XVIᵉ siècle par plusieurs personnages de condition distinguée, des Turgot, des Lacour, des Saint-Germain, des Bonenfant, des Cairon, etc.

ÉLECTION, BUREAU DES FINANCES
ET GRENIER A SEL.

Un essai de réglement des finances, dressé par les États généraux de l'an 1355, sous le roi Jean, avait prétendu soumettre l'administration des deniers publics à des opérations de contrôle, destinées à en surveiller rigoureusement la recette et l'emploi, sujets alors à beaucoup d'abus. Ce réglement, modifié peu après, dans son objet plus que dans ses formes, avait fini par se résoudre en créations de juridictions spéciales, chargées des détails de la répartition des taxes, et de la connaissance des contestations qui pouvaient y avoir rapport.

Caen a eu pour sa part dans ces mêmes créations :

1° Une Cour des Élus, ou tribunal d'élection, qu'on trouve cité en 1380, comme ayant dès-lors sa juridiction contentieuse, — connaissant en première instance des procès provenant du fait des Aides, — et ressortissant en appel à la cour des aides de Rouen. — Ce tribunal siégeait anciennement au réfectoire des Cordeliers.

2° Un Bureau de Finances, l'un des dix-sept établis par le roi Henri II, en 1557 (à moins que peut-être il n'existât précédemment, avec un autre ressort, et sous une autre forme), — ne se trouve investi du droit de juridiction contentieuse, qu'à la date du mois d'avril 1694. Ce bureau a siégé anciennement dans une maison de la rue Saint-Jean, près le pont Saint-Pierre, d'où il fut transféré dans celle que les PP. de l'Oratoire avaient achetée de M. Patris, et finalement rue Saint-Jean, presqu'en face de celle de Bernières.

3° Un *Grenier à Sel*, — existant sous Charles VII, (sinon plus anciennement), — semble n'avoir obtenu forme de juridiction que sous François I⁰ʳ, en 1544. — Réuni à l'élection en 1685, il en fut séparé de nouveau en 1695, et a constamment siégé près de ses magasins, rue des Quais.

N. B. Lorsqu'en 1589, à l'occasion des troubles de la Ligue, le parlement de Rouen fut, pour quelque temps, transféré à Caen; la chambre des comptes et la cour des aides de Rouen, vinrent également s'établir dans notre ville, et y restèrent jusqu'en 1594.—La chambre des comptes y occupa alors une partie du couvent des Jacobins.

Un démembrement de la même cour des aides de Rouen, transporté à Caen en 1638, et alors réuni au bureau des finances de cette ville, en fut de nouveau détaché et renvoyé à Rouen en 1641.

AMIRAUTÉ, JURIDICTION DES EAUX ET FORÊTS, CHAMBRES DES MONNAIES, ET OFFICIALITÉ.

La Ville de Caen a possédé d'ailleurs, en fait de juridictions spéciales :

1° Un *Siége d'Amirauté*, établi audit lieu de Caen, avec deux autres à Ouistreham et à Bernières, — ayant ensemble pour objet la connaissance

de toutes les affaires de navigation et de marine.
Le temps de leur institution n'est pas connu ;
la juridiction de l'amiral existait dès l'an 1400,
et avait des siéges et officiers en 1543, 1544, etc.

2° Une *Maîtrise des Eaux et Forêts.*—L'organisation de ce service paraît remonter au XIII° siècle. Une ordonnance du roi Henri II, en 1554,
érigea une maîtrise dans chaque bailliage. Celle
du bailliage de Caen fut d'abord placée à Bayeux.
Il en fut créé, sous Henri III, deux autres, à Caen
et à Vire. Celle de Caen, supprimée sous Henri
IV, y fut rétablie sous Louis XIV, en 1689 ;

3° Une *Chambre des Monnaies.* L'établissement existait originairement à Saint-Lo, et paraît
avoir été, en son temps, le troisième du royaume.
Transféré à Caen en 1550, par ordonnance du roi
Henri II, il y fut placé dans la Neuve-Rue, près
d'une ruelle tendante à la Cour d'Église. Partagé
alors, sur réclamation, entre les deux villes, cet
établissement s'est mal soutenu à Caen ; où il a
été suspendu, supprimé et rétabli à diverses reprises. Il y a occupé en dernier lieu, vers le commencement du XVIII° siècle, une maison rue Notre-Dame, presqu'en face de la Venelle-aux-Chevaux, où a été établie plus tard l'imprimerie du
sieur Leroy, et a cessé d'exister en 1757.

4° Une *Officialité*, dépendante de l'évêché de
Bayeux, pour l'instruction et le jugement des dé-

bats en matières ecclésiastiques ; — ayant pour
ressort les doyennés de Caen, Douvres, Maltot,
Troarn, Vaucelles, le Cinglais, Condé-sur-Noi-
reau et Cambremer. — On la trouve mentionnée dès
le XIᵉ siècle, avec le palais épiscopal, situé dans
la Neuve-Rue, où l'une et l'autre se sont maintenus ensemble jusqu'à l'époque de 1789.

JUSTICES SEIGNEURIALES.

Nous avons vu ailleurs que les abbayes de Sainte-
Trinité et de Saint-Étienne de Caen possédaient
le droit de justice seigneuriale sur les habitants de
leurs seigneuries respectives de Saint-Gilles et du
Bourg-l'Abbé. Elles l'exerçaient, chacune de son
côté, par le ministère d'un sénéchal de leur choix.
L'une et l'autre aussi avaient chacune leur officialité particulière, pour les paroisses de leur ressort. On remarque qu'il y eut souvent conflit et
contestation à ce sujet, entre leurs officiers et ceux
des sièges royaux et de l'évêque diocésain.

Une juridiction seigneuriale de l'abbaye de Fécamp, sur ses terres d'Argences et de Mondeville,
avait son siège principal au territoire de Sainte-
Paix de Caen, dépendant de cette dernière localité.

Quelques parties du territoire de Vaucelles dé-

pendaient de la vicomté du Thuit et de Saint-Syl-
vain.

NOUVELLES MAGISTRATURES.

COUR ROYALE, TRIBUNAL CIVIL, JUSTICE DE PAIX, TRIBUNAL DE COMMERCE, ETC.

L'ensemble de l'ancienne organisation judiciaire, en France, fut une des premières choses que
dut renverser la révolution de 1789. En effet,
une année de travaux était à peine écoulée, que
déjà tout avait été frappé de suppression. On sentit
bien dès lors la nécessité de remplacer ce qu'on
détruisait ; mais les désordres survenant ne tardèrent pas à entasser les obstacles, et bientôt, en ce
point comme en beaucoup d'autres, il devint impossible de songer à rien établir de régulier ni de
permanent. Ce ne fut qu'en 1800, sous l'influence
du gouvernement consulaire, que l'ordre judiciaire put enfin sortir réellement de ses ruines, et se
reconstituer d'une manière conforme à l'état de la
société et aux besoins du pays. La réformation fut
large et complète.

Caen obtint dans cette réorganisation :

1º Un grand *Tribunal*, érigé peu après en *Cour
d'Appel*, que nous appelons actuellement *Cour*

royale, composée de vingt-cinq conseillers ; répartis en quatre chambres, avec premier président, présidents de chambre, et procureur général, etc., étendant son ressort sur les trois départements du Calvados ; de la Manche et de l'Orne, pour lesquels ce corps remplace les anciennes juridictions de parlement et de bailliage, etc.

2° Un *Tribunal civil* d'arrondissement, dit aussi de *première instance*, divisé en deux chambres, où siégent cinq juges, assistés de quatre suppléants, avec président, vice-président, procureur du roi, etc., remplaçant à peu-près l'ancien présidial, et jugeant en dernier ressort jusqu'à la concurrence de quinze cents francs.

3° Deux *Justices de Paix*, distinguées par les noms de canton Est et canton Ouest de la Ville de Caen, chargées de la mission de concilier les parties, préalablement à tout acte de procédure effective, jugeant d'ailleurs en dernier ressort jusqu'à la concurrence de cent francs, etc.

4° Un *Tribunal de Commerce,* formé de quatre juges et autant de suppléants, avec un président, tous élus entre et par les notables négociants de la Ville, et ayant pour attribution, la connaissance des affaires commerciales, qu'il juge sans appel dans les limites de sa compétence, actuellement portée, comme celle du Tribunal civil, à quinze cents francs de capital.

A quoi se rapportent, en ce qui regarde la poursuite des crimes , et celle des délits et contraventions de toute sorte :

1° Les jugements des *Assises*, dirigés par délégation de la Cour royale , avec intervention de jurés , etc. ,

2° Ceux de la *Police correctionnelle* , attribués à une section du tribunal civil ;

Et 3° ceux de *Simple Police* , qui émanent de la justice-de-paix , etc.

La Cour royale de Caen occupe un palais neuf , situé au point de jonction des places Saint-Sauveur et de Fontette , qui se trouvait en construction en 1786 , et années suivantes , et où n'a jamais siégé aucune des anciennes juridictions. Une partie non achevée de ce même palais, est destinée au Tribunal civil , qui provisoirement occupe ailleurs une portion du bâtiment des Grandes Écoles de l'Université.

Les deux Justices de Paix tiennent leurs audiences dans l'une des salles du nouvel Hôtel-de-Ville , faisant partie des bâtiments de l'ancien établissement de la *Mission*.

Le Tribunal de Commerce a son siége , avec la Bourse et le Conseil des Prud'hommes, dans le cidevant Hôtel-de-Ville de la place Saint-Pierre, qui fut anciennement l'hôtel de Valois , appelé autrefois du *Grand Cheval*.

ANCIENNES FORTIFICATIONS.

CHATEAU ET DONJON.

Le Château de Caen n'existait point à l'époque
de la bataille de Varaville, en 1059. Il fut bâti plus
tard par Guillaume-le-Conquérant. Son fils, Henri
Ier, en fit dans la suite exhausser les murs, et y
ajouta le Donjon. Nous avons sur le premier de ces
faits le témoignage du poëte chroniqueur, Robert
Wace, et sur le reste, celui de Robert, abbé du
Mont-Saint-Michel, etc.

Nous avons vu que l'emplacement du Château
était habité et formait une paroisse avant l'époque
où le duc Guillaume en fit un lieu fortifié. Le Château eut son châtelain avant la fin du XIe siècle,
et il est bien connu qu'en 1106, cette châtellenie
fut donnée héréditairement à Robert Fitz-Hamon,
seigneur de Creully, dont les descendants en joui-
rent jusqu'à l'an 1199.

Cette place était le chef-lieu d'où relevaient directement ou indirectement, les diverses seigneuries de la vicomté de Caen. La plupart de celles-ci
étaient tenues, à son égard, à des redevances an-
nuelles, en flèches, carquois, arcs, glaives, cui-

rasses et autres armes. En temps de guerre, tous les vassaux de ces mêmes seigneuries devaient faire le service du guet au Château, à moins qu'elles ne s'en fussent libérées par une composition à prix d'argent. Les autres vicomtés du Grand Bailliage étaient chargés de fournir l'approvisionnement de vivres, chacune en denrées de son cru particulier, blé, beurre, lard, pois, fèves, cidre, etc.

Les sommes provenant des compositions et contributions étaient employées à entretenir des gens de guerre, que la Ville prenait à sa solde, pour sa garde et celle du Château. C'était ordinairement les seigneurs des paroisses voisines, qu'elle appelait et qui arrivaient avec leurs écuyers et leurs archers. On les passait en revue tous les mois.

Anciennement le gouverneur du Château de Caen avait sous ses ordres plusieurs officiers, lieutenant, garde du Donjon, garde d'artillerie, etc. Depuis le commencement du XVIIᵉ siècle jusqu'en 1789, l'état-major de cette place se composait d'un gouverneur, d'un lieutenant du roi et d'un major. Le dernier gouverneur du Château de Caen a été M. le duc de Coigny (Marie-François-Henri), qui, à ce titre, joignait aussi celui de grand bailli de Caen, pour lequel nous l'avons déjà cité.

Le Château de Caen a été une forteresse importante, dans le système des fortifications du moyen-

âge, et-avant l'invention de l'artillerie. Il est entouré de hautes murailles et de fossés profonds,
taillés dans le rocher. Son étendue est telle, que
l'emplacement a formé une paroisse, contenant
église, chapelles, hôtels et habitations nombreuses,
avec espace suffisant pour faire manœuvrer quatre
ou cinq mille hommes d'infanterie, etc.

Le Donjon formait comme un château dans le
Château même, ayant à part ses fossés et son enceinte de hautes murailles, flanquées de quatre
grandes tours rondes, appelées communément le
Cheval blanc, le *Cheval noir*, le *Cheval rouge*
et le *Cheval gris*, avec une autre immense tour
carrée, qui occupait le milieu du tout.

Dans l'état où nous avons vu cette partie, il y
avait été fait quelques changements, tendant à
réduire ces tours en plate-forme, avec des embrâ-
sures pour le service des canons qui y furent placés. Cette opération se fit au temps de François Ier,
par les soins du gouverneur, François de Silly, de
1516 à 1524.

Les ducs de Normandie avaient au Château de
Caen un beau palais, qu'on trouve encore mentionné à plusieurs époques; et, jusque vers la fin
du XVe siècle, les rois d'Angleterre, Henri V et
Henri VI, y faisaient leur demeure ordinaire lorsqu'ils résidaient à Caen. Plus tard, nos anciens
rois de France, lorsqu'ils visitaient notre ville,

avaient aussi coutume de loger au Château. C'est
ce que firent encore François Ier, en 1531, Charles
IX, en 1563, et Henri IV, en 1603.

Nous avons dit que l'Échiquier des causes, lorsqu'il se rassemblait à Caen, tenait ordinairement
ses séances dans l'église de Saint-Georges du Château. C'est au Château aussi que se trouvaient alors
les prisons, civile et criminelle, de la Ville, et elles
y ont subsisté jusqu'au temps de leur établissement
rue de Geôle, comme annexe du Bailliage, après
1442, d'où nous les avons vu transférer de nos jours
en leur emplacement actuel, attenant au nouveau
palais de la place Fontette, etc.

Quelques personnages importants ont conservé
long-temps des hôtels particuliers dans l'enceinte
du Château de Caen. L'abbesse de Sainte-Trinité
y en avait trois au douzième siècle, qu'elle tenait
des libéralités de Thomas d'Aguerny. On y trouve
plus tard ceux de Th. de Juvigny, de Jean de Man-
gneville, de Rob. de Pontaudemer, de Bertrand
Campion, etc. Tous furent démolis par ordre des
gouverneurs de la place, sur la fin du XVe siècle,
et dans les premières années du suivant.

Le Donjon du Château de Caen a servi plusieurs
fois de prison d'État. Les conventionnels Romme
et Prieur, momentanément prisonniers des insurgés fédéralistes du Calvados, en 1793, y furent
enfermés et détenus durant quelques semaines. La

Convention vivement irritée, s'en prit aux murs du
Château, dont elle ordonna la destruction. Le décret ne put être exécuté qu'à l'égard du Donjon,
dont il ne subsiste plus que les fondements.

MURS D'ENCEINTE, PORTES ET TOURS, ETC.

Nous avons vu comment l'enceinte fortifiée de
la Ville de Caen s'était formée d'abord en deux fois,
autour de la vieille Ville, au temps du duc Guillaume, et peu après autour de l'Ile-Saint-Jean,
sous le duc Robert-Courte-Heuse, son fils. Les travaux d'addition ou d'extension qui purent y être
joints par la suite, à diverses reprises, n'appor-
tèrent aucun changement essentiel à l'effet de son
ensemble.

La Ville se trouva donc dès-lors, et est demeu-
rée ainsi, composée de deux parties, de forme el-
lipsoïde, accotées l'une à l'autre, comme en retour
d'équerre, appuyées sur le Château, au nord, et
sur le grand courant de l'Orne, au sud, et laissant en dehors les faubourgs de Saint-Gilles, le
Vaugueux, Saint-Julien, le bourg-l'Abbé et Vaucelles, où furent construits à part les fortifications
spéciales des abbayes de Sainte-Trinité et de Saint-
Étienne, et de la collégiale du Saint-Sépulcre.

Sur l'enceinte de l'ancienne Ville, avaient été pratiquées les portes ci-après dénommées, savoir:

1° La *Porte du pont de Darnetal*, autrement dite du pont Saint-Pierre, située au lieu que désigne le dernier de ces deux noms, et donnant accès sur les prairies au sud, par la Chaussée-Hiémoise, devenue plus tard la rue Saint-Jean, tendant au pont de Vaucelles, etc.

2° La *Porte de la Boucherie*, ou de Notre-Dame, placée dans la Venelle-aux-Chevaux, à l'endroit où passe le Grand-Odon, accédant ces mêmes prairies, et conduisant au pont Saint-Jacques, etc.

3° La *Porte Saint-Étienne*, près de l'ancienne église paroissiale de ce nom, ouvrant le long des jardins de l'abbaye de Saint-Étienne, vers le territoire de Saint-Ouen et la partie la plus occidentale des grandes prairies.

4° La *Porte Arthur*, ou Porte au Duc, donnant entrée sur le Bourg-l'Abbé, vers la rencontre des fossés de Saint-Martin et de Saint-Étienne.

5° La *Porte du Marché*, dite autrement aussi Porte Pesmesguie, Porte Saint-Martin et Porte de Bayeux, — ouvrant au bout de la rue Pémaguie, à la jonction des fossés de Saint-Martin et de Saint-Julien, et accédant à la route de Bayeux, après suppression de la Porte Arthur, par suite des événements de l'invasion anglaise de 1417, etc.

6° La *Porte Calibourg*, appelée aussi Porte-Vi-

laine, à l'extrémité nord de la rue de Geôle, ouvrant sur le faubourg Saint-Julien et la partie
ouest du Bessin.

7° La *Porte au Berger*, communiquant de la
partie nord-est de la paroisse Saint-Pierre avec
les faubourgs de Saint-Gilles et du Vaugueux, et
donnant accès aux chemins de La Délivrande et de
Ouistreham.

8° La *Porte du Bac*, ou Porte Saint-Malo, dite
aussi de Saint-Gilles ou de la Basse-Rue, à l'extrémité sud-est de la même paroisse Saint-Pierre,
à gauche de la Petite-Orne; communiquant de la
rue Saint-Malo à la rue Basse-Saint-Gilles, et conduisant à Bénouville, Ouistreham, etc.

Lorsque le quartier Saint-Jean eut aussi son enceinte, — deux des portes ci-dessus, les deux
premières nommées, c'est-à-dire celles du pont
Saint-Pierre et de la Boucherie, lui devinrent communes avec l'ancienne Ville, sur laquelle les points
de communication se trouvaient ainsi d'avance établis. Il eut d'autre part aussi sa porte propre,
ayant issue hors de la Ville, à l'extrémité sud de
la rue Hiesmoise, sur le canal de l'Hôtel-Dieu,
donnant accès vers le pont de Vaucelles, etc. —
C'est ce qu'on appela alors la *Porte Millet*, — la
neuvième par conséquent de nos portes primitives.

Il y en a eu, plus tard, quelques autres de
moindre importance, et qui n'ont existé que temporairement, à savoir :

1° La *Porte du Moulin*, sur le moulin de Saint-Pierre, à l'extrémité Sud de la ruelle devenue maintenant rue Hamon ;

2° La *Porte des Jacobins*, sur le courant de la Petite-Orne, vers le pont Saint-Jacques ;

2o La *Porte de l'île Renaud*, non loin de celle de Saint-Étienne ;

4° La *Porte des Mineurs*, derrière le jardin des Cordeliers, ouvrant sur les fossés de Saint-Julien.

A quoi, par suite de l'extension de la Ville sur les Petits-Prés, etc., vers l'emplacement actuel de la Place-Royale, on finit par ajouter encore, en dernier lieu, ce qu'on appela la *Porte Neuve*, par delà ces mêmes Petits-Prés, aux approches de l'hôtel actuel de la Préfecture, etc. — Ceci eut lieu à la date bien connue de 1590.

La plupart des portes primitives ci-dessus mentionnées, étaient accompagnées de tours destinées à les défendre. Les murs des deux enceintes, dans les intervalles, étaient en outre garnis d'autres tours, au nombre d'une vingtaine, entre lesquelles on remarquait surtout :

1° La *Tour Guillaume-le-Roi*, située sur la Petite-Orne, un peu au-dessous du pont Saint-Pierre, tout près de la Porte Saint-Malo. Elle avait pour objet de fermer, sur ce point, l'entrée de la Ville par la rivière, — à quoi concourait, avec elle, une autre tour correspondante, placée en

12

face, et sur l'autre rive, à l'entrée de la rue des
Quais. On appelait celle-ci *Tour au Landois*, ou
Tour au Maréchal, du nom et du titre d'un personnage de cette famille des Landois, connus
comme maréchaux héréditaires de Venoix, au
XIVᵉ siècle, et qui avaient leur hôtel près de là,
dans cette partie de la rue des Quais.—La Tour de
Guillaume-le-Roi subsiste encore actuellement,
et en bon état, mais probablement à la suite de
plusieurs réparations.

2° La *Tour Machart*, que quelques-uns ont
appelée par corruption, *Tour au Massacre*, placée au point où se réunissaient alors les deux courants de l'Orne, à distance intermédiaire entre le
pont de Vaucelles et la pointe du Quai actuel. Il
paraît que dans cette position, elle avait eu pour
destination d'arrêter les navires qui remontaient
la rivière, de leur faire payer les redevances établies, et de régler la police du Port. A cet effet,
on y avait attaché une chaîne de fer, qui se ten-
dait d'un côté à l'autre de la rivière. On croit
qu'elle prenait son nom de Renaud Machart, bailli
de Caen en 1446, qui apparemment l'avait fait
construire. On y voyait une figure sculptée sur la
pierre, qu'on supposait devoir être l'effigie de ce
même Machart.

3° La *Tour Malquéant*, dite aussi des Moulins
de l'Hôtel-Dieu, sur le canal de ces moulins, et

dans laquelle ceux-ci se trouvaient placés, — couvrant la face sud dudit Hôtel-Dieu, attenant à la partie est de la Porte Millet, et se liant, quant à son effet, aux travaux de fortification de ladite porte, à ceux de quatre tours qui la soutenaient à l'ouest, et à tout le système de défense établi en avant dans la prairie de l'Hôtel-Dieu, formant ce qu'on a nommé plus tard l'Ile des Casernes, vers le pont de Vaucelles, etc.

4° La *Tour Chastimoine*, dite aussi de *Honcourt*, et en dernier lieu *Tour aux Fous*, — aux approches du Bourg-l'Abbé, vers l'emplacement de l'ancienne Porte Arthur, sur celui où se trouve maintenant l'entrée de la nouvelle prison. — Il avait existé vers ce point, une autre tour plus ancienne, que les Anglais avaient forcée, avec le rempart attenant, en 1417, et que le connétable de Richemont avait tout à fait détruite, à la reprise de la Ville, en 1450. — Le roi Charles VII sentit que les fortifications avaient besoin d'être renforcées de ce côté, et ce fut à cette occasion qu'il y fit bâtir la *Tour Chastimoine*. Le nom paraît faire allusion à une intention supposée de tenir en respect les religieux de Saint-Étienne, et il est connu que ceux-ci avaient mis quelque obstacle à cette construction. On en avait fait plus tard une prison pour les aliénés.

Le bon M. de Bras remarque au sujet des an-

ciennes murailles de notre ville: « qu'elles étaient
« si hautes et si larges que trois hommes de front
« y pouvaient aisément marcher ; et que l'on y al-
« lait aussi *fréquentement* que par les rues... » Et
aussi : « qu'à chacun des quais du côté de l'Isle,
« faisant entrée et sortie à la rivière , il y avait,
« de côté et d'autre d'iceux , de grands et larges
« escaliers , de hauteur de vingt-cinq et trente
« degrés, par lesquels les marchands et habitants
« montaient sur lesdites murailles, d'où ils se plai-
« saient à voir flotter les navires sur la rivière , à
« travers ces larges et délectables prairies , puis
« descendre et décharger leurs marchandises tout
« au long, et les introduire dans la Ville , aux ma-
« gasins de cette sinueuse et riche rue des Quais. »

La partie d'enceinte attenante à la Porte-Neuve,
à l'ouest de tout ce qu'on avait précédemment appelé *Petits* et *Grands Prés*, etc. , offrait un autre
caractère , et ce qui en subsiste se fait encore actuellement reconnaître au premier coup-d'œil,
pour un travail d'addition tout moderne.

Elle se composait des objets ci-après :

1º Le *Bastion de la Foire* , ainsi nommé de sa
situation à l'extrémité sud du champ de foire, sur
la partie nord-ouest du canal du duc Robert. Il fut
commencé au temps d'Henri IV, vers l'an 1595 ,
achevé sous son fils Louis XIII, en 1620 , et formé
en majeure partie du jardin de *la Cercle*, acheté à
cet effet des religieux dominicains.

2º Un autre *bastion* dit des *Jésuites*, placé vers le nord-ouest du précédent, le long des Jésuites, sur le courant du Grand-Odon, vers le point de son entrée dans la Ville. Celui-ci fut fait comme par suite des plans adoptés au sujet de l'autre, et probablement de 1610 à 1617. On l'attribuait au maréchal d'Ancre, qui fut alors gouverneur de Caen.

3º Une *courtine*, destinée à joindre l'un à l'autre ces deux mêmes bastions, et qui, partant de celui des Jésuites, allait gagner la Porte-Neuve, appuyée sur la Petite-Orne, que celui de la Foire atteint sur son autre bord.

Il y a eu précédemment, vers l'emplacement du bastion des Jésuites, un ouvrage en terre, qu'on avait appelé le *Fort*. Ce nom d'un objet depuis long-temps détruit, est devenu improprement celui des constructions de bastions et courtines par lesquels il se trouvait remplacé.

Le bastion des Jésuites, avec quelques restes de la courtine adjacente, subsiste présentement dans un état satisfaisant de conservation. Le massif de celui de la Foire a été tout récemment abaissé, et mis de niveau avec les autres parties des terrains environnants.

L'ensemble de ces derniers travaux de fortification, exécutés au-delà des Petits et Grands Prés, avait été entrepris en vue de remplir le vide qu'on

avait laissé d'abord sur ce point, entre les deux
ellipsoïdes des anciennes enceintes, et dont la
faiblesse n'avait été que trop reconnue durant le
siége, suivi de la prise de la Ville, par les Anglais, en 1419, etc.

. On avait commencé, dès l'an 1512, sous la direction du sire de La Trimouille, par établir sur
une partie de ce même emplacement, vers la grande
prairie, un boulevard, qui fut appelé (du nom de
ce grand capitaine) *de la Trimouille*, et autrement aussi (en raison de sa situation) de la *Grande
Chaussée Saint-Jacques*. Ce travail n'était apparemment que provisoire, et il a subsisté peu de
temps. Il se trouvait sur l'extrême limite ouest des
Grands Prés, vers le lieu qu'y occupa peu après
la courtine, devenue de nos jours la *Terrasse de la
Préfecture*, liant l'un à l'autre, les emplacements
des deux bastions, entre la Petite-Orne et le Vieux-
Odon.

N. B. Sur une portion de murs de l'ancienne
enceinte de la Ville, subsistante encore actuellement le long de l'église de Saint-Étienne-le-Vieux,
se trouve gravée l'inscription espagnole : ANTES
MVERTO QVE MVDADO (*plutôt mort que changé*) avec le millésime de 1581. Aucun souvenir
connu n'en a jusqu'à présent fait connaître l'objet.
Nous remarquons qu'à cette date donnée de 1581,
l'emploi de gouverneur des ville et château de Caen,

était occupé par le sieur de Roncherolles, François d'O, et que les travaux qui purent être alors
entrepris sur ce point de nos remparts, n'ont dû
l'être que sous ses auspices. Serait-ce à lui que
se rapporterait cette devise, empruntée, comme
on sait, d'une allusion à l'oranger? Et dans lequel
de ces sens, religieux moral, politique ou galant,
se la serait-il attribuée? Ce sont des questions que
nous ne pouvons encore que poser.

RUES ET PLACES PUBLIQUES, ETC.

Tout ce qui se rapporte aux origines, noms et
statistique, ancienne ou moderne, des rues et
places publiques de la Ville de Caen, a été traité
par nos historiens avec une grande abondance de
détails. Dans ce qu'ils nous apprennent à cet égard,
beaucoup de choses sont plus ou moins étrangères
à l'objet particulier de nos recherches. Nous écar-
terons ces articles de pure curiosité scientifique,
pour ne nous occuper que de ceux qui paraîtront
propres à jeter un peu de lumière réelle sur quelques points intéressants de l'histoire de notre cité.

GRANDE RUE SAINT-PIERRE, ETC., ET RUES ET
PLACES ADJACENTES, ETC.

La grande rue Saint-Pierre, avec ses prolonge-
ments aux quartiers de Notre-Dame et de Saint-
Étienne, avait été de bonne heure le centre d'un
mouvement d'industrie assez considérable. C'est
au moins ce qu'elle était devenue au XVIᵉ siècle,
et ce qu'elle paraissait alors avoir dû être depuis

long-temps. Elle était remplie de *riches boutiques*
et de *grosses hôtelleries*, — et accompagnée de
porches, dans une grande partie de sa longueur,
de l'exposition sud, « pour la commodité des mar-
« chands. »

Elle possédait d'une part la grande Boucherie,
encore actuellement subsistante, et de l'autre,
l'ancienne Halle au blé, dite *Tripot*, qui n'a cessé
d'exister que par déplacement effectué de nos jours,
à la suite de la révolution de 1789. Il s'y tenait,
comme à présent encore, aux veilles des fêtes de
Noël, Pâques et la Pentecôte, trois foires annuel-
les, dont l'institution paraît avoir été antérieure à
l'établissement de nos ducs.

Quelques-unes de ses parties les plus méridionales, du carrefour au Tripot, portaient les noms
particuliers de rues de la *Cordonnerie* (des cordonniers), de la *Confiserie* et de la *Mercerie*.

Une *rue des Fèvres* (ou des Couteliers) et deux
autres dites *du Change* et de la *Pâtisserie* (ou
Cuisinerie), la touchaient à l'angle nord-ouest
dudit carrefour, au point même de son départ.

A son extrémité opposée, vers Saint-Étienne,
où s'embranchent actuellement les rues Écuyère
et de la Préfecture, se trouve l'ancienne place de
la *Belle-Croix*. — Il y existait, sous le nom de
Belle-Croix, un monument remarquable qui fut
détruit par des Calvinistes en 1562, et que le fa-

meux Michel de Saint-Martin avait fait plus tard remplacer par un autre moins important. C'était un lieu de dévotion fort révéré. Les fidèles y allaient pieusement recevoir le signe du salut, au jour des Rameaux, — et de notre temps encore, les criminels que l'on conduisait des prisons du Bailliage au lieu de leur supplice, s'agenouillaient devant cette même croix, où on leur faisait faire une halte, durant laquelle se chantait trois fois l'antienne *O Crux, ave, etc.* Cette croix a été détruite par suite de la révolution de 1789, et la place a été ultérieurement appelée *Place-Malherbe*, du nom du grand poëte, notre compatriote, qui a possédé près de là, une maison faisant angle sur la gauche de la rue de l'Odon.

D'anciens statuts sur la corporation des tisserands de Caen, obligeaient ces artisans à étaler leurs marchandises en cette même place.

La rue Ecuyère, formant prolongement sur la partie nord de Saint Étienne, a été appelée *rue Écuyère*, à cause des écuyers, personnages de familles nobles, qui y avaient leurs hôtels. Sa partie la plus occidentale était dite de la *Teinturerie* ou de la *Tannerie*.

A gauche de la grande rue se trouvait, le long de la Boucherie, une rue tendante à la porte de ce nom, et qui en prenait aussi le sien. On l'a nommée plus tard *Venelle-aux-Chevaux*, à cause

de l'abreuvoir situé alors à son extrémité sur
l'Odon.

De l'autre côté, on remarquait, entre autres,
la rue aux *Fromages* et la rue *Froiderue*, prenant
toutes deux leurs noms de ceux de familles qui en
possédaient la majeure partie. La rue dite de
Froiderue était ancienne et bien habitée. L'abbesse
de Caen y avait, au XIe siècle, plusieurs maisons
et un moulin qui fut peu après transféré rue de
Gémare. La famille Le Sens y possédait un hôtel
dont l'emplacement connu a retenu, de son nom,
celui de *Cour au Sens*.

Le nom de la rue Froiderue se lie au souvenir
des faits les mieux établis, au sujet de l'introduction de l'art typographique en France. L'Université y avait, en 1492, son libraire, Pierre Re-
gnauld, dont il existe de rares et précieuses éditions. La *rue aux Fromages* a été vulgairement
appelée *Monte-à-Regret*, parce qu'après la station
de la Belle-Croix, c'est par cette même rue que l'on
conduisait les criminels au lieu d'exécution de leur
supplice, sur la place du Marché de Saint-Sauveur.

PLACE SAINT-PIERRE, MARCHÉ-AU-BOIS, POISSONNERIE
ET RUES ADJACENTES.

La place Saint-Pierre est de formation moderne.
Le plan n'en fut adopté qu'en 1629, et ce n'est
qu'en 1635 que l'on commença de travailler à
l'exécution. Dans l'ancien état des choses, la portion de ce terrain attenante au côté ouest de l'é-
glise de Saint-Pierre, formait partie du cimetière
de cette église, et sur le surplus de ce même terrain, en dehors de la partie de cimetière, existaient les rues du *Change* (ou de la *Descente du
pont Saint-Pierre*), et de la *Cuisinerie*, ou *Pâtisserie*, maintenant réunies à la place, dont leur
chaussée forme l'encadrement actuel, sur ses côtés ouest et nord. Une portion sud de l'emplacement de cette même place formait anciennement
un quai, dit de Saint-Pierre, entre l'église et le
pont de même nom.

Dans la rue du *Change*, vers le milieu de son
étendue, du côté de l'ouest, se trouvait l'hôtel du
sieur Nicolas le Valois, seigneur d'Ecoville, vulgairement appelé l'*Hôtel du Grand Cheval*. Il fut
bâti en 1538, par des artistes italiens. On y remarque encore actuellement des morceaux de

sculpture fort estimés. Celui qui ornait la façade, et donnait son nom à l'édifice, était d'une hardiesse d'effet des plus frappantes. C'était un bas-relief, de grande dimension , à figures saillantes , représentant lo *Fidèle* et le *Véritable* de l'Apocalypse, à cheval , suivi de ses armées et tout prêt à combattre. Ce beau morceau de sculpture a été détruit par les révolutionnaires de 1793 , qui y firent substituer momentanément un *tableau* à la grosse brosse , représentant la *Liberté* , coiffée d'un bonnet rouge, et foulant aux pieds l'hydre du *Fédéralisme vaincu*. Ce changement fut exécuté sous les auspices du corps municipal de ce temps, cette maison étant devenue Hôtel-de-Ville , par suite d'achat , de l'an 1733.

Il existe sous la place de Saint-Pierre , des souterrains avec réservoirs d'eau, assez considérables. Ils se dirigent vers le Château, et paraissent avoir eu pour objet d'établir une communication secrète de la Ville avec la forteresse , et de fournir des secours à celle-ci, en cas de siége. Le fait de l'existence de ces excavations a été reconnu en 1816, à l'occasion de travaux de réparation faits alors au pavé.

Michel de Saint-Martin avait orné la place Saint-Pierre de trois statues , du Sauveur, de la sainte Vierge et de sainte Cécile. Il n'y subsistait plus en 1790 , qu'une croix de pierre, qui a été abattue

13

durant la révolution. On dit que le même de Saint-
Martin avait voulu y faire établir une fontaine publique, à ses frais, et que le refus fait par la Ville
de lui permettre d'y faire apposer ses armoiries,
lui fit seul abandonner cet honorable dessein.

A l'angle sud-ouest de la place Saint-Pierre,
c'est-à-dire au débouché de l'ancienne rue du
Change, sur le pont attenant, on avait bâti, dans
les commencements du XIIIe siècle, une espèce
de fort, qui dut être le premier *Hôtel commun*
de la Ville, après son affranchissement en 1203.
— On le nommait le *Chastelet*, ou le *Petit Château* de Caen. Il fut forcé et probablement détruit
par les Anglais en 1346. On y en rétablit un plus
important aux approches de l'an 1367. Celui-ci
était flanqué de quatre tours, et les murs de la
Ville venaient y aboutir. Dans une de ces tours,
était placé un beffroi qui supportait un timbre,
d'un volume considérable, servant d'horloge pour
la Ville, avec carillon répétant les airs des hymnes
de l'Église, cadrans dorés, marquant les *crois* et
décrois de la lune, etc., d'où cette forteresse avait
été surnommée le *Gros-Horloge*.

Les descriptions que nous en ont laissées nos
anciens historiens font regretter ce monument, qui
fut démoli vers l'an 1720. La piété de nos ancêtres
y avait gravé la devise :

UN DIEU , UN ROY ,
UNE FOY , UNE LOY.

M. de Bras rapporte que, de la haute salle de
la Maison commune où se tenaient les assemblées
publiques, on voyait « au droit de la rivière, vers
« l'orient, arriver les navires venant de la mer,
« chargés de précieuses et rares marchandises. »
Huet nous a conservé l'inscription gravée sur le
timbre de l'horloge et qui était ainsi conçue :

> Puisque la Ville me loge ,
> Sur ce Pont pour servir d'auloge,
> Je feray les heures ouïr
> Pour le commun peuple réjouir.

M'a fait Beaumont , l'an mil trois cents quatorze.

A l'extrémité opposée de la même rue du Change, angle N.-O. de la place , à côté de la grande
rue Saint-Pierre , ouverte sur l'ouest, se présente
aussi la rue de Geôle , se dirigeant vers le nord.
Son nom lui vient des prisons qui durent y être
établies au XVe siècle , comme annexes du Bailliage , lorsque ce dernier y eut été placé. Jusqu'a-
lors elle avait porté celui de *Cattehoule*, emprunté
du saxon , et qui se traduit par *Porte-Basse*, à
cause de sa situation au-dessous du Château.

La portion sud de cette même rue de Geôle , au

départ de la place, fut anciennement ce qu'on appelait *rue aux Fèvres* (ou des Couteliers), qu'on
a vue déjà citée dans l'article précédent.

Son prolongement en sens opposé vers le nord,
tendant au quartier Saint-Julien, y forma la *rue
Vilaine*, que termine une porte de même nom,
l'une et l'autre ainsi appelées à cause de ce fait:
que les habitants de Saint-Julien ne participaient
point aux franchises de la Ville, et étaient vassaux
d'un fief de Montenay, sis à Venoix, et appartenant aux Bertrand de Roncheville, etc.

La place située au nord du grand portail de l'é-
glise de Saint-Pierre, est ce qui a été improprement appelé *Marché-Neuf* et *Marché-au-Bois*.
Cet emplacement, qui a été rétréci, contenait
anciennement une grande *halle au pain*, garnie
d'étaux en-dedans et en-dehors, avec four pour
la cuisson, etc. Cette halle appartenait originairement au domaine ducal, et fut donnée à fieffe,
par le roi Henri II, vers 1180, avec la Poissonnerie, à Geoffroy, son orfèvre de Caen, de qui
elle a passé en diverses mains.

Bertrand Campion, qui la possédait en 1411,
s'étant engagé alors inconsidérément dans les in-
trigues de la faction d'Orléans, le peuple, irrité
de ses menées, se porta sur la halle, qu'il abattit
entièrement, avec tous les bâtiments qui en dépendaient. L'emplacement fut de suite confisqué

et concédé à la Ville, qui y fit reconstruire une
autre halle au pain, pour son compte, laquelle a
dû être démolie à son tour en 1522, afin de dé-
gager la voie attenante à droite, donnant accès au
Château. Ce fut apparemment à cette dernière
époque que la place reçut les noms sous lesquels
on la trouve désignée depuis.

L'église de Saint-Pierre avait sur son côté est
une portion de cimetière correspondante à celle
que nous avons mentionnée, sur son côté ouest,
l'une et l'autre communiquant ensemble par leur
extrémité sud, vers la rivière, avant qu'un prolongement donné sur ce point aux constructions de
cette église, eût été poussé jusque-là. A côté de
cette partie est de cimetière, se trouvait l'emplacement dit alors *Place*, *Rue*, et quelquefois
Amontoir de la Poissonnerie. Cet établissement
y existait au temps du roi-duc Henri II, qui, comme
on l'a vu, le concéda à titre de fieffe, en 1180, à
son orfèvre Geoffroy, avec la halle au pain.

En 1474, la Poissonnerie appartenait au domaine du roi Louis XI, de qui les trésoriers de
Saint-Pierre, sous prétexte d'élargissements à donner à leur cimetière, obtinrent la permission d'en
prendre *six pieds et demi pour en disposer comme ils aviseraient bon*. Ce qu'ils avisèrent alors,
ce ne fut plus que d'ajourner l'élargissement projeté de leur cimetière, et d'établir *provisoirement*,

sur le terrain concédé, des étaux couverts, les seuls de la Poissonnerie qui le fussent, qu'ils affermèrent avec grand avantage, et que la fabrique possédait encore en 1789.

A cette époque, ce fut le cimetière est, dès longtemps délaissé, qui fut pris pour emplacement de la Poissonnerie, tandis que l'ancienne poissonnerie, évacuée et dégagée de ses étaux, redevint un bout de rue libre et sans autre destination.

La Poissonnerie primitive, et celle du cimetière aussi, étaient étroites, mal situées, mal orientées, mal aérées, et d'un entretien difficile quant à la propreté. Ces inconvénients étaient reconnus depuis long-temps. Un des premiers soins du nouveau conseil municipal, après la révolution de 1830, a été de remplacer ces établissements par un autre qui ne donnât pas lieu aux mêmes reproches. La nouvelle Poissonnerie, construite en 1832, a complètement atteint ce but. Elle se trouve placée, dans le sens de sa longueur, sur le courant de la Petite-Orne, un peu à l'est de la tour de Guillaume-le-Roi, vers l'entrée de la rue Basse-Saint-Gilles, où elle forme bâtiment étalé de tous côtés en regard de la rue des Quais.

De l'angle nord-est de l'église Saint-Pierre, partent trois rues, sur lesquelles il nous reste à joindre ici quelques mots d'observation. Celle de gauche monte au Château, en longeant le côté est du Mar-

ché-au-Bois , c'est la *montée* , qu'on appelait anciennement *Amontoir du Château*. La rue, ou
place, de l'ancienne Poissonnerie, se trouve à
droite. Comme elle ne laisse pas d'être assez in-
clinée , les marchands de marée, qui y accédaient
par la rue Basse-Saint-Gilles et la Porte du Bac ,
l'appelaient *Amontoir de la Poissonnerie*.

Une troisième rue intermédiaire , qui monte
vers le Vaugueux , en prenait le nom d'*Amontoir
de la Porte au Berger* , qu'elle a changé pour
prendre improprement celui de *Mantoir de la Poissonnerie*. Il existe un projet tendant à ouvrir celle-
ci sur le quartier Saint-Gilles et la rue des Chanoines, par quelques percements à exécuter dans
sa partie supérieure, vers la rue du Puits-ès-Bot-
tes. Il y aurait alors grande voie de communication directe du portail de Saint-Pierre à celui de
l'ancienne Abbaye-aux-Dames. C'est un des embellissements les plus considérables qui aient pu être
promis à notre ville. En ce cas , on jugera , sans
doute , que la rue devrait changer de nom ; celui
de la reine Mathilde s'offre de lui-même , comme
le seul qui pût lui être convenablement appliqué.

Le pont Saint-Pierre, mentionné ci-dessus, peut
être considéré comme le second de la Ville, quant
à son importance. On croit qu'il a pu exister sur
l'Odon, comme celui de Vaucelles sur l'Orne, avant
les dérivations de cette dernière , et probablement

aussi avant que Caen fût bâti. Il ne subsiste aucun souvenir de faits positifs sur ce qui regarde l'origine de la construction actuelle. Le bâtiment est couvert de maisons dont on désirerait le voir dégagé.

PLACE SAINT-SAUVEUR ET RUES ADJACENTES.

Le quartier de Saint-Sauveur, dans son ensemble, a été de bonne heure une des parties de la Ville les plus spécialement vouées au commerce. Le marché du lundi s'y tenait sur la place de ce nom, et existait avant les fondations du duc Guillaume, et dès le temps de son oncle Richard III. Celui du vendredi, moins ancien, s'y trouvait toutefois établi dès *long-temps*, vers la fin du XIII° siècle. Il s'y tenait aussi plusieurs foires du premier lundi de Carême, du vendredi de la Mi-Carême, et du Vendredi-Saint, — toutes d'origine ancienne et inconnue.

Quelques rues environnantes participaient à ce mouvement, et fournissaient des emplacements de marchés spéciaux pour certaines sortes de productions. Le lin se vendait dans la partie ouest de la rue Saint-Sauveur. Près de là se trouvait une *halle aux tanneurs*, donnant sur l'Odon. La rue des Cordeliers avait sa *halle à la mercerie*. Der-

rière les Grandes Écoles, et attenantes au côté
ouest de la rue aux Namps, se trouvaient des halles à la toile et aux cordonniers, etc. La friperie
occupait les porches, formant le côté est de cette
rue, le long de laquelle se tenaient aussi plusieurs
autres marchés.

Beaucoup de traces de cet ancien état des choses subsistent encore présentement, et les habitudes qui s'y rapportent n'ont pas laissé de prêter
leurs motifs à la mesure effectuée par suite de la
révolution de 1789,—de la translation de la halle
au blé, dite *Tripot,* de la grande rue Notre-Dame, dans l'ancienne église de la place Saint-Sauveur.

Comme emplacement principal du *Grand-Marché,* la place Saint-Sauveur avait été, de temps immémorial, destinée aux exécutions de justice, et
on y avait élevé, à cet effet, un échafaud, autrefois accompagné d'un *pilori.* Les expositions de la
porte d'entrée de l'ancien tripot, ont dû y être
transférées en dernier lieu, par suite du déplacement de la Halle. Toutes ces expositions s'y prati-
quent encore actuellement. Les exécutions capi-
tales en ont été écartées; elles se font sur la place
des Fossés-Saint-Martin.

En raison des faits ci-dessus, on trouve la place
Saint-Sauveur anciennement qualifiée des noms
de *Place-du-Marché,* du *Grand-Marché* ou du
Marché-Vieux, et quelquefois encore.*Place-du-*

Pilori. Cette même place a subi avec le temps
quelques changements plus ou moins notables.

D'abord elle a été agrandie par la démolition
d'un grand nombre de *porches* qui l'environnaient,
et plus tard par la destruction d'une partie du cimetière de Saint-Sauveur, qui faisait autrefois
saillie sur elle, devant l'ancien portail de l'église
de ce nom.

A son autre extrémité vers le nord-ouest, elle
a changé de forme et de distribution, par la formation de la *Place-Fontette*, l'ouverture de la rue
Guillaume-le-Conquérant, sur le Bourg-l'Abbé,
et la construction du nouveau palais de justice,
aux abords de l'ancienne tour de Chastimoine,
attenant à un dernier recoin de marché, qu'on appelait communément le *Coignet-aux-Brebis*. Avant
ces changements, c'était dans cette dernière portion, formant enfoncement ouest de la place, que
se trouvaient l'échafaud et le pilori.

Entre les rues adjacentes, on remarquait d'a-
bord, sur le côté nord, la rue *Pémagnie*, tendant à la porte de ce nom, et formant communication ordinaire avec la route de Bayeux, depuis
qu'on avait cru devoir fermer celle de la porte Arthur. Ce nom de *Pémagnie* avait donné lieu à
beaucoup de suppositions. M. De La Rue a reconnu
que c'était celui d'une famille riche et distinguée de
ce quartier. L'orthographe du nom était *Pest-Mes-
gnie*, qui signifie *nourrit famille*.

La *rue des Grandes-Écoles,* partant presque du même point, et se dirigeant à l'est, prenait son nom de sa situation le long des bâtiments de l'Université. — Elle a été nommée plus tard *rue de la Chaîne*, à cause des chaînes de fer qui en fermaient le passage durant les heures des cours.

La *rue aux Namps*, contiguë à cette dernière, et faisant retour au Sud, était plutôt une place qu'une rue ordinaire. Nous avons dit à quoi elle était employée. Son nom signifie *gages*, ou *effets d'habillement ou d'ameublement.*

J'ai lu, dit l'abbé De La Rue, dans les notes « qu'il avait jointes à son exemplaire des *Origines* « *de Caen*, par Huet, j'ai lu dans un manuscrit « de la Bibliothèque cottonienne, que la maison « qui est au haut de la rue aux Namps, et qui, « faisant l'angle de cette rue et de celle des Frères « Mineurs ou Cordeliers, a toute sa façade sur la « rue de l'Université, avait été construite par « Odon, évêque de Bayeux et frère de Guillaume-« le-Conquérant. Elle est bâtie sur voûte. Notre « fameux imprimeur Michel Angier habitait cette « maison au XVIe siècle, et l'auteur du manus-« crit précité dit que c'était de cet artiste lui-« même qu'il avait appris l'origine de cet hôtel. « Cependant, je serais assez porté à croire qu'on « a fait confusion, et que l'hôtel attribué à Odon « est celui de l'évêque Nicolas du Bosc, qui était

« précisément vers cet endroit dont nous ne con-
« naissons plus l'ancienne topographie. »

Au bas de la rue aux Namps, la *rue des Croisiers*, formant en quelque sorte prolongement est
de la rue Saint-Sauveur, avait anciennement porté
le nom de *Franche-Rue*.— On croit que ce devait
être par opposition à l'état de vassalité des habitants d'un quartier voisin.

Par delà cette *Franche-Rue*, en dernier retour
vers le sud, se trouvait le territoire de *Gémare*,
connu principalement pour ses moulins. L'abbesse
Cécile, fille du duc Guillaume, y en possédait un,
provenant de donation du chambellan, sire de Tan-
carville, à quoi elle en réunit un autre que Ranulfe-
le-Vicomte lui avait donné dans la rue Froiderue.
Les ducs de leur côté y en avaient un que Richard-
Cœur-de-Lion céda à l'abbaye d'Ardennes, — et
les religieux de l'Hôtel-Dieu y en ont possédé plus
tard un troisième. On distinguait alors un *haut* et
un *bas Gémare*. Ce dernier est devenu ce que nous
appelons présentement la *rue des Teinturiers*.

RUE SAINT-JEAN ET RUES ADJACENTES.

Tout ce qui compose la partie basse de la Ville,
vers le sud, a formé autrefois une portion de prai-

rie, comprise entre les points que. déterminent
présentement le pont Saint-Pierre et celui de Vaucelles. De l'un de ces points à l'autre, on avait
pratiqué, à travers la prairie, une longue chaussée, qu'on appelait *Exmoisine* ou *Hiesmoise*,
parce qu'elle établissait la communication de Caen
avec le pays d'*Hiesmes*, lequel commençait à
Vaucelles, alors tout à fait étranger à la Ville et
au territoire de Caen.

Peu après il s'établit des habitations sur les
bords et aux environs de cette chaussée, qui est
devenue plus tard ce qu'on a nommé la rue *Saint-
Jean*. Ce mouvement de la population a dû commencer avant la fin du VII⁵ siècle, s'il est vrai
qu'il y ait eu alors dans le quartier, comme le
dit la tradition, une église paroissiale, fondée par
saint Regnobert.

Ce même quartier Saint-Jean n'existait toutefois encore qu'à l'état de faubourg, au temps du
duc Guillaume, qui le laissa en dehors de l'enceinte des murailles dont il environna toute l'ancienne cité. Robert-Courte-Heuse, son fils, la
réunit à cette dernière, ou plutôt en forma comme
une autre ville contiguë, qu'il entoura de ses fortifications particulières, après en avoir préalablement fait une île, au moyen du canal qu'il ouvrit
sur sa lisière ouest, et auquel il a laissé son nom.

La porte Millet fut placée sur le point le plus

écarté de l'enceinte, au sud de la voie dont nous avons parlé. Elle doit être de cette époque, et son nom se trouve bien positivement cité, moins de deux ans après, dans le récit des événements qui mirent fin au règne de Robert. On remarque sur ce qui regarde l'emplacement de cette même porte Millet, qu'elle n'avait pas été portée en avant, jusqu'au grand courant de l'Orne, vers le pont de Vaucelles, mais seulement établie en deçà, au lieu où passait le canal des moulins de l'Hôtel-Dieu, formant dérivation de celui du duc Robert.

De quoi l'on a conclu plausiblement :

Que le canal des moulins avait été creusé dès ce temps, et faisait apparemment partie du système de travaux de fortification de ce quartier, ayant peut-être moins pour objet de fournir de l'eau à un établissement quelconque, que de présenter à l'ennemi, en cas de guerre, un courant de plus à franchir, au point d'attaque, et d'y ménager sur le front de l'Ile-Saint-Jean, cette autre petite île, appelée *Pré de l'Hôtel-Dieu* (actuellement *Ile des Casernes*), afin d'en faire une espèce de poste avancé, entre la porte et le grand pont.

Le canal du duc Robert avait son point de départ sur le grand courant de l'Orne, au lieu dit de la *Chaussée-Ferrée*, où subsistent encore les fondements de cette chaussée, construite alors pour déterminer le versement d'une partie des

eaux de la rivière dans la tranchée où il s'agissait
de les porter. Il paraît que, dans le principe,
le canal du duc Robert ne formait pas la cour-
bure qu'il a présentée plus tard, derrière *la Cercle* et les terrains de la Foire, et qu'il se diri-
geait, sans détour, vers le pont Saint-Jacques,
où il se joignait à la Petite-Orne, qu'il rencontre
actuellement beaucoup plus haut. Les derniers
changements survenus quant à cet état de choses,
sont ceux que motivèrent les travaux de fortification du bastion de la Foire, terminés, comme on
l'a vu, en 1620.

La rue Saint-Jean ne paraît pas avoir été originairement destinée au commerce. On remarque
qu'elle n'a point eu de porches. Il y existait dès le
XII° siècle, beaucoup d'hôtels, avec jardins et
fonds de terre, possédés par divers personnages,
qui les tenaient des ducs, à charge de redevances,
— et le nombre y en était surtout devenu considérable au XV°.

La *rue des Quais*, la première à gauche de la
rue Saint-Jean, ayant son point de départ au pont
Saint-Pierre, côtoyait tout le canal de la Petite-
Orne, et allait atteindre le point de réunion de
celle-ci à la grande tour, derrière l'enceinte est
de l'ancien Hôtel-Dieu, attenant à l'emplacement
de la tour Machart.

Toute la partie nord de cette rue, du pont Saint-

Pierre jusqu'aux abords de la rue des Carmes, était occupée, comme l'indique son nom, par une suite non interrompue de quais de débarquement, avec magasins d'entrepôt pour le commerce du Port. Ces quais étaient nombreux et avaient chacun leur nom particulier. Outre celui de *rue des Quais*, elle portait aussi, dans sa totalité, ceux de *rue de la Rive*, de la *Grande-Rive* et des *Seulles*, ce dernier mot étant employé alors comme synonyme de *magasins*.

Les autres rues collatérales donnent lieu à peu d'observations :

La *Neuve-Rue* est une des plus anciennes du quartier. On la trouve dénommée ainsi à la date de 1156 ; — elle a pris de nos jours le nom de *rue Neuve-Saint-Jean*. — Il paraît que les évêques de Bayeux y avaient leur palais épiscopal dès le XIe siècle. Le célèbre Samuel Bochart y a possédé aussi un hôtel encore actuellement subsistant.

La *rue de l'Engannerie* se disait anciennement rue de la *Gaisnerie*. On ignore d'où lui venait ce nom. Le poëte Segrais y avait sa maison, ornée d'une nombreuse galerie de portraits de personnages célèbres de son temps.

La *rue Guilbert* portait ce nom dès le XIIe siècle, et l'avait reçu de l'un de ses habitants, *Guilbert du Marché*, descendant d'Aïulphe du Marché, fondateur de l'abbaye d'Ardennes.

La rue des Carmes a été appelée primitivement *Petite-Rue-Saint-Jean*, ou rue *Saint-Jean-sur-la-Rive*.

La première mention connue de la *rue Fremen-tel* est de la date de 1295. On ne sait pas l'origine du nom.

Entre les rues des Carmes et Frementel, dans un espace qu'occupaient en partie l'hôtel d'Harcourt et le couvent des Ursulines, avec leurs jardins, etc. , on travaille en ce moment même à former un nouveau quartier, que traverseront plusieurs rues dirigées sur une nouvelle place d'Armes aux approches du Port. L'une de celles-ci, faisant prolongement d'un ancien *impasse des Ursulines*, a déjà reçu le nom de *rue Singer*, de celui du capitaliste, entrepreneur des travaux de ce même quartier.

Toutes ces rues collatérales à l'est, ont eu, ou ont encore pour objet d'établir la communication de la rue Saint-Jean avec les quais et le port. Celles du côté ouest vont toutes se rendre à la *rue des Jacobins*, et par celle-ci, au quartier de la Foire, au pont Saint-Jacques, et aux parties centrales et occidentales de l'ancienne Ville.

La *rue des Jacobins* s'appelait anciennement *rue Saint-Jacques* ou *rue de la Chaussée*. Du pont Saint-Jacques, où elle avait son point de départ, elle n'avait été conduite d'abord directement que jusqu'à l'église des Jacobins. De ce dernier point, elle se détournait à gauche, pour gagner la rue Exmoisine par un prolongement qui ne laissait pas de garder son nom jusqu'au bout.

Plus tard, le prolongement a été remplacé par la *rue de l'Oratoire*, qui paraît occuper plus ou moins exactement le même terrain.

Il y avait d'ailleurs communication établie avec Saint-Jean, par la rue *de Bernières*. Celle-ci avait son point de départ à la place des Jacobins, attenant au pont Saint-Jacques, et après avoir côtoyé, en ligne droite, les murs de ville adjacents, jusqu'aux abords de l'abreuvoir actuel, se divisait ensuite en trois ruelles, dont la dernière, sur la gauche, suivant le détour de ces mêmes murs, allait, avec eux, aboutir, en avant du pont Saint-Pierre, à l'emplacement de la *Tour de l'Horloge*, etc. ; tout cela a été changé depuis, la rue n'a été mise dans son état actuel qu'en 1675. Elle avait pris son nom de celui d'une famille honorable qui y possédait des maisons et des jardins.

Au sud du quartier des Jacobins, existaient de temps immémorial des terrains en nature de prairie, où se tenait une *foire de Saint-Denis,* nommée aussi la *Foire du Pré*, déjà mentionnée à la date de 1026, dans une charte du duc Richard II. Ce territoire fut choisi en 1655, pour devenir l'emplacement de l'Hôpital-Général qui y fut en effet

établi peu après. La rue des Jacobins fut alors re-
dressée et continuée par un prolongement direct
vers le sud jusqu'à l'angle nord-ouest du mur d'enceinte de l'hôpital, et de ce point à la rue Saint-
Jean, on établit, le long de la façade intérieure
de ce même hôpital, la rue qui fut alors nommée
de *Saint-Louis*.

Ce sont donc en tout trois communications qui
toutes avaient existé jusqu'à nos jours, entre la rue
Saint-Jean et le quartier des Jacobins, à savoir :
celles de *Bernières*, de l'*Oratoire* et de *Saint-
Louis*. Après la révolution de 1789, on y en ouvrit une quatrième, nommée *rue Neuve-des-Car-
mélites*, à travers l'emplacement occupé par le couvent et l'enclos de ces religieuses. Et dernièrement
on vient d'y en établir une cinquième, traversant
de même l'ancien hôtel et les jardins de la famille
de Faudoas, à peu près en face du portail de
Saint-Jean. Celle-ci a été exécutée par voie d'entreprise particulière de M. Harou Romain, architecte du Département, qui lui a donné le nom de
son père, *Jean-Romain*.

Nous avons dit qu'en dehors de l'Ile-Saint-Jean,
au-delà de la porte Millet, l'établissement d'un canal dit des Moulins de l'Hôtel-Dieu, avait eu pour
résultat de former une autre petite île, appelée
communément *Pré de l'Hôtel-Dieu*, où avaient
été, alors et plus tard, exécutés divers travaux de

fortification. Lorsque le temps des guerres fut bien
passé, en 1734, on eut la pensée d'en prendre la
partie ouest, afin d'y établir un jardin de botanique. Ce projet ne fut pas agréé par le gouvernement qui avait d'autres vues sur ce terrain, où il
fit, peu après, bâtir une caserne. Celle-ci subsista sans changement jusqu'en 1786. A cette dernière époque, il avait été arrêté de l'agrandir sur
des plans tout nouveaux. La première pierre d'une
grande aile sud, fut posée par le roi Louis XVI,
à son passage à Caen, et les travaux commencèrent aussitôt après. La révolution de 1789 les
suspendit, et les a laissés interrompus durant près
de quarante années. Lorsqu'on les reprit dernniè-
rement, les questions qui se présentèrent d'abord,
furent de savoir sur quel plan ils devaient être
continués, et laquelle des deux parties faites,
devait être sacrifiée à l'achèvement de l'autre. On
a fini par les conserver et réparer toutes deux, en
les raccordant le mieux qu'il a été possible. Pour
élargir l'emplacement vers le nord, et y ménager
l'espace nécessaire à la construction d'une autre
aile, projetée de ce côté, on a commencé par
combler l'ancien canal des moulins de l'Hôtel-
Dieu, destiné à y être joint. — Une rue pourra
être ouverte à côté, sur les terrains de l'Hôpital-
Général. Dès à-présent le canal des Moulins n'existe
plus, *l'Ile des Casernes* n'est plus une île, et ce

qui fut dernièrement cette île, se trouve en définitive réuni au territoire de celle de Saint-Jean.

Le pont Saint-Jacques, est, quant à son importance, le dernier des trois principaux de la Ville.
—On le croit ancien, et probablement du temps
du roi Henri Ier.—Il dut être réparé en 1462, et
vient d'être de nouveau reconstruit à neuf, en granit, en 1838.

PLACE-ROYALE ET RUES ADJACENTES, ETC.

À l'ouest du pont et de la porte Saint-Pierre,
vers le point où venaient s'y réunir les murs des
deux enceintes de la vieille et de la nouvelle ville,
on avait laissé un espace vide, faisant enfoncement
entre elles, et en-dehors de l'une et de l'autre. Ce
terrain qui était resté en nature de prairie, était
traversé par une chaussée dite de *Saint-Jacques*,
tendant de la porte de la Boucherie à celle des Jacobins.

La partie de cette prairie, située à gauche de
ladite chaussée, avait été nommée les *Petits* (ou
les Menus) *Prés*, une autre partie dite les *Grands-
Prés*, occupait le côté opposé sur la droite. Peu à
peu la partie gauche, dite les *Petits-Prés*, se cou-
vrit d'habitations, et alors son nom de *Petits-Prés*

se perdit, ou plutôt lui échappa, et fut transporté à la partie de droite, qui avait porté le nom de *Grands Prés*.

C'est sur la portion immédiatement attenante de ces nouveaux Petits-Prés, appelés aussi *Prés des Ébats*, à droite et le long de la chaussée Saint-Jacques, qu'ont été établis la *Place-Royale* et tout ce qui compose le quartier environnant. Les plans relatifs à l'opération avaient été réglés en 1635, et la statue de Louis XIV y fut inaugurée en 1685.

Cette statue, œuvre de notre sculpteur caennais, Jean Postel, était en pierre, et placée sur un haut piédestal, accompagné de quatre inscriptions, dont une en vers français du poëte Segrais, alors le premier de nos magistrats municipaux. Elle fut renversée de nuit en 1792, par des émissaires de ce qu'on appelait le club des Jacobins. Celle qui la remplace actuellement a été érigée en 1828, par suite de délibérations et arrêtés antérieurs de l'autorité municipale de l'époque, remontant à celle de 1819. Elle est de bronze, de onze pieds de hauteur, et a été l'ouvrage de M. Petitot fils.

Avant la formation de la place, et préalablement à toute opération y relative, la clôture de ce quartier, à son extrémité ouest, et sa réunion définitive à la Ville, avaient été effectués, comme nous l'avons dit, dès la fin du XVIe siècle et le commencement du XVIIe (de 1595 à 1620), par la construction du rempart de la Porte-Neuve, et des deux bastions adjacents.

Près de ce même rempart, et attenant au côté sud de ladite Porte-Neuve , avait été construit ce qu'on nommait alors l'*Hôtel de Manneville*. L'administration départementale a fait , en 1803 , l'acquisition de cette propriété , dans la vue d'en faire un hôtel de la Préfecture. Il y a été exécuté à ce dessein d'importants travaux , qui en laissent d'autres à désirer. Les bureaux n'ont pu y être placés, quant à présent, et restent , en attendant , établis non loin de là , comme nous l'avons dit , dans les bâtiments de l'ancien collége du Mont.

Cet hôtel de la Préfecture est celui qu'a occupé le roi Louis-Philippe , à son passage à Caen , en 1833.

Sur la Place-Royale , dans les bâtiments de la mairie, qui furent précédemment ceux des prêtres Eudistes , se trouvent aussi la bibliothèque de la Ville, les deux musées , et quelques écoles dont il sera parlé ailleurs.

Les rues adjacentes sont toutes nouvelles , et ne donnent sujet à aucune observation importante. En face de la rue des Quatre-Vents , partant de l'angle sud-est de la Place-Royale , on a jeté dernièrement , sur le courant de la Petite-Orne, pour l'usage des gens de pied , un pont qui , communiquant avec la rive opposée , met , pour eux , le

quartier de la Place-Royale en communication directe avec celui de Saint-Jean, au moyen d'un passage couvert, établi sur la gauche de la rue de
Bernières, par M. Bellivet, qui lui a donné son nom.

N. B. La plupart de nos noms de rues et de
places publiques, à Caen comme ailleurs, avaient
été changés, par suite de la révolution de 1789,
dans la vue d'en exclure ceux des saints, et tous
autres impliquant rapport à quelque idée de tout
ce qu'on appelait l'ancien régime.

On y en avait substitué d'autres, à prétention
démocratique de toute sorte, et nous eûmes alors
et partout des rues et des places de *la Liberté,* de
l'Égalité, de *l'Union,* et du *Civisme ;* d'autres
de *Solon,* de *Scévola,* de *Brutus,* de *Guillaume-
Tell,* de *Calas* et de *Mably ;* et puis d'autres encore, de *l'Industrie,* du *Commerce,* de *l'Homme-
Libre,* des *Piques* et des *Sans-Culottes,* etc., le
tout pris et donné pêle-mêle, au hasard, quelquefois comme à contresens. C'était une Babel à ne
pouvoir s'y entendre. Cet essai n'eut aucun succès
et tomba de lui-même, sans laisser de trace ni de
souvenir.

FAUBOURGS, ETC.

Nous comptons les faubourgs de Caen au nombre de cinq, à savoir :

Vaucelles, — *Saint-Gilles*, ou le *Bourg-l'Abbesse*, — le *Vaugueux*, — *Saint-Julien*, — et le *Bourg-l'Abbé*.

On pourrait retrancher le Vaugueux, que quelques-uns considèrent comme une dépendance du Bourg-l'Abbesse; — ou bien, au contraire, ajouter Sainte-Paix, dont l'origine et l'existence primitive ont été distinctes et séparées de celles de Vaucelles. Le Bourg-l'Abbé admettrait aussi des subdivisions plausibles. Il ne suit de tout cela aucune difficulté qui touche au fonds de notre sujet.

Dans tous les cas, la *Maladrerie* reste encore en dehors de cet ensemble, et forme ou un dernier faubourg, isolé de tous les autres, ou bien un hameau voisin et annexe, dépositaire spécial d'un grand établissement public que lui ont confié la Ville et le pays.

On remarque au sujet des quatre faubourgs principaux, qu'eux-mêmes aussi avaient existé à l'état de villages distincts, avant l'époque de leur réunion à la Ville. Ils avaient alors chacun leur nom

14

propre, de hameau ou de paroisse, dont les traces se sont plus ou moins sensiblement conservées dans les souvenirs et dans les écrits.

Vaucelles a gardé le sien. Celui de *Calix*, jadis étendu à tout le Bourg-l'Abbesse, est resté à une de ses dépendances bien connues. Une rue de *Calibourg*, près de Saint-Julien, et une *Place-Villers* à Saint-Ouen, rappellent ceux que portèrent anciennement l'une et l'autre de ces deux localités.

VAUCELLES, ETC.

Le faubourg de Vaucelles, dans l'état présent des choses, se compose de deux parties distinctes, qui ont formé précédemment les deux anciennes paroisses de Saint-Michel de Vaucelles et de Sainte-Paix-de-Toussaint. Nous avons dit ailleurs ce qu'on sait de l'origine de ces deux paroisses. Celle de Vaucelles paraît remonter à une époque fort ancienne, et avoir précédé la fondation de la Ville de Caen.

Dans les premiers temps de leur existence respective, ces deux localités, de Vaucelles et de Caen, étaient étrangères l'une à l'autre, isolées d'ailleurs, et séparées par toute l'étendue de prairie où s'est formé plus tard le quartier de Saint·

Jean de Caen. De cette même portion de prairie, une partie appartenait alors à la paroisse de Vaucelles, dont le territoire formait extension au nord, vers Caen, jusqu'à y atteindre l'emplacement actuel de la rue Frementel. Celui de l'ancien Hôtel-Dieu avait fait partie de cette extension du territoire de Vaucelles, et formait dépendance bien connue de son *église-mère de Saint-Michel*. C'est par conséquent aussi sur une partie démembrée de Vaucelles qu'avait été établie l'ancienne porte d'entrée du quartier Saint-Jean, communément Porte-Millet.

Le canal de la Grande-Orne, que dépassaient ainsi notablement les dépendances de Vaucelles, existait à peu près dans l'état où nous le voyons, dès le milieu du XIe siècle. Il y avait à *Montaigu*, au temps des fondations pieuses de Guillaume et de Mathilde, deux moulins qu'ils donnèrent à leurs abbayes de Sainte-Trinité et de Saint-Étienne de Caen.

Vaucelles a dû avoir de bonne heure un pont sur le canal de la Grande-Orne. Il a pu y en exister un avant la fondation de Caen, et même aussi peut-être dès le temps des Romains. En 1432, au temps de l'occupation anglaise, il y en existait un, dont une arche se rompit alors, et s'écroula dans la rivière. Il fut peu après convenablement réparé. Il se trouvait ruiné en 1512, et on commença en

ce temps à y en construire un autre qui ne fut terminé qu'en 1530. Celui-ci fut fait aux frais du duc
de Ferrare, alors engagiste du domaine de Caen.
Il fut nommé le *Pont-Frileux.* — Il était raide,
étroit et mal construit. — Il a été démoli en 1825,
et remplacé par un autre, qui réunit tous les avantages opposés à ces défauts. — C'est le plus important de ceux que possède notre cité.

Vaucelles a eu ses seigneurs particuliers qu'on
trouve mentionnés dès le XI° siècle, et dont la
série ne paraît se terminer qu'à la fin du XIII°, en
la personne d'André de Pont-Audemer.

La paroisse de Sainte-Paix a eu une origine distincte et indépendante de celle de Vaucelles. Ç'a
été, dans le principe, un démembrement de celle
de Mondeville, dont le territoire s'étendait primitivement à la rencontre de celui de Vaucelles,
jusqu'aux abords de la *petite vallée* de passage,
sur laquelle existe actuellement le pont. Le côteau
dont elle se forme, n'a commencé que fort tard à
être habité. On n'y trouvait qu'un feu *à taxer* en
1371, lorsque la Ville en comptait 525 ; et sa réunion à la bourgeoisie ne date que de l'an 1729.

SAINT-GILLES.

Le faubourg de Saint-Gilles fut appelé ancien-

nement *Calix* ou *Cally*. Après la fondation de
l'abbaye de Sainte-Trinité, on le nomma le Bourg-
l'Abbesse. Il a pris plus tard le nom du patron de
son église. Celui de *Calix* est demeuré à la portion
de son territoire au-delà de l'enclos abbatial. Le
quartier de Saint-Gilles, dans toute son étendue,
avait été donné par le duc Guillaume à l'abbesse
de Sainte-Trinité de Caen, pour composer sa seigneurie, avec juridiction temporelle et spirituelle.
De là ce nom de Bourg-l'Abbesse qu'il reçut alors,
et qu'il a conservé long-temps.

Cette localité de l'ancien Calix, n'était habitée
primitivement que par des pauvres. La fondation
du grand monastère de Sainte-Trinité ne tarda pas
à y attirer une population plus choisie. Cette importance de Saint-Gilles alla en croissant avec le temps,
et nous trouvons qu'au XVᵉ siècle, les personnages
les plus marquants de la Ville y avaient un grand
nombre de beaux et riches manoirs.

De ce nombre étaient entre autres :

1º Le manoir de Courtonne, ayant appartenu
d'abord au chapitre de Bayeux, au XIIIᵉ siècle,
et plus tard aux évêques de Lisieux, jusque vers
la fin du XVᵉ, etc. L'hôtel avait son entrée sur la
rue Basse-Saint-Gilles, et était accompagné de
prés et de jardins, avec droit de pêche sur la Petite-Orne, etc. L'emplacement est bien connu et a
conservé jusqu'à présent son ancien nom. On le

désigne pour le lieu où devra être placé le bassin du nouveau canal maritime projeté.

2° L'hôtel de Nollent, vulgairement des *Gendarmes*, que quelques-uns ont appelé aussi le *Petit-Château de Calix*. Il subsiste dans ce quartier, sur la gauche de ce qu'on appelle le chemin de Colombelles, près de la rue Guerrière. C'est un ancien manoir d'habitation particulière, orné de statues de guerriers qui semblent en défendre l'approche, avec médaillons accompagnés d'inscriptions morales, etc. Il fut bâti vers la fin du XV° siècle, par Girard de Nollent, sur un fonds qu'il tenait de sa mère, Guillelmine de Couvrechef, mariée en 1455.

On remarque dans les contrats de fief passés par les possesseurs de fonds à Saint-Gilles aux XIV° et XV° siècles, qu'outre le prix annuel de la fieffe il y est souvent stipulé une redevance en fleurs, comme une *glane de lavande*, un *chapel de roses vermeilles*, etc. De cette observation, il semble résulter, comme conjecture, qu'apparemment dès ce temps, ainsi qu'aujourd'hui, les habitants de ce même quartier de Saint-Gilles, s'occupaient particulièrement de la culture des fleurs.

L'abbesse de Caen avait des rentes de cette espèce, qu'elle recevait en grande cérémonie, le le jour de la fête de Sainte-Trinité.

La vigne a aussi été cultivée à Saint-Gilles, du

XIIe jusqu'au XVIe siècle. L'abbesse y avait son grand et son petit vignoble jusqu'en 1515.

Il a existé d'anciens quais au quartier du Bourg-l'Abbesse, joignant la porte du Bac, le long de la rue Basse-Saint-Gilles, et des terrains adjacents sur la gauche de la Petite-Orne. On cite celui de *Guillaume-le-Roi*, près de la tour de ce nom, comme ayant été le plus fréquenté de la Ville, avant l'établissement de ceux de la rue des Quais.

Le poëte Jean Marot a dû être originaire de la paroisse Saint-Gilles de Caen. Une maison de la rue Basse-Saint-Gilles a porté son nom, et paraît lui avoir appartenu.

LE VAUGUEUX.

Le Vaugueux n'avait pas été compris dans la dotation primitive de l'abbaye de Sainte-Trinité, telle que l'avait stipulée le duc Guillaume en 1066 et 1083. — Il y fut ajouté par concession postérieure de son fils Robert-Courte-Heuse, un peu avant l'an 1100. Ces deux faits expliquent peut-être pourquoi quelques-uns font de ce même Vaugueux une partie du Bourg-l'Abbesse, tandis que d'autres veulent le compter pour un faubourg à part. Le Vaugueux, quoique situé hors de l'enceinte de la Ville, dépendait de la paroisse de Saint-Pierre, et n'a jamais été réuni à celle de Saint-Gilles.

On ignore l'origine du nom de Vaugueux. — Il paraît qu'il s'est dit d'abord *Valguë*, *Valgué*, ou *Valguée*. La charte latine du duc Robert en fait *Vallemgue*, en le mettant à l'accusatif. D'autres actes donnent *Val goe* , *Val guaw* et *Gwag Cadomi* , etc. — Rien de tout cela ne paraît susceptible d'être expliqué.

On trouve qu'à la date 1203, une concession des revenus du Vaugueux (*Gwag Cadomi*), avec celle du fief de la Geôle (*feudum Jaolæ*), avait été faite par le roi Jean-sans-Terre, sauf réserve des droits de l'abbesse de Sainte-Trinité, à un ancien sénéchal de Normandie, Garin de Glapion.—Les pièces nous révèlent cette circonstance, que le roi, qui apparemment connaissait peu les objets, écrivit à cette occasion, aux barons de son Échiquier, pour leur demander de lui dire au juste ce que c'était, et quelle pouvait en être la valeur. — Nous n'avons point leur réponse; mais il est certain que son effet fut de faire confirmer, par le monarque, la décision favorable qu'il avait prise de prime abord, et avant toute explication sur ce sujet. — Le fief de la Geôle, mentionné dans ces mêmes pièces, comme une sorte d'annexe du Vaugueux, devait apparemment en faire partie, et se

trouver à portée du Château, où les prisons étaient
alors établies. On peut supposer qu'il avait pour
objet de service, la garde de ces mêmes prisons.

SAINT-JULIEN.

Nous avons dit que la paroisse Saint-Julien a
existé, à son origine, comme localité distincte,
sous le nom de *Calibourg*. Une charte du roi Char-
les-le-Bel, à la date de 1325, la cite sous cet ancien nom. On a remarqué sur les détails de la cir-
conscription de cette même paroisse, que le tracé
a dû en être fait avant celui des murs d'enceinte
de notre ancienne cité.

Une portion du quartier de Saint-Julien a été
bâtie sur un emplacement de carrières exploitées,
et en a pris son nom qu'elle portait déjà en 1410.
Le territoire de ce faubourg dépendait, en grande partie, du fief de Montenay, sis à Venoix, et
appartenant aux Bertrand de Roncheville. Les habitants étaient vassaux et vilains, comme le rappellent les noms d'une rue et d'une partie adjacentes, et il est connu que les habitants de Caen,
pour ne pas déroger à leurs privilèges de franchi-
se, refusaient de prendre leur habitation à Saint-
Julien.

Les Juifs, d'autre part, avaient leur établissement dans ce quartier, où ils avaient été introduits
au temps du duc Guillaume. Ils y exerçaient le
commerce et l'usure, et y formaient une espèce de
corporation, qu'on avait soumise à des magistrats
particuliers. Le nom de *rue aux Juifs* avait été
donné alors à celle que nous appelons actuellement *rue Bosnière*, et il existait, dans les alentours, des emplacements dits *Jardin* et *Cimetière
des Juifs*.

Le faubourg de Saint-Julien possède le Jardin
des Plantes de la Ville, qui y a été établi en 1736,
sur un terrain compris entre l'ancien enclos de la
chapelle de Notre-Dame-des-Champs, et le point
de départ de la nouvelle route de Creully. On y
accède par la rue *Desmoueux*, nom d'un professeur sous lequel l'enseignement de la botanique y
a spécialement fleuri, et qui y a eu son tombeau
et son monument, érigés par ses élèves, en 1801.
On s'occupe en ce moment de travaux à faire à
cet établissement, qui doit être de beaucoup augmenté.

LE BOURG-L'ABBÉ.

Le Bourg-l'Abbé, ainsi nommé comme formant
la seigneurie de l'abbé de Saint-Étienne de Caen,

se composait des deux paroisses de Saint-Nicolas
et de Saint-Ouen , dans leur entier , avec quelques
parties de territoire de celles de Saint-Étienne-le-
Vieux et de Saint-Martin. Une portion de ce faubourg avait formé dans le principe , un village
particulier, appelé *Villers ;* il paraît avoir été, plus
ou moins exactement, remplacé par la paroisse de
Saint-Ouen.

La principale rue du Bourg-l'Abbé est celle qui,
prolongeant la ligne des grandes rues de Saint-
Pierre et autres , le traverse de l'est à l'ouest , en
se dirigeant vers Bayeux, dont elle a pris son nom.
Cette rue de Bayeux existait au temps du duc Guillaume , et se trouve citée dans ses chartes. Sous
ses successeurs , elle avait été appelée rue de
Bures , comme conduisant, en un lieu de ce nom
où ces princes avaient un château et une forêt ,
dont l'emplacement se retrouve au village de Bal-
leroy , avec ses anciennes dépendances , comprenant la forêt de Cerisy. Au XVIe siècle, on la nomma la *rue du Prêche ,* parce que les protestants y
avaient alors leur temple, lequel y subsista, comme nous l'avons dit, jusqu'à la date de 1685.

Entre la place Fontette et l'entrée de la rue de
Bayeux , dans la ligne du prolongement des grandes rues de l'ancienne Ville, vers l'ouest, se trouve
celle de *Guillaume - le - Conquérant ,* formant
comme une extension de la Ville , sur l'ouver-

ture du faubourg. Elle est nouvelle, et date de moins d'un siècle; mais il est vrai de dire d'ailleurs, qu'elle n'a fait qu'y renouveler l'existence d'une autre voie, d'ancienne origine, qui n'a pu manquer d'y prendre naissance, au point sur lequel ouvrait autrefois la porte Arthur, spécialement nommée aussi, *porte au Duc*. Son point de départ s'y trouve à quelques pas en dehors de l'emplacement qu'avait occupé l'ancien rempart du Coignet-aux-Brebis, laissant à droite celui de la tour Chastimoine, occupé maintenant par l'entrée du bâtiment de la nouvelle prison. Son nom actuel est d'application toute récente; elle a été précédemment appelée *Chemin - Neuf* et *rue Saint-Benoît*.

Au carrefour de rencontre, de l'extrémité ouest de cette rue avec celle de Saint-Martin, existait une *petite boucherie*, privilégiée pour le quartier, et un carcan ou poteau d'exposition publique, indiquant la haute justice de l'abbé de Saint-Étienne de Caen. Il y avait eu, plus anciennement, à l'autre bout de la place, vers l'entrée de la rue Caponnière, une *échelle* dite *des parjures*, pour la punition des boulangers vendant à faux poids.—Une croix se trouvait plantée près de là, et y a subsisté jusqu'à nos jours.

Au bout de la rue des Capucins, faisant suite à la rue Caponnière, et attenant à l'établissement

du Bon-Sauveur, se trouve la place *Villers,* dont
nous avons cité le nom, comme ayant été anciennement celui de la majeure partie du quartier.

Il a existé dans la paroisse Saint-Ouen de Caen,
un ancien fief, dit *Pend-Larron*, dont le posses-
seur était obligé de fournir un bourreau à la justice de la Ville, toutes les fois que celle-ci en avait
besoin. Des actes anciens citent une tour, une venelle, et une carrière *Pend-Larron* ; les religieux
de Saint-Étienne se trouvaient propriétaires de ce
fief en 1324. Il y eut réclamation de leur part, à
cette époque, sur l'objet de cette singulière redevance ; le procès se termina en 1374 par voie
de transaction, les religieux s'engageant à payer
une rente annuelle de 16 livres, aux fins d'en être
dispensés.

Vers l'extrémité ouest de la rue Guillaume-le-
Conquérant, à l'entrée de la place attenante,
donnant accès à la grande église de Saint-Étienne
et au pavillon du Collége royal, a été élevé une
sorte de monument funèbre, à la mémoire du duc
de Berry, assassiné à Paris en 1820. La construction est censée occuper le point précis où le prince
mit pied à terre, pour se rendre à l'église de Saint-
Étienne, à son arrivée à Caen, par suite de son
débarquement à Cherbourg, en 1814, au moment
de la chute du gouvernement impérial. Elle est
en forme d'obélisque, de dimensions exiguës, et

15

de nul effet, surtout devant les hautes et magnifiques pyramides, si près desquelles on lui a donné
son emplacement.

LA MALADRERIE.

Ce que nous appelons actuellement la Maladrerie, n'est qu'une sorte de village, qui s'est fôrmé
peu à peu, en dehors de la Ville et de ses faubourgs, sur un territoire de la banlieue, aux abords
du lieu isolé où avaient été placées, à cette époque,
les deux léproseries de Beaulieu et du Nombril-
Dieu. Ce territoire faisait partie de la paroisse
Saint-Nicolas.

Depuis que le fléau de la lèpre a cessé d'affliger
l'Europe, les établissements de léproseries, lorsqu'ils ne sont pas entièrement tombés d'eux-mêmes, ont dû être appropriés à quelque autre genre
de service, étranger à leur ancienne destination.
Ce dernier cas est celui qui s'est réalisé à l'égard
de la maison de Beaulieu. Cet établissement, comme
léproserie, paraît avoir prolongé son existence no-
minale, beaucoup au-delà du temps où il fut réellement occupé par des lépreux. On a vu que sa suppression définitive, à ce titre, ne peut dater que
de l'an 1696, époque où ses revenus furent réunis à ceux de l'Hôtel-Dieu.

L'édifice demeurait alors vide et disponible. On
en fit ce qu'on appelait une *maison de force*, lieu
de détention des vagabonds et malfaiteurs, con-
damnés à cette peine, pour lesquels il devint une
prison spéciale, et tout à fait distincte de celles
des prisonniers attendant jugement.

Plus tard, on y établit aussi les aliénés, qu'on
était alors dans l'usage de traiter beaucoup plus
mal que des malfaiteurs. Ceux qui y furent transférés dans le temps (1784), avaient précédemment occupé la tour Chastimoine, appelée de là
vulgairement aussi *Tour-aux-Fous*. Quelques contemporains se souviennent encore de les y avoir
vus, demi-nus, hideusement étendus dans l'or-
dure et sur la paille infecte, la plupart attachés par
des chaînes de fer, aux murs noirs et humides de
leurs cachots. Ils furent moins mal à Beaulieu, où,
quelques furieux exceptés, ils vivaient pêle-mêle
avec les détenus. Cette combinaison marchait à sa
manière, et Beaulieu, que le public appelait alors
plus communément *Bicêtre*, l'avait gardée, sans
autre innovation, jusqu'à l'an 1818.

Les changements qui y ont été effectués ultérieurement, sont de nature à y avoir opéré une
transformation complète. Ils consistent, pour l'objet fondamental, en ce qu'ayant dû être érigé en
maison centrale de détention, pour les trois départements, formant le ressort de la cour royale

de Caen , l'établissement alors subsistant , trop
resserré dans ses dimensions , a dû en recevoir
d'autres , beaucoup plus étendues , pour être approprié aux convenances de sa nouvelle destination.

Le travail d'agrandissement a été exécuté, et
ses résultats ont été tels , qu'il a en effet plus que
quadruplé la masse des anciennes constructions
qui en fournissaient le noyau. Ils consistent acces-
soirement , quant aux aliénés , en ce que ceux-ci
devenus étrangers à ce même objet , ne pouvant
qu'y gêner beaucoup par leur seule présence, sans
aucun avantage de dédommagement pour eux-mêmes , puisqu'ils n'y étaient admis qu'en vue de la
réclusion, et sans pouvoir y être soumis au traitement hygiénique qu'aurait réclamé leur état , ils
ont dû en être écartés, pour être placés dans un
asile mieux approprié à leurs besoins. C'est en
raison de ces considérations, qu'ils en furent exclus
en 1820, et transportés, alors même, dans la maison du Bon-Sauveur , où ils trouvèrent soigneusement préparé tout ce qui jusqu'alors avait dû leur
manquer ailleurs.

La maison centrale de Beaulieu passe pour l'une
des mieux administrées , comme elle est l'une des
plus belles du royaume.

Le hameau de la Maladrerie , n'a aucun intérêt
historique , indépendant de celui qui se lie à ce
sujet des établissements de Beaulieu.

BAIE, RIVIÈRE, PORT, ETC.

Les terrains bas de la vallée de l'Orne , au dessus et au dessous de Caen , sont le produit des
alluvions que la mer a successivement refoulées
dans l'ancienne baie dont ils occupent la place.
Des fouilles pratiquées dans le sol , y ont fait découvrir, à dix-huit ou vingt pieds de profondeur ,
des restes de pirogues de sauvages , et à treize ou
quatorze seulement , des débris de navires romains, etc. , avec des médailles d'Antonin Pie ,
se rapportant au II° siècle de Jésus-Christ. Le fait
de l'assèchement n'a pu être que postérieur à la
donnée de date que fournit la seconde de ces deux
observations. Dans ces terrains nouvellement formés, la rivière a dû se tracer son lit , comme à sa
fantaisie, et avec de grandes et nombreuses sinuosités. C'est ce qui lui était arrivé surtout dans la
partie inférieure de son cours.

Dès le temps de Guillaume-le-Conquérant , l'é-
tat des cours d'eau , en ce qui regarde leur entrée
et leur distribution sur le territoire de la Ville ,
était à quelques légers détails près , ce qu'il est
resté depuis. Il y avait dès-lors , grande et petite
Orne, avec un moulin à Montaigu , grand et petit Odon , se réunissant à la Petite-Orne , etc.; etc.

Entre les différences, on remarque celle-ci surtout, que la Petite-Orne et le Grand-Odon avaient
alors leur point de rencontre au *grand abreuvoir
de la Prairie*, ce qui fournissait aux navires de
l'abbaye de Saint-Étienne, la voie par laquelle ils
remontaient habituellement du pont Saint-Pierre
jusqu'aux abords de cette abbaye, où ils étaient
reçus dans un bassin creusé à cet effet, et attenant aux murs de ses jardins. — Le prolongement
actuel du Grand-Odon, sous l'ancien rempart du
quartier des Boucheries et vers le moulin de Saint-
Pierre, est un ouvrage du XIV⁰ siècle, et paraît
avoir été fait principalement en vue de l'établissement de ce même moulin.

On ne sait rien de positif sur ce qui regarde
l'origine de la dérivation toute factice du canal
du *Petit-Odon*. Plusieurs détails de son exécution, tant au dehors qu'au dedans de la Ville,
semblent offrir les caractères d'un ouvrage ducal.
Outre son utilité générale pour la Ville, l'opération paraît avoir eu aussi en vue quelques avantages particuliers aux seigneuries de Verson et
de Bretteville-la-Pavée. Comme il est bien connu que ces mêmes seigneuries sortirent du domaine ducal vers l'an 1023, pour passer en la
possession de l'abbaye du mont Saint-Michel, il
paraît devoir s'en suivre que la dérivation ne
pourrait qu'être antérieure à cette époque, ce qui

la reporterait, au plus tard, au règne du duc Richard II.

Le creusement du *canal du duc Robert*, comme aussi sans doute celui de sa tranchée d'embranchement vers les moulins de l'Hôtel-Dieu, doivent être de l'an 1104, deux ans au plus avant l'expulsion de Robert. Un des premiers effets de ce travail, après celui de joindre l'Ile-Saint-Jean à la Ville, dont il doubla en conséquence l'étendue, fut de donner lieu à la formation de la ligne des quais, qui commencèrent dès lors à s'établir le long de la rue de ce nom. Il n'y en avait précédemment que sur la rive opposée de la Petite-Orne, aux abords de l'église Saint-Pierre et de la rue Basse-Saint-Gilles, vers Courtonne et autres points environnants.

A cette époque, l'eau des hautes marées remontait encore jusqu'à Caen, de sorte que celle de la rivière n'y était pas potable, même pour les animaux. Raoul Tortaire, moine de Fleury-sur-Loire, dans le récit en vers d'un voyage qu'il fit alors dans nos contrées, remarque que son cheval refusa de s'y abreuver. Le fait de ce voyage doit être de l'an 1102.

Nous avons dit que dans son cours au-dessous de la Ville, à travers les prairies de l'est, la rivière d'Orne s'était fait son lit, comme à sa fantaisie, et avec de grandes et nombreuses sinuosités. Il en était résulté, pour la navigation, des inconvénients qui avaient dû être reconnus de bonne heure, mais desquels il semble qu'on avait long-temps supposé ne pouvoir se garantir.

La première chose qui ait été faite dans ce but, est un canal de redressement, pratiqué au bas du hameau de Longueval, en 1531, et dont l'effet fut d'abréger de plus d'une lieue, les détours que l'Orne y faisait alors. Beaucoup de personnes s'étaient opposées à cette opération, de laquelle il devait résulter, disaient-elles, que les marées remonteraient plus haut et avec plus de force, et pourraient aller jusqu'à submerger les parties basses de la Ville. — Les faits réels, comme les contemporains les ont constatés, sont d'abord, que rien de pareil ne s'ensuivit, quant à ce sujet des marées, et que, d'autre part, les inondations des *eaux d'amont*, en hiver (ce qu'on appelle *crétines*), en furent sensiblement diminuées, cette tranchée nouvelle, en ligne droite, leur fournissant un moyen d'écoulement plus prompt vers la mer. M. de Bras remarque qu'il arrivait quelquefois auparavant que ces eaux des crétines s'élevaient jusqu'à couvrir le carrefour Saint-Pierre, la chaussée Saint-Jacques et plusieurs parties de la rue Saint-Jean.

En 1679, au temps de Colbert, et sous la direction du célèbre Vauban, quelque chose fut

ajouté à ce premier travail, à l'effet de compléter
le même redressement dans tout l'intervalle compris entre les carrières de Ranville et le moulin de
Clopée.

Et de nos jours, en 1786, ce même travail repris audit lieu de Clopée, et continué en amont,
vers la Ville, a été amené jusqu'à y former son
port actuel, sur la partie inférieure des deux courants de l'Orne, immédiatement au-dessus de leur
point de réunion.

Cette dernière opération, quant au mouvement
des terres, se trouvait à peu-près terminée au moment de la révolution de 1789. Les travaux de
creusement avaient été exécutés par les soldats de
la garnison, employés comme travailleurs volon-
taires, à la tâche. Outre les berges du canal et du
port, la masse de terres déplacées à cette occasion, a formé, sur leurs deux côtés, les promenades du *Cours-Caffarelli*, plus aussi sur la gauche,
le massif des jardins situés à l'entrée de ce cours.

C'est dans ce même creusement qu'ont été dé-
couverts les objets d'antiquités divers, pirogues
de sauvages et débris d'art des Romains, dont il
a été fait mention ci-dessus. Ces derniers y étaient
mêlés de troncs d'arbres abattus, et de brancha-
ges d'espèces diverses, surtout de coudriers avec
leurs feuilles et leurs fruits.

Sur l'ensemble de ces opérations, en ce qui re-

garde le creusement, il y a eu ce mécompte, que
l'effet qu'on s'en était promis a bientôt été reconnu
ne pas devoir être durable, les marées montantes continuant, dans le canal redressé, ce qu'elles
avaient fait de tout temps dans la baie, c'est-à-dire
le transport et le refoulement des bancs mouvants
de l'embouchure; de sorte que les alluvions qu'elles
y amènent, et qui déjà y deviennent gênantes, en
s'accroissant, comme elles le font sans cesse, ne
peuvent manquer d'en venir à l'obstruer tout-à-
fait dans un temps plus ou moins prochain.

Le port, tel qu'il est, a d'ailleurs le grand inconvénient de rester à sec, et d'y laisser de même
aussi habituellement, deux fois par jour, les navires échoués sur leurs fonds de graviers ou de
vases, aux marées basses, ce qui ne manque pas
de les exposer à beaucoup d'accidents fâcheux.

Ces observations ont conduit à former plusieurs
projets d'amélioration d'un mérite plus ou moins
réel. Celui auquel on paraît devoir s'arrêter de préférence, se composerait des dispositions ci-après :

1° Laisser la rivière, comme elle se trouve actuellement, et en abandonner l'usage, en ce qui
regarde le service ordinaire de la navigation.

2° Établir sur sa gauche, à travers les prairies,
un nouveau canal, parallèle à son cours, et que
des portes de flot, à son embouchure, tiendraient

toujours rempli des eaux de la mer, et fermé à l'invasion des alluvions des marées.

3° Ajouter au canal, à son extrémité opposée, touchant à la Ville, et vers l'emplacement du jardin de Courtonne, un dock ou bassin de sûreté, où, comme dans ce même nouveau canal, et par l'effet des portes d'entrée, les navires pourraient être maintenus constamment à flot. Quelques préliminaires de ce plan sont déjà en voie d'exécution.

Indépendamment de ces projets, relatifs à l'amélioration locale du port de Caen, il en existe d'autres, au sujet de la navigation supérieure de l'Orne, et de sa jonction à effectuer avec la Sarthe ou la Mayenne.

L'idée d'une opération de cette espèce avait été conçue dès le temps de Charles VII, peu après la mémorable victoire de Formigny, suivie de l'heureuse expulsion des Anglais, — en 1450, — et déjà un premier travail d'élargissement avait été commencé, à ce dessein, sur le canal longeant le côteau d'Allemagne, à la date de 1458.

Elle se représenta sous François Ier, en 1531, avec celle du travail de redressement à opérer sur le canal de Longueval, et il fut, à cette époque même, arrêté plusieurs dispositions tendantes à en amener l'effet. — Les chaussées de Montaigu et de Bourbillon d'abord, et ensuite d'autres en amont, furent ouvertes, et les marchands de bois de Caen se servirent de cette voie, pour s'approvisionner de bûches flottées, qu'ils firent venir des bois du sieur de Cullay et autres environnants.

Cet essai n'eut pas pour le moment, d'autre suite, bien que promettant beaucoup de profit. Le sujet a été souvent et amplement discuté depuis. Beaucoup de plans et d'importants mémoires ont été produits, et cependant trois siècles se sont écoulés, sans que les choses en soient en effet plus avancées. On s'occupe, en ce moment, de nouvelles études, qui semblent ne pouvoir manquer de conduire à un résultat prochain.

FOIRES ET MARCHÉS.

Il existait à Caen, dès les commencements du XIᵉ siècle, une foire annuelle nommée la *Foire du Pré*. Elle se tenait au quartier de Saint-Jean, en un pré, où a été par la suite établi l'hôpital-général de Saint-Louis. Elle commençait le jour de la fête de saint Denis, et durait huit jours. Une charte du duc Richard II, à la date de l'an 1024, donna à l'abbaye de Saint-Wandrille, la dîme de cette même foire. Nous trouverons qu'elle fut supprimée sous le roi Louis XI, en 1470.

Caen possédait aussi, de temps immémorial, ses foires des premiers lundi de Carême, vendredi de la Mi-Carême, et Vendredi-Saint, à Saint-Sauveur, et celles des veilles de Noël, Pâques et la Pentecôte, à Saint-Pierre : toutes paraissant d'une époque antérieure à l'établissement de nos ducs, toutes s'étant maintenues jusqu'à nos jours, sauf quelques déplacements récemment effectués. Les deux premières sont encore d'une importance assez connue, en ce qui regarde le commerce des chevaux. La *montre* se fait actuellement sur la place d'Armes du quartier Singer, sur le nouveau port.

A l'époque de la fondation des deux abbayes de

Caen , le duc Guillaume institua en leur faveur ,
pour chacune , une foire spéciale, à savoir : celle
de la Trinité pour l'abbaye de ce nom, et celle de
Saint-Michel (qui fut d'abord de Saint-Laurent),
pour celle de Saint-Étienne. Toutes deux devaient
être de trois jours. Nous avons vu ailleurs quels
magnifiques priviléges y avaient été attachés. La
première se tenait à Saint-Gilles , sur les places
voisines de l'abbaye, et la seconde dans les champs
du Bourg-l'Abbé , contigus à l'église de Saint-Nicolas. On appelait , et on appelle encore vulgairement celle-ci, *la Foire aux Oignons*. Comme les
champs Saint-Michel, où elle se tenait , ont été
récemment transformés en jardins, la foire a dû
être transférée ailleurs , et se tient actuellement
sur la promenade du *Petit-Cours*.

  Une autre petite foire d'un jour, dite d'abord
de Saint-Étienne, et remise ensuite aux Innocents
(le surlendemain), avait été peu après ajoutée
aux précédentes , par concession du duc Robert-
Courte-Heuse, au profit de l'abbaye de Saint-
Étienne , et se tenait dans les rues adjacentes à ce
monastère.

  Plus tard , et dans le troisième quart du XIIe
siècle, le roi Henri II établit la foire de Saint-Simon-et-Saint-Jude, en faveur de la grande léproserie de Beaulieu, et accorda à ce même établissement tous les droits de coutume qui pourraient en
provenir.

Les choses restèrent long-temps ainsi réglées, sans aucun autre changement essentiel.

On remarque qu'en 1431, les Anglais étant en possession de la Normandie, un capitaine normand, nommé Ambroise de Loré, attaché au service du roi Charles VII, s'étant approché de la ville de Caen, à la tête de 700 cavaliers, se jeta sur cette ville, où se tenait en ce moment la foire Saint-Michel, s'empara des marchandises et des marchands anglais, et se retira chargé de butin, et emmenant avec lui près de trois mille prisonniers.

Les dernières années du XV° siècle donnèrent naissance à un autre ordre d'événements.

Depuis long-temps le roi Louis XI était fatigué des guerres existantes entre la France et les ducs de Bourgogne, et souffrait avec dépit les actes de pillage qu'éprouvaient les marchands de son royaume, dans leurs relations avec les célèbres foires d'Anvers et autres pays du Nord.

Il se proposa d'enlever cet avantage à son ennemi, et crut en trouver le moyen dans la concurrence de deux grandes foires nouvelles, qu'il résolut d'établir dans ses états, et dont il fixa le siége à Caen. Cette création eut lieu en 1470. Elle emporta avec elle la suppression de l'ancienne *Foire du Pré*. Les lettres patentes stipulaient, pour chaque foire, une durée de quinze jours, et

tous les priviléges et immunités existants en faveur de celles de Genève, Lyon, Bruges, Anvers,
Champagne et Brie, Saint-Denis, etc. Toutes deux
devaient se tenir dans la rue des Quais et les cinq
rues adjacentes, la première commençant le mercredi après la Pentecôte, et la seconde le mercredi après la Nativité.

Pour ce qui regarde ce dernier point de la fixation
des époques, on avait commis cette faute, de ne
pas considérer qu'une foire de quinze jours, commençant le mercredi de la Pentecôte, coïnciderait,
pour une partie de sa durée, avec celle de trois
jours, commençant la veille de la Trinité, au profit de l'abbaye de ce nom. Il s'en suivait dommage
pour cette même abbaye, qui ne manqua pas de
réclamer. Le débat fut porté devant l'Échiquier,
et dura près de sept ans. On finit par transiger aux
conditions que la nouvelle foire, du mercredi de
la Pentecôte, serait remise au premier mercredi
suivant la Trinité. Mais d'autres intérêts avaient
agi dans l'intervalle; la ville de Rouen demandait,
pour elle-même, nos deux foires, dont le succès,
disait-elle, devenait fort préjudiciable à son commerce. Le roi finit par les lui concéder en 1477,
le tout, — sans nous rendre celle du Pré, qui
avait été supprimée, comme nous l'avons dit, en
vue de leur établissement.

Plus d'un siècle s'était écoulé sans autre répa-

ration de cette perte, lorsque la création de la
Foire Franche vint enfin nous en fournir le dédommagement toujours sollicité. Celle-ci fut instituée par lettres patentes du roi Henri IV, en date
de l'an 1594. Quelques difficultés de coïncidence
en contrarièrent encore l'établissement, pour lequel on dut faire successivement l'essai de plusieurs époques diverses. Elle a fini par être fixée
au deuxième dimanche après Pâques. Sa durée
est de huit jours de tenue avec quatre pour l'entrée, et trois autres pour la sortie des marchandises, composant ensemble un total de quinze jours
entiers. — Le lieu d'emplacement qui lui fut attribué dans le temps, et qu'elle a constamment conservé depuis, est celui de l'ancien jardin de *la
Cercle*, que la Ville acheta du couvent des Dominicains, par contrat passé en l'année 1595. Les
apprêts pour la construction des loges de pierre
commencèrent en 1599. Les échevins de la Ville,
établis juges de la foire, y tenaient leurs séances
pendant tout le temps de sa durée, et y occupaient
à cet effet ce qu'on appelle l'*Hôtel du Pavillon*.

Diverses causes bien connues concourent depuis long-temps à diminuer progressivement l'importance des foires. Celle de Caen s'en va décli-
nant sensiblement, comme les autres. Il ne laisse
pas cependant de s'y faire encore une masse d'affaires assez considérable, en ce qui regarde les

chevaux, les laines, les cuirs et la draperie. Le
commerce de détail surtout continue à y attirer un
grand concours d'étrangers.

Indépendamment de ses foires, anciennes et
nouvelles, Caen avait aussi, de temps immémorial, son *grand marché du lundi*, dont on peut
dire, comme l'a fait M. de Bras, que c'était moins
un simple marché, qu'une sorte de foire de chaque semaine, puisqu'on y affluait de toutes les
parties de la Province, et même aussi de la Bretagne,—et qu'avec les bestiaux et denrées d'approvisionnement ordinaire, on y trouvait aussi les
*draps de soie et accoustrements, les meubles ex-
quis de maison*, avec objets de *bijouterie* et *orfévrerie*, etc.

Ce marché existait en 1026, et le duc Richard
III, épousant alors Adèle de France, nomme positivement le *marché de Caen*, dans le nombre
des objets sur lesquels il entend fixer le douaire
stipulé en sa faveur.

Un autre marché, du vendredi, était moins ancien et moins important ; il avait été long-temps
interrompu vers la fin du XIIIe siècle et la première moitié du XIVe. Tous deux se tenaient sur
la place de Saint-Sauveur et dans les rues environnantes. Huet remarque que, de son temps, le premier avait été affaibli au profit du second, par le
transport qui fut fait alors à celui-ci, de la vente

des bestiaux. Maintenant ils vont de pair, et sans distinction relative à cet objet, qui en a été séparé, avec les suifs et les cuirs verts, pour former deux autres marchés à part, les vendredi pour le premier, et les lundi pour les deux autres, sur leur emplacement spécial des Fossés-Saint-Martin, le marché ordinaire, pour tout le reste, demeurant d'ailleurs toujours fixé à la place Saint-Sauveur.

Le quartier Saint-Pierre a, d'un autre côté, ses deux petits marchés de chaque matin, qui se tiennent au *Carrefour*, et sur la place improprement appelée le *Marché-au-Bois*, l'un pour les légumes et les fleurs, et l'autre pour la volaille, etc. – Le premier est moderne, comme son emplacement, établi seulement en 1635; le second a succédé à une ancienne halle au pain, en 1522.

La Poissonnerie et la Boucherie forment comme deux autres marchés particuliers, ouverts tous les jours, excepté les jours fériés, ou faute d'objets d'approvisionnement pour la première.

La Halle aux grains, transportée dans l'ancienne église de Saint-Sauveur, y est devenue comme le centre auquel se rapportent toutes les autres parties du grand marché de ce nom. Ses jours d'ouverture sont, comme ceux de ce même marché, les lundi et vendredi.

COMMERCE ET INDUSTRIE.

Les origines du commerce de Caen sont couvertes d'obscurité, comme celles de la Ville elle-
même. Il fut un temps où des pirogues de sauvages sillonnaient seules les eaux de notre baie. Plus
tard, on trouva que les navires des Romains les
y avaient remplacées, vers le II° siècle de l'ère
chrétienne. A la dernière de ces deux époques, il
n'existait probablement encore aucun germe de ce
qui est devenu ensuite la Ville de Caen.

Au commencement du XI° siècle, Caen se révèle tout-à-coup, comme ville existante, avec une
douane, une foire de huit jours, un marché et un
port. Il s'y faisait, par conséquent, dès ce temps,
un commerce quelconque. Quels en étaient les objets et l'étendue? C'est une question qu'aucune
donnée connue ne nous fournit le moyen d'éclaircir.

La conquête de l'Angleterre, effectuée en 1066,
amena nécessairement un système de communications habituelles avec cette contrée, et un échange,
plus ou moins suivi des productions de notre sol
avec les siennes.

Une des premières choses que nous eûmes à y
porter fut la pierre à bâtir. Ce fut avec la pierre

de Caen que le Conquérant fit construire la Tour
de Londres, et la superbe abbaye de Senlac, fondée sur le lieu même où il avait gagné la bataille
qui le rendit maître du pays.

Un autre objet que nous eûmes à y fournir en
grande quantité furent les chevaux. Il en fallait
beaucoup pour les besoins de la guerre et de la
chevalerie. On en élevait en grand nombre dans la
plaine de Caen. Nos ducs en avaient fait venir la
race d'Espagne et de Navarre.—La plupart de nos
barons normands entretenaient des haras considérables. Ceux des Tesson et des Marmion étaient
des plus renommés; quelques abbayes avaient
aussi les leurs.

Les dernières années de ce siècle furent l'époque de la première croisade, où le duc Robert-
Courte-Heuse joua, comme on sait, un rôle des
plus importants. Vers ce temps aussi, les exploits
de quelques chevaliers de notre pays avaient organisé en Italie et en Sicile, des principautés qui
finirent plus tard par y former un royaume normand.

Il est naturel de supposer à l'égard de ces deux
événements, que, sans produire des rapports de
communication qu'on puisse comparer absolument
aux effets de la Conquête, relativement à l'Angleterre, ils durent pourtant aussi donner lieu, pour
l'Italie et les régions orientales, à des rapports

de commerce, que semblait provoquer à la fois le concours de toutes les circonstances et de tous les intérêts.

Nous manquons de documents sur ce sujet.

Il paraît que la navigation de ces temps avait plus d'importance et d'activité que nous ne sommes communément portés à le croire. On en peut juger par le fait même de l'expédition de la Conquête, pour laquelle le duc Guillaume, afin d'effectuer le transport d'une armée de soixante mille hommes, vint à bout, en moins de neuf mois, de construire, armer et équiper une flotte, qui ne fut pas moindre de *trois mille vaisseaux*, comme on les faisait alors.

Les données des faits relatifs au XII⁰ siècle commencent à se présenter avec un peu plus de clarté. En 1102, le moine Raoul Tortaire visitait Caen. Il parle de son port, et des richesses qu'y apportait le commerce de l'Angleterre. Caen importait alors surtout les vins des provinces méridionales. Il exportait plus particulièrement le blé, l'orge préparée pour la bière; le hareng salé, dont il se faisait alors une consommation immense à la cour, à la ville et aux armées, et toujours la pierre à bâtir, qui se tirait alors surtout des carrières de Vaucelles et de Saint-Julien, et que les Anglais continuaient d'employer en grande quantité.

La Ville avait des tanneries et des teintureries

considérables. On y fabriquait des armures de guerre de toute espèce, et d'une qualité supérieure.

La Cour qui s'y tenait habituellement, y faisait une grande dépense. L'Échiquier qui y avait son siége, y attirait un immense mouvement de fonds. On trouve que pour une seule année, la trésorerie de Caen avait reçu de celle de Londres, une valeur égale à deux millions de nos francs.

La vigne était cultivée dans un grand nombre de villages des environs, et même autour de Caen, sur les côteaux de Saint-Julien, du Moulin-au-Roi et de Saint-Gilles.

Il y avait à Saint-Julien une colonie de Juifs, exerçant le commerce et le prêt à intérêt, sous la surveillance d'un corps de juges exclusivement chargés des affaires relatives à ceux de cette nation, et dit de là, *Échiquier des Juifs*.

L'expulsion du roi Jean-Sans-Terre, au commencement du XIIIe siècle, amena alors la réunion de la Normandie à la couronne de France.

L'effet immédiat de ce grand événement, fut d'abord de partager la population de notre ville en deux partis, qui ne manquèrent pas de se combattre et de se piller l'un l'autre. Il eut ensuite celui de mettre la Normandie et l'Angleterre dans un état d'hostilité réciproque dont les deux pays eurent également à souffrir.

Ces désordres ne furent que momentanés. Un

mal plus réel, fut celui qui résulta pour nous de
l'éloignement de la cour d'Angleterre, que nous
perdîmes aussitôt, sans aucun dédommagement
possible ; — et ensuite de tout ce que purent ajouter à cette perte, les préférences du nouveau roi,
Philippe-Auguste, en faveur de la ville de Rouen,
où il transféra notre Échiquier de Normandie, et
où il sembla avoir voulu transférer aussi notre commerce de Caen, par les priviléges exclusifs qu'il
prodigua à nos rivaux pour l'encouragement du
leur.

Heureusement ce dernier point de ses ordonnances ne put être qu'imparfaitement accompli.
Les marchands de Caen, et ceux des ports environnants, n'en tinrent aucun compte : il ne fut
point question de les y soumettre par la force.Tous
continuèrent de communiquer librement avec les
provinces anglaises, et d'y porter, comme par le
passé, le vin, le sel, la pierre, le fer et les draps.

Il est à remarquer sur ce dernier article de la
draperie, que cet objet de fabrication s'était récemment perfectionné dans notre pays, par suite
de l'amélioration dans la production des laines,
résultant elle-même de l'introduction d'une nouvelle race de moutons, de qualité supérieure à
l'ancienne. On trouve sur ce sujet que, vers l'an
1206, Henri de Tilly, seigneur de Fontaine-Hen-
ri, possédait des brebis et des chèvres qu'il avait

fait venir de Séville, et dont il disposa alors même
par testament en faveur de l'abbaye. d'Ardennes.

La paix entre saint Louis et Henri III, dut
écarter tout reste d'obstacle aux communications
habituelles des deux peuples. Peu de faits de détails ont été recueillis. Le commerce des vins du
Midi continuait d'occuper nos marchands. Ils en
avaient des magasins à Ouistreham, en 1250, et
ces entrepôts étaient destinés pour l'étranger. La
fabrication des draps et des serges s'améliorait de
plus en plus. Nos commerçants fréquentaient la
mer du Nord. Ils allaient en grand nombre à la
foire de Boston, dans le Lincolnshire, etc.

Le milieu du XIV⁰ amena de tristes événements
pour notre commerce comme pour tout ce qui concerne notre pays.

Ce fut, comme on sait, en 1346, que le roi
d'Angleterre Édouard III, se jeta sur notre province, et s'empara bientôt de notre ville, qui fut
immédiatement livrée au pillage. Outre vingt-deux
navires qu'il trouva dans notre port, l'étranger
en chargea quatre-vingts autres, à Ouistreham, de
tout le butin qu'il fit dans la Ville. Les chroniques
du temps portent à quarante mille aunes les draps
de toute espèce enlevés dans les magasins. La
masse des objets de bijouterie, orfévrerie et ameublements précieux fut telle, ainsi que nous l'avons
déjà dit, que des historiens philosophes d'Angle-

16

terre l'ont citée comme l'une des causes qui ont
contribué à introduire le luxe et la corruption
dans leur île.

Le traité de Montigny en 1360, mit fin à l'état
de guerre, mais à des conditions dout l'effet dut
se faire sentir durement au commerce français.
Cependant la sagesse de Charles V ne tarda pas à
remettre les choses dans un meilleur état.

C'est alors qu'on trouve continuellement mentionnées nos halles aux cuirs, aux draps, aux
laines et aux toiles.

C'est alors qu'existait une rue *Tasquière*, re-
nommée par ses bourses brodées, dites *tasques*,
qui se vendaient par toute l'Europe, et dont on
faisait des présents aux têtes couronnées.

Alors aussi nous avions toutes ces autres rues,
de la *Cordouanerie*, de la *Confiserie*, de la *Ser-
rurerie* (ou *Coutellerie*), du *Change*, de la *Tannerie* et de la *Teinturerie*, dont les noms indiquent assez de quel genre d'industrie on s'y occupait.

La coutellerie surtout avait atteint une perfection remarquable. L'usage général de donner des
couteaux pour étrennes, avait encouragé cette fabrication. Il y en avait dont le prix n'était pas
moindre de celui d'un sac de blé.

Nos toiles aussi étaient recherchées au dehors
ainsi qu'au dedans. Un tisserand de la paroisse

Saint-Nicolas de Caen, Jean Le Painteur, prend dans les actes du temps, le titre de *fournisseur des nappes des reines de France et d'Angleterre*.

La fabrication des draps continuait de fleurir et avait amené, comme accessoires, l'art du tondeur et celui du foulon, la culture de la *vouède*, ou *pastel*, et la prospérité toujours croissante des établissements de teinturerie, etc.

Celle des *tasques* avait pris une extension toute populaire. Tout le mur de la Ville qui bordait la rue des Quais était garni d'échoppes dites *cages à tassatiers*, toutes occupées par des ouvriers livrés à ce travail. Ce genre d'industrie fleurissait encore en 1608, comme le prouve une anecdote connue sur Scaliger et recueillie par Huet.

Le cidre était devenu aussi à cette époque un article important de notre commerce. Il n'y avait presque pas de pressoir dans les campagnes. On y allait acheter les pommes, que l'on revenait ensuite pressurer dans nos faubourgs.

Tel était l'état des choses, lorsqu'une seconde invasion anglaise, dirigée par le roi Henri V, en 1417, vint de nouveau bouleverser tout le pays. Caen fut pris de nouveau, et de nouveau encore livré au pillage. Il demeura occupé, et cette occupation eut d'autres suites, qu'amena surtout l'honorable persistance des habitants dans le sentiment de leurs devoirs. Plus de trois mille marchands et ouvriers refusèrent de reconnaître l'autorité du vainqueur, et durent être expulsés avec confiscation de toutes leurs propriétés. La noblesse émigra presque généralement , pour se retirer auprès du Dauphin Charles VII. Nos manufacturiers quittèrent le pays en grand nombre, et se réfugièrent pour la plupart en Bretagne. La Ville resta sans capitalistes, sans ouvriers et sans confiance, et tomba dans une inertie d'où nul encouragement ne put la faire sortir.

Ce qu'il s'en suivit de plus fâcheux pour notre commerce, c'est qu'avec nos fabricants, quelques-uns des secrets de notre industrie sortirent de notre province, et que ceux de la confection des étoffes de laine, entre autres, communiqués ainsi à la Bretagne, se fixèrent dans ce pays, et y produisirent, quant à cette industrie, des établissements dont la concurrence devint plus tard fort nuisible à nos intérêts.

L'expulsion des Anglais et le rétablissement de Charles VII, en 1450, ramenèrent un ordre de choses plus régulier. Cette époque produisit toutefois plus de projets que d'entreprises effectives. Pour la première fois fut mise alors en avant la pensée de rendre l'Orne navigable jusqu'au Bocage. On cite la *guerre du bien public* comme ayant dû y mettre obstacle, près de quatre cents ans. D'autres obstacles ont succédé, quant à présent, à celui-là.

Ici se place l'épisode connu des deux foires de
Louis XI, établies à Caen en 1470, et transférées
à Rouen en 1477. Le résultat définitif de toute
cette affaire fut l'avantage donné au commerce de
Rouen, aux dépens du nôtre, quant à une création
de foires nouvelles, et la suppression, sans aucun
dédommagement, pour nous, de celles que nous
avions jusqu'alors possédées de temps immémorial.

Nous trouvons qu'à la suite de cet incident, nos
commerçants continuèrent de fréquenter les foires
du Brabant, au risque des pillages dont ils pouvaient y courir les chances, et qu'ils continuaient
d'y porter des serges, des lingettes, des toiles,
des draps, des bourses, de la coutellerie, et divers autres objets manufacturés parmi nous.

Ce fut vers la moitié du XV⁰ siècle que l'impri-
merie fut découverte. Nous la trouvons exercée à
Caen, dès l'an 1588, par Jacques Durand et Gilles
Quijoue. L'Université avait, en 1492, son libraire,
Pierre Regnault, établi dans la rue Froide. Robert
Macé, son imprimeur, tenait ses magasins près
le cimetière de Saint-Pierre, en 1500, etc. Son
fils eut la gloire de former dans son art le célèbre
Christophe Plantin, d'Anvers, l'un des plus habiles
typographes du XVIᵉ siècle. L'abbé De La Rue
nous apprend qu'une branche de cette famille des
Macé était établie à Rennes dès l'an 1500, et exer-
çait l'imprimerie en société avec la branche caen-

naise. On trouve encore dans Maittaire et Panzer
que des membres de cette famille s'établirent à
Paris et à Rouen pour y exercer le même art, et
dans le même siècle.

Le voyage que le roi François Iᵉʳ fit à Caen, en
1532, donna une nouvelle impulsion à notre commerce. C'est à cette époque qu'on le vit pour la première fois s'étendre jusqu'aux Indes. On cite Étienne
du Val comme ayant donné l'exemple. Cet armateur
envoya ses vaisseaux en Amérique et en Afrique,
et obtint dans ses spéculations des succès qui ne
laissèrent pas de lui procurer une importante et
honorable influence dans les affaires de son temps.
D'autres suivirent la même voie. Le poëte Rouxel
attribue à ses propres ancêtres l'honneur d'avoir
« uni les Indes à la Normandie, par leur commerce et leurs travaux. »

Le soulèvement des Calvinistes, en 1562, ne
fut qu'une crise de violences passagères qui eut
peu de conséquences relatives au commerce. Il
eut peu de dommage à souffrir aussi des désordres de la Ligue, qu'éloigna de nous l'union heureusement rétablie entre les protestants et les
catholiques, en raison de leur attachement commun aux intérêts du roi Henri IV. Notre ville se
maintint alors en paix, au milieu des troubles de
tout le reste du pays. Elle entretenait alors plus
de 4,000 ouvriers dans la fabrication des lingettes,
et presque autant dans celle des toiles.

Alors fleurissait, depuis plusieurs générations, une famille Grain ou Graindorge, tisserands, inventeurs de ces belles *toiles œuvrées*, si justement réputées, et qui acquirent une si grande perfection. « Il n'y a ville en l'Europe, dit M. de Bras, où il « se fasse de plus beau et plus singulier linge de « table, que l'on appelle *haute lice*, sur lequel les « artisans telliers représentent toutes sortes de « fleurs, bestes, oyseaux, arbres, médalles et ar- « moiries de rois, princes et seigneurs, voire aussy « naifvement et proprement que le plus estimé « peintre pourroit rapporter avecques son pin- « ceau. » On en faisait des présents aux person- nages les plus élevés en dignité, et le corps de Ville ne manqua pas d'en présenter au roi Charles IX, à son passage à Caen en 1563.

C'est alors surtout que brillait de tout son éclat ce marché du lundi, comparable à une foire de chaque semaine, où avec les objets communs de la consommation domestique, on trouvait aussi ceux d'habillement et d'ameublement, de laine, soieries, orfévrerie, bijouterie, etc.

Les registres de l'Hôtel-de-Ville nous font con- naître que les droits de la ferme de la draperie, en 1594, montaient à 5,426 écus, à raison de 2 s. par écus de la valeur des marchandises. Nous y voyons aussi que les Anglais, les Flamands et au- tres étrangers, avaient des magasins et des bouti-

ques à Caen, et y étaient soumis à certaines taxes
particulières.

Cette époque fut, comme on l'a vu ailleurs,
celle de l'établissement de la *Foire Franche*, qui
ne fut pour nous que le dédommagement tardif
de la suppression de notre ancienne *Foire du Pré.*

Les choses se maintinrent à peu près sur ce
même pied durant la majeure partie du siècle
suivant. La fabrication des bas de laine au métier,
la bonneterie, les blondes et dentelles avaient
été ajoutées aux anciennes branches de notre commerce. Nos négociants jouissaient de l'estime de
Colbert, qui les appela souvent en son conseil. Ce
sont eux qui formèrent la première compagnie de
la Nouvelle-France.

La révocation de l'édit de Nantes, en 1685,
porta une rude atteinte à cet état de prospérité.
La Ville comptait alors, parmi ses habitants, environ un tiers de protestants, presque tous exerçant le commerce. La plupart quittèrent le pays,
et portèrent ailleurs leurs richesses et leur industrie. L'effet fut tel que l'intendant, consulté sur
le fait, en 1698, déclarait que de cette époque le
commerce de Caen *était presque entièrement
tombé.*

Il n'était qu'en voie de se relever lentement vers
la fin du XVIIIᵉ siècle, lorsque la révolution de
1789 vint le frapper de nouveaux coups.

Cette révolution, comme on sait, s'annonça d'abord avec des vues fort libérales sur toutes choses ; mais les événements qui suivirent de près répondirent fort mal à ces belles promesses.

On sait ce qui passa quant au commerce. Ce fut d'abord la création du papier monnaie, vaste système d'achat sans paiement, au moyen d'un signe d'échange fictif, dont la valeur imaginaire se dépréciant de jour en jour, finit par se réduire à rien, dans la main de ses derniers porteurs. Ce furent ensuite les lois de *réquisition* et de *maximum*, deux modes de pillage organisé pour la ruine du producteur ou détenteur de marchandises, contrairement à tout principe de propriété, de liberté, et de bons sens. Ce furent enfin l'état de guerre générale de la République, et le blocus continental de l'Empire, par suite desquels toute relation de négoce avec l'étranger fut prohibée et devint à peu près impossible.

Les résultats de toutes ces causes, au surplus, furent communes à toute la France ; notre ville n'eut à en supporter que sa part, et on comprend qu'après tout, cette part dut être moindre que celle de quelques autres localités, où l'élément commercial est le plus exclusivement dominant. Nous n'avons point à insister autrement sur ce sujet.

Le système de liberté constitutionnelle qui a

succédé aux régimes de la République et de l'Empire, a été favorable au commerce de Caen, mais
de manière à lui laisser encore beaucoup à désirer.

Des avantages incomparables de position, devenus tels surtout par suite de l'établissement de
la navigation à vapeur sur la Seine, en attirant au
Havre et à Rouen toute l'action du commerce général du nord de la France, ont, par là même,
condamné tous nos autres ports de la Manche, à
une infériorité de relations, dans laquelle il ne
peut plus y avoir que des différences de plus ou de
moins.

C'est l'état où se trouve présentement le nôtre.

Le commerce de Caen ne laisse pas d'espérer
d'importantes améliorations, que doivent produire pour lui, d'une part, l'achèvement du canal
maritime commencé, et de l'autre, la canalisa-
tion projetée de l'Orne supérieure, d'où devra
résulter la jonction de celle-ci avec la Loire, par
l'intermédiaire de la Sarthe ou de la Mayenne. Le
public attend impatiemment l'exécution des plans
conçus sur ce double objet.

En ce qui est du présent, on remarque que le
mouvement principal est celui de l'importation,
en objets de consommation locale, vins, eaux-de-
vie, huiles fines, denrées coloniales, sel, savon,
bois du Nord, houille, plâtre, ardoise, engrais, etc.

Nous continuons d'exporter habituellement,

d'abord nos grains, quand il y a lieu, puis la
pierre à bâtir, de Caen et environs; à quoi on a
nouvellement joint, avec grand succès, le granit
de Vire, et enfin quelques objets de notre fabrication industrielle, ancienne ou moderne, en tout
genre de tissus ou autres. Ceux-ci restent toujours
en quantité assez médiocre.

Dans le nombre des navires qui nous apportent
tout notre approvisionnement en objets de production étrangère, cinq sur six, peut-être, re-
descendent notre rivière sur leur lest, et vont
reprendre charge ailleurs.

Le Port de Caen peut recevoir environ 900 navires de toute grandeur, par chaque année. La
somme des droits qu'il a payés à la douane en
1834 a dépassé le chiffre de deux millions.

L'industrie manufacturière a produit parmi nous
dans ces derniers temps des fabriques d'huile de
colza, deux raffineries de sucre, une filature de
coton, une fonderie de fer, une usine d'éclairage
au gaz, etc.

La fabrication des dentelles, florissante depuis
près de deux siècles, continue d'occuper parmi
nous un nombre immense d'ouvrières; mais le
commerce est dans un état de déclin, auquel concourent plusieurs causes, entre lesquelles il faut
compter la malencontreuse concurrence des tulles
brodés.

COMMUNE, MAIRIE, ÉCHEVINAT, ETC.

Il y a eu deux manières d'être pour les villes,
en Normandie, au moyen-âge, à savoir : l'état de
bourgeoisie, et l'état de *commune*. Les villes de
bourgeoisie étaient gouvernées par des officiers
nommés par le duc, qui les régissaient suivant certains us et coutumes, tenus pour faire loi du pays.
Les villes de commune, au contraire, étaient administrées par des chefs électifs, nommés par les
habitants, et régies d'après certains priviléges spéciaux, stipulés dans leur charte d'affranchissement, etc. L'état des villes de bourgeoisie est le
plus ancien. Dans ce même état, les habitants de
nos villes jouissaient de la liberté personnelle, et
de celle du commerce, pouvant vendre ou échanger
librement leurs propriétés, etc. Sa protection ne
manquait pas aux entreprises d'industrie ; du reste
il n'y avait aucune association jurée entre les habitants, nul chef élu par eux pour les régir, enfin nulle administration municipale.

Les premiers affranchissements de communes
en France, se rapportent au règne de Louis VI,
dans la première moitié du XII° siècle, et paraissant avoir eu pour principal objet certaines conditions de finance.

L'institution des communes en Normandie fut plus tardive , et toujours exempte de considérations fiscales. Celle de Rouen , la plus ancienne de toutes, eut lieu sous Richard Cœur-de-Lion , postérieurement à l'an 1189. Ce fut Jean-Sans-Terre qui accorda celles de Caen , Falaise et Alençon.

Celle de Caen est du 17 juin 1203.

L'attribut ordinaire de toute commune, était le droit de posséder un hôtel commun pour les assemblées , avec une cloche pour convoquer les habitants , une tour ou beffroi où cette cloche était suspendue, une prison au bas de cette tour , et un sceau pour sceller les délibérations de la ville , et les actes et contrats des habitants qui désiraient en faire certifier l'authenticité.

La commune avait d'ailleurs la juridiction municipale sur ses habitants , au civil et au criminel, avec droit de faire des statuts sur l'une et l'autre matière. L'infraction à ses réglements pouvait être punie de la peine du pilori , mais, en ce cas, cette peine n'était point infamante , et il n'était pas permis d'en faire reproche à celui qui y avait été condamné. Il y avait des délits qui entraînaient le bannissement du coupable, ou même la démolition de sa maison.

L'organisation, diverse selon les lieux , l'a quelquefois été aussi selon les temps.

La commune de Caen eut dans le principe un

maire nommé pour trois ans, par le duc (ou le roi) sur trois sujets présentés par les habitants. Ensuite, vers le XIVe siècle, les principales fonctions de cet office, ayant été transférées au grand bailli, la charge de maire fut supprimée, et l'administration de la ville confiée à des officiers appelés communément *pairs* ou *jurés*, au nombre de six, également élus pour trois ans. En dernier lieu, mais seulement sous Louis XV, l'emploi de maire fut rétabli, suivant les apparences des anciennes formes, et avec adjonction de six officiers assistants, dits habituellement *échevins*, qui furent les continuateurs des anciens *jurés*. L'état de ceux-ci, tel que l'avait fait leur institution primitive, s'était maintenu, sans changement notable, jusque vers le milieu du XVIe siècle, comme le prouvent plusieurs lettres patentes des rois Charles V, Louis XI et Henri II, etc.

Il fut faussé au temps de Louis XIII, vers 1635, par l'établissement des intendants de province, qui, attirant à eux toute action administrative, paralysèrent nécessairement par là celle des corporations municipales, et en vinrent bientôt au point de faire redescendre les villes de commune au régime de la simple bourgeoisie. Il ne tarda pas à se faire quelque chose de pis.

En 1692, une lettre de cachet défendit aux bourgeois de Caen de procéder à l'élection trien-

nale de leurs échevins, et en 1704, survint une
déclaration du roi, faisant la distinction d'échevins des nòbles, des bourgeois et des marchands,
et érigeant en titre d'office vénal la première charge
de chacune de ces trois sortes, lesquelles trois charges furent vendues 10,000 livres chacune des deux
premières, et 7,000 livres la troisième, les trois
autres seulement restant électives, comme par le
passé. On explique cette mesure par l'état de pé-
nurie où se trouvait alors le fisc.

Les villes de commune avaient généralement
droit de guerre, c'est-à-dire droit de soutenir, par
les armes, les intérêts de leur corporation. Personne dans leur banlieue ne pouvait se fortifier
sans leur consentement exprès. Dans les cas d'ur-
gence, le maire désignait ceux des habitants qui
devaient marcher à l'ennemi, et ceux qui devaient
rester pour la garde de la ville. Tout habitant
d'une commune était tenu à l'entretien des murs et
fossés de la ville, et devait même y travailler personnellement s'il en était requis. Tous aussi devaient le service du *guet* de jour et de nuit, et la
commune entretenait à cet effet un officier chargé
de ce commandement, et nommé en conséquence
maréchal de la ville, ou autrement *maréchal du
guet*.

Ces divers usages existaient à Caen et y ont été
pratiqués habituellement et dans plusieurs circons-

tances importances. Il est connu surtout que dans
les guerres du XIVe siècle, la ville prenait à sa
solde les seigneurs des paroisses du bailliage, avec
leurs écuyers , les faisait passer en revue tous les
mois par *ses pairs*, et réglait leur solde sur l'état
des *montres*, ainsi arrêté par ces derniers.

Il est juste d'ajouter , à la louange de la Ville ,
qu'elle n'a jamais fait usage de ses franchises que
dans un but honorable, et toujours en vue du bien
général du pays.

Les Anglais, durant les trente-trois années de
leur domination , ne portèrent aucune atteinte à
nos institutions municipales, dont ils ont pu s'attribuer l'honneur, comme nous venant de l'un de
leurs rois. On trouve qu'à cette époque, plusieurs
sujets anglais ont été portés à Caen aux fonctions
de l'échevinat.

La révolution de 1789 , favorable de tout point
aux principes de l'organisation municipale , dut
cependant commencer par bouleverser toutes les
institutions de cette espèce , pour les mettre en
harmonie complète , soit entre elles, soit avec les
autres branches de l'ordre constitutionnel.

Après plusieurs essais de transformation diverse , la nôtre se trouve maintenant composée d'un
maire et de trois adjoints, assistés d'un conseil
municipal de trente-deux membres , tous électifs
et au choix des habitants, le maire et les adjoints,

à la nomination du roi, mais devant être pris dans la liste générale des membres du conseil.

L'ancien corps municipal de Caen a eu primitivement son *Hôtel-de-Ville* ou *Châtelet*, ou *Petit Château* du pont Saint-Pierre, qui dut être détruit par les Anglais en 1346, et que remplaça peu après, vers 1369, la forteresse du Gros-Horloge, démolie elle-même, en dernier lieu, vers l'an 1750.

La Ville avait préalablement fait l'acquisition de l'hôtel d'Écoville, ou du *Grand Cheval*, dans l'ancienne rue au Change (descente du pont Saint-Pierre), et le corps de Ville dut y être alors transféré. Il y est demeuré jusqu'à l'époque de la révolution de 1789, par suite de laquelle il a été transporté dans le bâtiment des Eudistes de la Place-Royale, où il se trouve actuellement établit

GUET , ARRIÈRE-GUET , MILICE BOURGEOISE , ET GARDE NATIONALE.

L'institution du *Guet*, comme garde de police de la Ville, dut être une conséquence de l'affranchissement de celle-ci à titre de commune. Elle fut réglée plus tard par ordonnance de Philippe-le-Long.

Elle subsistait au XVI°. siècle, dans l'état ci-après :

Un *maréchal du guet*, choisi par les bourgeois, et rétribué sur les revenus de la commune, avait son logement et son poste à l'Hôtel-de-Ville, sous le pont Saint-Pierre, à l'effet de veiller à la tranquillité publique, et plus particulièrement de prévenir ou d'arrêter tout désordre de nuit. Et pour cela ledit maréchal se faisait assister d'un certain nombre d'hommes de service, *bordiers*, locataires et non bourgeois, commandés, chaque jour, à cet effet : Et partout où il se manifestait quelque apparence de trouble, ledit maréchal et aucuns des siens, devaient aussitôt s'y transporter, se saisir des mutins, et les renfermer dans l'une des tours du pont, afin de les livrer le lendemain au magistrat compétent.

Cet ordre de choses était celui du pied de paix. En temps de guerre, il y avait, en outre, ce qu'on appelait l'*arrière-guet*. Celui-ci se faisait de l'autorité du Bailli, *agissant comme maire*, par seize bourgeois et leurs gens, à tour de rôle, lesquels faisaient la ronde, huit d'une part, huit de l'autre, en sens opposé, par-dessus les remparts de la Ville, visitant les postes des gens du guet, vérifiant leur présence auxdits postes, et leur faisant dire le mot du guet, faute de quoi ils les arrêtaient, pour être jugés et punis, comme pouvait le comporter le cas.

Et pour la facilité de ce dernier service, la Ville avait été partagée en vingt-deux *dixainies*, ou dixaines d'hommes, tant en la Ville qu'aux faubourgs, à savoir: quatorze du côté de la grande Ville, et huit dans les quartiers de l'Ile et de Vaucelles, et de l'ordre et de la tenue des susdites dixainies, étaient chargés par l'autorité dudit sieur Bailli, vingt-deux jeunes hommes, bien *dextres*, connaissant les hommes de leur quartier, et les biens et localités de chacun d'eux, etc.

Et étaient lesdits bourgeois soumis à des revues du Bailli, ou de ses lieutenants, où se trouvaient habituellement deux mille et trois ou quatre cents hommes, sous leur colonel et leurs capitaines de quartiers, etc.

Tout cela subsistait encore en 1588, et s'est probablement prolongé par delà. Nous trouvons qu'en 1694, il y fut substitué une *milice bourgeoise*, ayant pour chef un colonel, un major, neuf capitaines et autant de lieutenants, tous pourvus par le roi, *moyennant finance*, et comme de charges vénales et héréditaires.

Cette même milice a existé de nos jours, et jusqu'à la révolution de 1789. Elle n'était requise de service que dans le seul cas d'absence totale de troupes de garnison. Les officiers portaient l'uniforme écarlate, avec revers et parements gros bleu, épaulettes et boutons d'or, etc. Institution sâns vie et sans racines, et qui n'avait pas même de quoi résister à la seule apparence d'un choc.

La *garde nationale* qui la supplanta dès le premier moment, en diffère surtout en ces points :

1° Qu'elle est née d'elle-même, et du vœu spontané de tous et chacun de ses membres.

2° Qu'elle est formée de tous, et pour la protection de tous, souvent avec occasion de danger à braver, et d'honneur à acquérir.

3° Que nul n'y a d'autorité que celle que lui ont décernée les suffrages libres de ses camarades.

C'est par là qu'elle s'est établie, et qu'elle paraît devoir se maintenir, comme l'un des éléments les plus indispensables de notre nouvel ordre social.

CORPORATIONS D'ARTS ET MÉTIERS.

Il y a eu des corporations d'arts et métiers dans notre pays, au temps de l'administration romaine. La Notice de l'Empire en nomme plusieurs qui existaient au V° siècle, dans les limites mêmes de notre province. Il paraît que cette institution tomba avec l'Empire, du moins est-il constant que son rétablissement dans la contrée ne date que du commencement du XIII° siècle. Ce ne fut même pas par ordre du gouvernement civil, mais sous les

auspices et par l'influence de l'autorité ecclésiastique, que s'effectua alors cette réorganisation.

Les premiers faits bien connus, en ce qui regarde la Ville de Caen, c'est que la corporation
des serruriers (et autres ouvriers en fer), dut y
être la plus anciennement établie; — qu'elle s'y
constitua dans le principe sous la forme d'une con-
frérie religieuse de *Notre-Dame-de-Mars*, fondée en l'abbaye d'Ardennes, par les soins et sous
la protection de l'abbé Robert Ier, au temps de sa
gestion de 1180 à 1206; — et qu'elle y reçut
alors du même Robert, des statuts d'organisation
et de conduite, approuvés peu après par le chapitre général de l'ordre de Prémontré, en 1288,—
renouvelés par d'autres abbés à d'autres époques,
et les mêmes qui l'ont régie jusqu'à son extinction
en 1791.

Presque au même temps, Hugues de Morville,
évêque de Coutances, donnait également des statuts aux tisserands de Saint-Lo, en 1236.

Nous ignorons comment furent instituées dans
la suite les autres corporations de notre ville;
mais il est plus que probable qu'elles eurent une
origine semblable, puisque nous voyons, seulement un demi siècle après, le pape Nicolas IV lui-
même, intervenir dans leur police, et régler par
une bulle, de l'an 1288, leurs rapports de charité
envers l'Hôtel-Dieu de Caen, au sujet de l'affaire
des *deniers à Dieu*.

Charles V paraît avoir été le premier de nos rois qui se soit saisi de la police des corporations. Il donna des statuts aux tisserands de Caen ; mais Louis XI et Charles VIII renouvelèrent ceux de presque toutes les communautés d'arts et métiers de la Ville. On remarque que la plupart des dispositions de leurs réglements se réfèrent à celles d'autres réglements plus anciens , qui étaient connus alors , et dont il ne subsiste plus d'autre souvenir.

Pour entrer dans une corporation d'arts et métiers, il fallait trois choses : savoir le métier, ce que l'on prouvait par la confection d'un *chef-d'œuvre ;* payer le prix de la maîtrise, et s'engager par serment à se soumettre aux réglements. Le nombre des membres de plusieurs corporations était borné. Les fils de maître étaient reçus à l'apprentissage de préférence aux étrangers. Chaque corporation avait ses chefs , qualifiés de *syndics* et de *gardes.* Chacune aussi avait son saint patron , ses cérémonies pieuses , sa bannière et ses emblêmes.

Les corporations d'arts et métiers , telles qu'elles existaient à Caen au commencement du XVIᵉ siècle, étaient au nombre de vingt-trois, que M. de Bras énumère comme il suit :

Toiliers, maçons, menuisiers , serruriers, couvreurs et charpentiers, boulangers, couratiers du cidre , chandeliers , porteurs , brasseurs, bou-

chers, poissonniers, francs porteurs du sel, bre-
mans et vinotiers, mégissiers, bonnetiers, épi-
ciers et grossiers, drapiers, maréchaux, tanneurs,
chapeliers, pelletiers et prévôts (1).

Tous ces corps de profession figuraient, chacun en son rang, et précédé de son cierge d'offrande, dans la grande procession de la Pentecôte, pour la remise des *deniers à Dieu* de l'année
à la caisse de l'Hôtel-Dieu de Caen.

En tête de chaque corps et devant le cierge,
marchaient quelques musiciens, joueurs d'instruments, flûtes, musettes, cornets, violons, etc.
Chaque corps y faisait aussi porter une bannière
ou emblème de son métier. L'emblème des bou-
chers était une tête de mouton de bois doré, d'où
cette cérémonie avait fini par prendre dans le peuple le nom trivial de *Procession à la tête de
mouton*.

Au XVIIIᵉ siècle, nous trouvons que vers l'année 1723, le nombre des métiers s'étant accru,
celui de nos corporations marchandes dut être également augmenté, et fut porté alors à trente-neuf,
comprenant en tout cinquante-neuf professions
distinctes. — Il subit ultérieurement d'autres variations, et avait fini par être de quarante-trois
en 1783.

(1) Autrement fermiers de la Prévôté, chargés de la recette
des droits dus aux portes de la Ville, et pour les coutumes des
foires et marchés.

Sur le système des corporations ou jurandes,
tel que l'avaient organisé les ordonnances de Louis
XI et Charles VIII, M. De La Rue dit :

« Ces réglements, en général, avaient été dic-
« tés par la sagesse. Ils empêchaient qu'on ne
« trompât le public, en lui vendant des marchan-
« dises vicieuses. Ils subordonnaient l'apprenti
« et l'ouvrier au maître. Ils maintenaient l'har-
« monie et la bonne foi parmi les gens du même
« art. Ils défendaient à un marchand de plaider
« devant un tribunal, si ses *pairs* n'avaient préa-
« lablement examiné l'affaire, trouvé la cause
« juste, et tenté même, pour lui, des moyens de
« conciliation. Ainsi ils liaient tous les marchands
« entre eux; ils assuraient même des secours à
« ceux que des accidents imprévus avaient ruinés.
« On remarque que quelques-uns avaient poussé
« la prévoyance jusqu'à prescrire de tenir en
« caisse des sommes particulières, destinées à
« faire absoudre ceux des maîtres qui se seraient
« trouvés exposés à mourir en état d'excommu-
« nication... »

Cet ordre de choses, supprimé par suite de
la révolution de 1789, a été remplacé par le système de la concurrence illimitée, et de la liberté
absolue de l'industrie, moyennant patente, et sans
autre condition quelconque d'examen ni d'association.

INTENDANTS, ADMINISTRATIONS DÉPARTEMENTALES ET PRÉFETS, ETC.

L'emploi d'Intendant, tel que nous l'avons connu aux derniers temps de l'ancienne monarchie, était une fonction de haute administration civile, séparée de tout pouvoir militaire et judiciaire, déléguée par le roi, ou en son nom, sur une province, ou une notable portion de province, dite *généralité*. Rien de semblable n'avait existé en France au moyen âge. L'institution, ébauchée sous Henri II, vers 1551, se développa sous Louis XIII, en 1635, mais ne se consolida que plus tard, après de vives contestations de la part du Parlement.

La Normandie, distribuée en trois généralités, eut en conséquence trois Intendants, aux résidences de Rouen, Caen et Alençon.

La généralité de Caen eut pour son ressort les *élections* d'Avranches, Bayeux, Caen, Carentan, Coutances, Saint-Lo, Mortain, Valognes et Vire.

L'autorité administrative des Intendants, selon les lettres même de leur titre, s'étendait au militaire, à la justice, à la police et aux finances. On conçoit que par là même, ils eurent lieu de se trouver fréquemment exposés à de graves conflits, avec d'autres autorités rivales, et qu'ils durent avoir souvent besoin d'une haute prudence personnelle pour échapper aux difficultés de leur situation.

L'institution des Intendants a été utile, surtout en ce qu'elle a donné à l'administration une marche plus régulière et plus uniforme que celle qui eût été indépendante de son concours. Nous n'avons pas à nous occuper ici des abus qui ont pu être faits.

Dans le nombre des Intendants de Caen, nous n'en remarquons guère que trois, dont le souvenir se lie à quelque fait relatif aux intérêts spéciaux du pays.

1° M. de Chamillard: il exerçait en 1667. — Il protégea l'établissement d'une académie des sciences, alors naissante à Caen, qu'il fit doter par Colbert, et qu'il ne put réussir à faire prospérer.

2° M. Foucault de Magny, de 1689 à 1710. — Nous l'avons cité ailleurs pour la part qu'il prit aux affaires de l'Université, à la reconstruction de ses Grandes Écoles, etc. Il est plus généralement connu pour les fouilles qu'il fit exécuter au village de Vieux, et d'où est résultée la démonstration que cet emplacement a été celui d'une ancienne ville gauloise, chef-lieu de la cité des Viducassiens.

3° M. d'Orceau de Fontette, de 1752 à 1775.—

Il signala particulièrement son administration, par les embellissements qu'il procura à la Ville de Caen , et qui lui ont valu l'honneur d'attacher son nom à la place située devant le nouveau palais de Justice ; par l'ouverture et la confection de routes nombreuses dans notre pays , qui en manquait alors presque absolument ; — et enfin par un système du rachat volontaire de la *corvée*, qui finit par en amener plus tard l'entière abolition en France.

Nous avons vu les derniers Intendants de Caen occuper un hôtel dit de l'*Intendance*, dans la rue des Carmes, attenant sur les derrières aux jardins de l'hôtel d'Harcourt et autres emplacements voisins. Les recherches de M. De La Rue nous font connaître que ces terrains sont ceux où a existé anciennement l'hôtel des abbés de Troarn , et qui leur avaient été concédés dès l'an 1059 , sous le nom de maison du *Maure* (ou de *Lemaure*), par Roger de Montgommery , deuxième du nom. Avant cet hôtel de la rue des Carmes, d'autres Intendants, plus anciens, en avaient habité un autre dans la rue Saint-Jean , à l'angle de la rue Guilbert. L'intendant M. de Gourgues y siégeait encore en 1687.

Les Intendants furent supprimés dès le mois de décembre 1789.

La distribution de la France en départements,

décrétée au mois de février suivant, amena la
création de *corps administratifs*, appropriés à
ces nouvelles circonscriptions, et qui se trouvèrent
ainsi substitués, comme de fait, aux principales
attributions des Intendants de l'ancien régime. Ces
corps ont varié de nom et de formes avec nos diverses constitutions politiques.

Le département du Calvados a eu en 1793 son
Directoire formé de sept membres. Plus tard on
avait fait de celui-ci une *administration centrale*,
réduite au nombre de cinq. Au-dessous de cette
haute administration, il en existait d'autres infé-
rieurs, pour les arrondissements, appelés aussi
alors *districts*. Toutes étaient formées par voie
d'élection.

Le gouvernement consulaire, en 1800, suppri-
ma tout ce système, et concentra les deux branches d'administration, supérieure et inférieure,
dans les mains de ses *Préfets* et *Sous-Préfets*, institués *ad hoc*, sauf concours ou contrôle présu-
més de leurs conseils respectifs de département
et d'arrondissement.

Les corps administratifs, durant tout le temps
de leur existence, ont siégé dans les grands bâtiments de l'abbaye de Saint-Étienne. Les premiers
Préfets qui les remplacèrent, y eurent aussi d'a-
bord leur établissement et leurs bureaux. M. Caffarelli les quitta en 1804, pour occuper le petit hô-

tel de Manneville (près l'ancienne Porte-Neuve),
auquel a été plus tard accolée la construction de
la Préfecture actuelle dont il est devenu l'accessoire.

Ainsi qu'on l'a remarqué, le nouvel hôtel de la
Préfecture, qui a coûté des sommes énormes au
Département, est loin d'offrir les caractères de
cette architecture monumentale, qu'un pareil édifice devait comporter. « Quelques détails assez soi-
« gnés, et la distribution bien entendue d'une par-
« tie des grands appartements ne rachètent pas
« les défauts de cette colonnade de l'aile gauche,
« qui n'est qu'un placage sans objet, et surtout de
« ce second étage écrasé qui déshonore tout le
« reste. L'aile droite, qui devait renfermer les bu-
« reaux, n'est pas terminée, et il est probable
« qu'elle ne le sera pas de long-temps. En atten-
« dant, ils sont placés dans l'ancien collége du
« Mont, qui n'est séparé de l'hôtel que par le jar-
« din de la Préfecture. »

REPRÉSENTATIONS DRAMATIQUES, ETC.

On sait que les représentations dramatiques, chez nos aïeux du moyen âge, ont commencé par des sujets religieux. Ces sujets étaient de deux sortes, les uns pris des légendes des saints, et appelés alors *miracles ;* les autres empruntés des livres bibliques, et qu'on nommait proprement *mystères.* La représentation des *miracles* paraît avoir été en usage en Normandie dès le commencement du XII° siècle, et c'est dans notre pays qu'on en remarque les premières traces.

Un poëte normand ou manceau, nommé Geoffroy, en porta l'usage en Angleterre, où il fit jouer le *Miracle de Sainte-Catherine,* à Dunstaple, à la date assez bien fixée de 1110. '

Deux ou trois ans auparavant, le moine Raoul Tortaire, passant par Caen, et reçu à la cour du roi Henri I, avait admiré les *spectacles agréables* qu'y donnait alors ce souverain.—C'étaient apparemment des *miracles.* L'auteur ne le dit pas plus explicitement.

Plus tard on retrouve partout des drames de cette espèce, en usage en Normandie, à Bayeux, à Coutances, etc. Le *Miracle de Saint-Vincent*

fut joué à Caen en 1422. L'abbesse Nicole de Ru-
palley y assista avec une de ses religieuses, et donna 10 sous aux acteurs ; c'était à peu près la valeur actuelle de 5 boisseaux de blé. M. de Bras y
avait vu jouer de son temps ceux de *Sainte-Ho-
norine* et de *Saint-Sébastien*, vers 1518 et 1520,
— et plusieurs autres fois aussi depuis.

Les *mystères* paraissent n'avoir commencé
qu'assez long-temps après les *miracles*, — probablement vers les premières années du XIV°
siècle. On jouait celui de la *Naissance du Sauveur*
à Bayeux, en 1350. M. de Bras cite comme joués
à Caen, en 1520 et années suivantes, celui d'*A-
braham et Isaac*,—et en 1535, ceux de l'*Hostie*
et des *Douze fils de Jacob*.

Tous ces spectacles excitaient partout un vif intérêt. Les grandes dames des villes prêtaient leurs
plus beaux atours, pour orner le théâtre, ou ha-
biller les acteurs. Quelquefois même on emprun-
tait pour ce double usage, les plus riches ornements des églises. C'était, en général, dans les
cimetières ou sur les places publiques des villes
que les représentations avaient lieu. Quelques ecclésiastiques en avaient même laissé introduire
dans leurs églises, mais ils en avaient été blâmés
par leurs supérieurs.

En ce qui regarde la Ville de Caen, c'est surtout dans la rue aux Namps que se donnèrent les

représentations de ce genre. L'emplacement se
trouvait propre à cet effet, par sa largeur, sa disposition en pente vers le sud, et les porches qui
le bordaient alors sur ses deux côtés.

Les représentations dramatiques, se liaient
souvent, comme accessoires, à d'autres cérémonies
publiques.

Il s'en faisait habituellement à l'occasion de
la procession générale du dimanche après la
Fête-Dieu. On dressait, à cet effet, des théâtres
par les rues, où se représentaient des traits de
l'histoire sainte ; — et à la suite de la procession
aussi, figuraient d'autres personnages, représentant également d'autres histoires de même sorte.

Un chapitre général de l'ordre des Frères M i-
neurs, tenu au couvent des Cordeliers de Caen, en
1556, fut solennisé d'une manière toute analogue.
La procession trouva au carrefour Saint-Pierre
d'abord, puis sur la place du couvent des Jacobins,
et puis encore au couvent des Carmes, trois beaux
théâtres, « où estoient représentez plusieurs per-
« sonnages, avec belles histoires, etc... »

Des divertissements dramatiques s'étaient introduits dans les colléges de l'Université, et y avaient
lieu aux fêtes de sainte Catherine et de saint Nicolas, et à la fête des Rois.—On y jouait des *faroes*
et *comédies*. — « Et de chacun collége, la veille
« des Roys, aucuns régents et escoliers, jouoyent

« aux carrefours de la Ville, des *farces*, dedans
« des charrettes et sur des chevaux, qui servoient
« de sémonces et invitations pour aller voir jouer,
« le jour des Roys, des morallitez et farces joyeu-
« ses, ausdits colléges, l'après disner. »

Tout se passait ainsi du temps de la jeunesse
de M. de Bras.

On lit d'ailleurs dans les registres de l'Université, qu'en 1540, Eloi Dumont, alors principal
du collége de ce nom, avait composé une pièce
intitulée l'*Hérésie*, et qu'elle fut jouée dans les
carrefours de la Ville. Les dissidences religieuses,
bientôt suivies du soulèvement des Calvinistes,
durent mettre fin aux représentations pieuses,
peut-être dès l'an 1558, et au plus tard en 1562.
Les miracles et les mystères ont dû cesser alors,
et ne se sont pas relevés depuis.

On attribue à Jacques de Cahaignes, le mérite
d'avoir, le premier, essayé d'introduire chez nous
ce qu'on appelle les *pièces régulières*. — Il tra-
duisit, à cet effet, l'*Avare* de Plaute, en 1570;
et en 1580, une tragédie de *Joseph*, dont on ne
nomme pas l'auteur. Cette dernière pièce fut jouée
à Caen, en 1584, par les jeunes gens les plus
marquants de la Ville, pour fêter le jour où le
sieur Germain Jacques, curé de Saint-Pierre, fut
reçu docteur en théologie.

La transformation de l'art, telle qu'elle ne tarda

pas à s'effectuer, en élevant le théâtre de la capitale à un haut degré d'éclat et de puissance, eut, par là même, ce résultat de faire descendre d'autant ceux de la province, dans une concurrence dont ils ne pouvaient en aucune façon se créer les moyens. De ce moment, en effet, ils n'ont plus été, comme ils n'ont plus dû être, que l'écho affaibli d'une autre scène, réduits qu'ils se trouvent tous, à reproduire, même encore assez imparfaitement, ses compositions des second et troisième ordres, sans pouvoir surtout y joindre quelque chose qui leur appartienne en propre, et comme production de leur sol et de leur cru.

Telle a été la condition du théâtre de Caen, durant ces deux derniers siècles. Rien ne tend à faire présumer qu'il soit destiné à en sortir.

Nos compatriotes de Caen se sont plaints longtemps de n'avoir pas de salle de spectacle en propre, vu surtout le peu d'agrément de celle que leurs comédiens prenaient à loyer d'un particulier de la Ville, aux abords de la rue des Jacobins et du pont d'Amour. Cet inconvénient a cessé depuis deux ans, et le théâtre de Caen peut maintenant être cité comme l'un des plus élégants que l'on connaisse.

Le corps municipal, au nom de la Ville, a fourni gratuitement l'emplacement faisant partie de son champ-de-foire, en face de la rue de Ber-

nières ; une souscription a procuré les fonds de
l'entreprise ; — et la construction a été effectuée ,
avec un rare succès, sous la direction aussi dé-
sintéressée qu'habile de l'architecte, M. Guy.

PASSE-TEMPS EN USAGE AU XVI° SIÈCLE.

Le bon M. de Bras , qui aimait fort sa ville natale, et qui se complaisait dans tous les détails
propres à en relever les agréments, nous a tracé
plusieurs curieux tableaux des passe-temps de
toute sorte , qu'il y avait vus en usage dans sa
jeunesse. Nous n'aurons guère sur ce sujet qu'à
le suivre et à le résumer.

Le principal lieu de promenade et de récréation
à cette époque, était ce qu'on appelait alors les
Petits Prés ou *Prés des Esbats*, à l'ouest de la
chaussée Saint-Jacques , où se trouvent à présent
la Place-Royale, et les emplacements de la Mairie
et de la Préfecture.

Les jeunes gens, durant la belle saison, avaient
coutume de s'y réunir en grand nombre, pour
sauter, lutter, courir, jouer aux barres, nager
dans la rivière, tirer de l'arc, etc. Un des côtés
de la chaussée seulement était pavé ; l'autre
était réservé pour les exercices de l'équitation.

« Et aux jours des fêtes, après le souper, s'y
« rassemblaient les grandes compagnies, tant de
« seigneurs et officiers, que de dames, damoisel-
« les et bourgeoises, au nombre de trois à quatre
« mille personnes, pour avoir la vue de ces diver-
« ses récréations. »

De ce point des Petits Prés et surtout de dessus
la chaussée voisine, on pouvait voir et distinguer,
des deux côtés de la Ville, les hauts édifices, tours,
pyramides, château et maisons particulières, etc.

De là aussi on entendait, au printemps, le chant
des rossignols, cantonnés dans *la Cercle* des Jacobins, et dans les autres jardins du voisinage,
et que semblaient animer encore le concert des
instruments, et le bruit des jeunes gens qui vo-
guaient en gondoles sur la rivière, lançant en
l'air des fusées, et autres pièces d'artifice, aux
approches de la nuit.

Et se passaient ainsi les trois mois d'avril, mai
et juin, en exercices et divertissements de la jeunesse, les uns à tirer de l'arc et de l'arbalète,
aux papegaux et à la butte, et d'autres en danses
et *mômeries* de jour, que l'on appelle à présent
mascarades, etc.

« Et une fois, dit l'historien, je vis dancer les
« *petits chevaux*, qui estoyent de toilles peintes,
« et sembloit que ceux qui dançoyent fussent des-
« sus, et avoyent des mouvements par bonne in-
« dustrie.

« Autres fois , les *divers cas* , qui estoient dix
« personnages accoustrez de verd, [avec] testières,
« pattes et queuës de chats : des faucheurs qui
« vouloyent couper, de leurs faulx, les fausses
« langues, qu'ils faisoyent conduire peintes et
« pourtraites devant eux, ce qu'ils ne pouvoyent
« faire, et en dançant faisoyent une pause, di-
« sans et chantans : Fauses langues nous fauche-
« rons, et s'efforçoyent les faucher, et encores
« disoyent : Par le corbieu, nous ne pourrons,
« les racines en sont trop fortes.

« Puis, à quelques autres années, je y vis re-
« présenter les *Triomphes de César* , avec une
« morisque devant luy, dont les accoustremens
« estoyent bleuz, semez de paillettes d'estain, et y
« avoit plus de cent personnes masquées, ce qui
« donnoit grand contentement à la veuë, qu'on
« appelloit lors faux visages, portans chacun quel-
« que triomphe.

« Je y vis une autre fois courir les personnes
« qui faisoyent de *folles entreprises* , et portoyent
« de petites enseignes où elles estoyent peintes,
« avecques des escripteaux : l'un vouloit manger
« les charrettes ferrées, un autre toucher la lune
« avec le doigt, un qui regardoit le soleil sans
« ciller l'œil, l'autre qui vouloit rompre l'anguille
« avec le genouil, un qui taschoit à estouper les
« quatre vents ; autre qui vouloit monter au ciel

18

« tout chaussé et tout vestu, un autre porter une
« meulle de moulin, autre qui entreprenoit faire
« taire les femmes qui lavent la buée et un grand
« nombre de telles entreprises. Vray que les ac-
« coustremens de ceux qui représentoyent ces
« passe-temps n'estoyent de velours, satin ny
soyes, mais de toilles paintes avec de faux or
« et de faux argent, et les façons de leurs accous-
« tremens estoyent versifiez selon les personnages:
« aussi l'on ne faisoit point decreter leurs terres
« pour leurs debtes, et donnoyent autant de plai-
« sir que font ceux qui sont plus bravement en
« point. »

On jouait aussi souvent des mystères de saints
et saintes, auxquels le peuple prenait grand
plaisir.

Et aux fêtes de sainte Catherine et de saint Nicolas, et aux Rois, l'on faisait des danses aux colléges, que l'on appellait *Choreas*, où l'on représentait *comédies, farces joyeuses* et *moralités.*

« Et ledit jour des Roys, au matin, se faisoient
« des *monstres*, que l'on appeloit *Marolles*, des
« jeunes enfants des meilleures maisons, lesquels
« accompagnoient l'un d'eux, qui avoit esté Roi
« de la febve, et alloient ouyr la messe, les uns
« à Saint-Pierre, autres à Saint-Jean, la Mai-
« son-Dieu et le Sépulchre, estans bien montez
« et accoustrez bravement, suyvis d'une infi-

« nité de peuple, et chacun de ces rois, pour sa
« plus grande offrande, portoit la febve trouvée
« au gasteau qui l'avoit eslevé en telle dignité. »

Au premier de janvier, et fêtes en suivant, jusqu'à l'octave de l'Épiphanie, « aucuns jeunes
« hommes et escolliers alloient masquez par les
« rues, et présentoient des petits escriteaux aux
« damoiselles, dames, ou leurs filles, les uns
« un carcan d'or, brasselets, patenostres pour
« estrennes, le tout en peinture [et par manière
« de jeu.] »

On remarque que plusieurs cérémonies religieuses de ce temps, s'étaient mêlées jusqu'à certain
point, de quelques détails accessoires de formes,
de divertissements publics. Plusieurs processions
étaient habituellement suivies de personnages exé-
cutant des scènes d'actions mimiques. Des corps
d'instruments de musique figuraient devant chaque corps de métier, dans la grande procession de
la Pentecôte, pour la remise des *deniers à Dieu*.
Les échevins de la Ville y assistaient, un bou-
quet à la main, et accompagnés de leurs gardes,
ou hoquetons, munis, à cette occasion, d'*éteufs*,
ou petites balles de paume, élégamment peintes
et dorées, qu'ils lançaient, par galanterie, aux
dames qui se plaçaient aux fenêtres pour voir
passer la procession.

EXERCICES DU PAPEGUAY.

Les mots *Papeguay* et *Papagault* signifiaient *perroquet*, et sont dérivés du latin vulgaire *papagallus*, anciennement employé en ce sens.

Le jeu du Papeguay consistait à attacher au haut d'un mât très-élevé un oiseau de bois peint et bien orné, qu'il s'agissait d'atteindre et d'abattre d'un coup de flèche.

Dans le principe, la Ville avait coutume d'en fournir deux, l'un pour l'Arc, et l'autre pour l'Arbalète. Vers l'an 1540, elle commença à y en ajouter un troisieme, pour l'Arquebuse. Dans tous les cas, elle décernait un prix à celui qui abattait l'oiseau. En 1511, le prix à décerner au vainqueur était de 60 sols d'argent, somme alors équivalente à 25 ou 30 boisseaux de blé.

Les jeux du Papeguay commençaient après Pâques; ils se renouvelaient tous les dimanches après les vêpres, et se prolongeaient tout l'été. Les lieux des exercices ont varié. Il paraît qu'ils se tenaient tous anciennement au *Pré des Ébats*, emplacement actuel de la Place-Royale et de la Mairie. Plus tard, on trouve ceux de l'Arquebuse établis d'abord à l'entrée du chemin creux tendant des champs

Saint-Michel à l'abbaye d'Ardennes, et ensuite dans les fossés de la Ville, entre la porte de Bayeux et celle de Saint-Julien. Ceux de l'Arc et de l'Arbalète avaient lieu dernièrement sur le terrain en face du rempart de l'hôtel de la Préfecture actuelle. Ils s'y sont maintenus jusqu'à la révolution de 1789, qui les a abolis.

On ne connaît pas l'époque de l'institution de ces jeux. Des lettres patentes du roi Henri II, année 1557, en parlent comme d'exercices *anciennement établis* pour former les habitants à l'art militaire, et les mettre en état de défendre leur ville. Il est connu d'autre part qu'une compagnie de cinquante arbalétriers, choisis parmis les bourgeois de la Ville, avait été créée à Caen, en 1358, par le dauphin Charles (durant la captivité du roi Jean), avec réglement pour être entretenue et continuée par la suite, en la même forme, pour la garde et défense de ladite ville, à quoi chaque membre devait s'engager par serment envers le corps municipal, et entre les mains du bailli.

A l'époque des lettres patentes du roi Henri II, ci-dessus mentionnées, le nombre des habitants occupés des jeux du Papeguay, s'était accru à tel point que le roi crut devoir les organiser plus complètement, et leur donna en conséquence un capitaine, un lieutenant, un enseigne, etc. Le capitaine institué fut un certain.Gilles Fillastre, qui avait gagné trois années de suite le, prix de l'arquebuse. Le roi le déclara exempt de tout impôt, lui et les autres capitaines, ses futurs successeurs, ordonnant, du reste, que la compagnie aurait à l'avenir le droit de nommer ses officiers, et quant à ceux qui dorénavent abattraient l'oiseau, qu'ils jouiraient aussi de l'exemption de tout impôt, chacun pendant son année, *comme il avait toujours été en usage jusqu'alors.*

ACADÉMIE DES SCIENCES ET BELLES-LETTRES, ETC.

Cette société dut sa formation à des circonstances assez fortuites. Suivant un usage établi à Caen
depuis long-temps, quelques notables habitants,
curieux d'affaires publiques, se réunissaient sur la
place Saint-Pierre, à certains jours et à certaines
heures, afin de s'entretenir ensemble. Ces réunions
étaient devenues fréquentes et nombreuses, au
temps de la régence de Louis XIV, vers l'an 1650,
et avaient lieu surtout les lundis, jours d'arrivée
de la poste de Paris, qui ne venait alors qu'une
fois par semaine. La lecture de la *Gazette*, et la
communication des correspondances privées en faisaient le principal objet.

Comme ces assemblées en plein air se trouvaient
souvent contrariées par le mauvais temps, l'un des
membres de l'association, M. Moysant de Brieux,
offrit à ses collègues, pour y tenir leurs séances,
sa maison située sur cette même place, ancien hôtel d'Écoville. L'offre ne manqua pas d'être acceptée, et la société s'y établit sans retard.

Il arriva bientôt qu'après la lecture des nouvelles, on commença à s'occuper d'objets littérai-

res et scientifiques ; et, dès l'année 1652, cette
réunion devint une compagnie réglée. Les séances
furent fixées au lundi de chaque semaine, de 5 à
7 heures du soir. M. de Brieux étant mort en
1674, la société trouva un nouvel appui dans la
protection de M. de Matignon, lieutenant de roi
de la Province. Quelque temps après, Ségrais,
qui en faisait partie, la réunit dans sa maison.
Enfin, M. Foucault, intendant de Caen, obtint
pour elle, au mois de janvier 1705, des lettres
patentes de création, sous le titre d'*Académie
des Sciences et Belles-Lettres*, qu'elle a gardé
jusqu'à la révolution. •

 • Supprimée dans le bouleversement universel de
toutes les institutions, après 1789, elle se réor-
ganisa aux premiers moments du régime consulaire, en 1800, sous la dénomination de *Lycée*,
qu'elle dut quitter peu après (1802), pour reprendre celui d'*Académie*, dite depuis lors des *Sciences, Arts et Belles-lettres*, sous lequel elle subsiste actuellement.

L'existence de cette Académie de Caen a été
des plus honorables. Samuel Bochart, Daniel Huet
et le poëte Ségrais, en ont fait partie, et l'ont il-
lustrée aux temps voisins de son origine. De nos
jours, ç'a été dans son sein que ce sont produits
d'abord, comme en germe, la plupart des savants
mémoires par lesquels M. l'abbé De La Rue a pré-

ludé long-temps à la composition de ses deux grands ouvrages : les *Essais sur la Ville de Caen*, et sur les *Trouvères Anglo-Normands*. Elle avait publié avant la révolution plusieurs volumes de mémoires qui sont devenus assez rares. Depuis sa réorganisation, elle en a donné six autres qui ont été accueillis avec intérêt.

Elle siége maintenant une fois par mois au Pavillon de la Foire, dépendant de la mairie de Caen.

ANCIENNE ACADÉMIE DES SCIENCES.

Au temps de Huet, lorsque l'Académie des Sciences et Belles-Lettres de Caen brillait de son plus vif éclat, quelques-uns de ses membres, amateurs de physique et de mathématiques, voyant avec regret que ces matières occupassent peu son attention, conçurent le dessein de former, à part, une autre académie, proprement dite des *Sciences*, qui en ferait au contraire l'objet exclusif de ses travaux.

Ce projet leur fut suggéré surtout par l'apparition de la comète de 1664. L'association se forma sur cette idée. On s'assemblait le jeudi de chaque semaine, et l'on s'occupait de tout ce qui tient aux sciences physiques : astronomie, chimie, botanique, anatomie, etc.

Tout alla au mieux jusqu'en 1667. L'intendant, M. de Chamillart, et le ministre Colbert, firent alors allouer des fonds pour subvenir aux frais des expériences. Ce fut, selon Huet, ce qui amena la ruine de l'institution, dans laquelle l'esprit de cupidité se glissa, de ce moment, en place de celui de recherches qui y avait régné jusques-là.

La Société finit par se dissoudre en 1676. Elle avait siégé en premier lieu chez Huet et ensuite chez André Graindorge.

AUTRES ASSOCIATIONS SAVANTES, ETC.

Indépendamment de son Académie restaurée des Sciences, Arts et Belles-Lettres, la Ville de Caen possède encore :

1° Une *Société d'Agriculture et de Commerce*, créée vers l'an 1760, supprimée à l'époque de la révolution de 1789, et rétablie peu après, en 1801. Cette compagnie se livre à des travaux fort utiles, et a grandement encouragé les concours et expériences relatifs à son double objet. C'est surtout sous ses auspices, et par les soins de M. Lair, son secrétaire, qu'ont commencé, et que se continuent, les expositions d'industrie et d'horticulture, dont les heureux effets ont été si unanimement appréciés.

2° Une *Société de Médecine*, instituée d'abord en 1778, par l'administration centrale de département, sous le titre de *Conseil de santé*, et organisée ensuite, sous son nom actuel, par suite de l'adjonction des membres survivants de l'ancienne faculté de médecine, supprimée avec l'Université. C'est dans le sein et sous les yeux de cette Compagnie, qu'ont été entrepris et exécutés les travaux d'anatomie artificielle, dans lesquels feu M. Ameline avait devancé le docteur Auzou.

3° Une *Société des Antiquaires de Normandie*, ayant pour objet spécial de recueillir et publier les documents historiques propres à éclaircir et compléter l'histoire de notre ancienne province. Celle-ci s'est formée spontanément en 1823, sous les auspices de M. de Caumont, qui n'a pas cessé depuis de lui donner son active impulsion. Elle publie des mémoires qui lui assurent un rang distingué parmi les compagnies savantes.

4° Une *Société Linnéenne*, pour l'étude de l'histoire naturelle et de la botanique, établie de la même manière et à la même époque par les soins du professeur Lamouroux, etc. Elle se recommande surtout par les importants progrès qu'elle a fait faire à la géologie de notre pays.

5° Une Société musicale, dite un moment *Céci-*

lienne (1) et presque aussitôt après, *Philharmonique*, fondée en 1826, sous l'influence et les auspices de M. Spencer Smith, dans le but de répandre le goût de la musique, et d'en faciliter l'étude. Elle a créé à cet effet une école spéciale dont elle fait les frais. Elle donne de brillants concerts où les dames elles-mêmes veulent bien se faire entendre.

6° Une grande Société dite *Association Normande*, ayant pour but d'encourager « les pro« grès de la morale publique, de l'enseignement « élémentaire, de l'industrie agricole, manufac« turière et commerciale, etc., dans les cinq dé« partements formés de l'ancienne province de « Normandie, etc. » L'établissement ne date que de 1832. Cette Société est ambulatoire et doit tenir chaque année une seule séance générale, dans l'une des villes de la Province, désignée d'avance l'année précédente.—Son bureau seul est permanant. Toutes ces Sociétés siégent à Caen, comme l'Académie, à l'hôtel du Pavillon de la Foire.

(1) Dans le temps où tout faisait corporation, et où chaque corporation avait ses patrons au ciel, sainte Cécile était la patronne des musiciens. On la fêtait particulièrement, comme telle, en l'église de Saint-Pierre, où un concours de musique avait été fondé en son honneur, par le fameux abbé de Saint-Martin. — La Société Philharmonique, dans les conditions de son existence actuelle, ne se rattache que de bien loin à ces souvenirs du passé.

Les concerts de la Société Philharmonique ont eu lieu d'abord à la Bourse, place Saint-Pierre ; maintenant ils se donnent dans la grande salle de l'Hôtel-de-Ville.

PEINTURE ET SCULPTURE; MONUMENTS PRIMITIFS.

Les arts du dessin étaient connus jusqu'à certain point, en Normandie, dès le temps de Guillaume-le-Conquérant.

Indépendamment de la fameuse tapisserie de Bayeux, attribuée à la reine Mathilde, et en tout cas, apparemment, contemporaine des événements dont elle retrace si exactement toutes les circonstances, on peut citer encore en preuve, les nombreux détails d'ornement intérieur de l'église de l'Abbaye-aux-Dames, les *effigies en bosse*, du roi Guillaume et de la reine Mathilde, qu'on sait avoir anciennement existé sur leurs tombeaux, et quatre figures en pied, de ces deux mêmes personnages, Guillaume et Mathilde, et de leurs deux fils aînés, autrefois peintes à fresque, dans les anciens bâtiments de Saint-Étienne, ces figures actuellement détruites avec cette partie des bâtiments eux-mêmes; mais une copie nous en a été heureusement conservée par les soins du savant dom Bernard de Montfaucon.

Ces quatre figures, comme aussi en général celles de la tapisserie de Bayeux, ne manquent pas d'un certain mérite d'agencement et d'expression.

Les progrès suivirent, et étaient surtout devenus frappants dans le cours des XIII° et XIV° siècles. L'art alors associé, en quelque sorte, à toutes les pompes du culte, s'était comme emparé de
toutes nos églises, et les avait remplies de ses productions de toute nature, tableaux, statues, grou-
pes, bas-reliefs, etc. etc.

M. de Bras y remarquait, en ces divers genres, et comme existant de son temps et avant lui :

« 1° Le contre-autel de l'église des Carmes.
« J'ay esté en la plus grand' part des plus fa-
« meuses villes de ce royaume, dit notre vieil his-
« torien, mais je n'ay veu aucun plus beau et plus
« singulier contre-autel que celuy des Carmes de
« ceste ville, qui estoit à petits personnages es-
« levez, paints et dorez de fin or battu, où les
« mystères de l'Incarnation, Nativité, Passion,
« Résurrection, Ascension, Mission du sainct Es-
« prit, et le dernier jugement estoyent repré-
« sentées : voire de tant exquis artifice, qu'il estoit
« reputé entre les plus sumptueux, et invitoit ceux
« qui le contemployent en grande devotion. »

2° Dans la même église des Carmes, un *Trespas-
sement de Notre-Dame*, placé au-devant du pu-
pitre, « et eslevé à grands personnages de la Vierge
Marie et des douze Apostres, selon le naturel, et
si bien représentez qu'ils sembloyent déplorer le
trespas de ceste Vierge mère. »

3° En l'église collégiale du Saint-Sépulcre, les tableaux et représentations de la chapelle de la *Croix*, où se trouvaient peints et engravés, la prise de la ville de Caen par les Anglais, sous Henri V, en 1417, avec plusieurs épisodes notables de ce malheureux événement : le meurtre d'une femme allaitant son enfant, l'enlèvement, et ensuite la restitution, de la précieuse croix, etc.

4° Aux Jacobins, les images de la chapelle de *Notre-Dame de Pitié*.

Et 5° aux Cordeliers, la représentation par grands personnages, de la *Résurrection du Lazare*.

Ces églises, et plusieurs autres, étaient ornées aussi de grandes vitres à personnages peints sur verre.

Il y en avait entre autres, une à Saint-Pierre, au haut du chœur vers l'orient, où le roi Louis XI avait fait placer son image, en mémoire des concessions qu'il avait faites à cette église.

Il y en avait aux Jacobins, où l'on voyait l'image du roi saint Louis, tenant dans sa main la représentation de l'église qu'il venait de donner à ces religieux.

Il y en avait aux Croisiers, se rapportant au temps où ce couvent appartenait aux Béguines, et représentant quelques-unes de celles-ci, dans leur costume connu, voile blanc et habit gris-blanc, — par conséquent présumées antérieures à l'ex-

pulsion ou translation des Béguines, à la date de
1356.

Il y en avait en l'église de l'abbaye de Saint-
Étienne, — lesquelles étaient *belles et singulières*,
et peut-être les plus anciennes de toutes, etc., etc.

Le grand vitrail de saint Pierre subsista peu,
et fut détruit par un terrible ouragan, du vendredi
19 mars 1520, qui le jeta tout brisé, dans la rivière.

Tous les objets dont nous avons fait mention,
existaient encore en 1562, époque où les Calvinistes révoltés se ruèrent sur les églises catholiques, et les pillèrent et ravagèrent de fond en comble, ainsi qu'on l'a vu en son lieu.

Dans les dévastations qu'ils y commirent, furent
compris, comme on sait, aux églises de Saint-
Étienne et Sainte-Trinité, les tombeaux du roi
Guillaume et de la reine Mathilde, ce qui entraîna
aussi la destruction de leurs effigies et représentations au vif, et taillées en bosses, lesquelles ac-
compagnaient ces tombeaux.

En cette même église de l'abbaye de Saint-Étienne, il existait alors un tableau fort curieux, surtout par ce qu'on rapportait de son origine.

Nous avons dit ailleurs, qu'en passant à Caen,
vers l'an 1522, trois prélats italiens ayant témoi-
gné le désir de voir l'intérieur du tombeau du roi
Guillaume, cette satisfaction leur avait été accor-

dée , et qu'à l'ouverture dudit tombeau , le corps
du grand homme y ayant été trouvé dans un état
de conservation parfaite, il en avait été fait un portrait exact et d'après nature , lequel demeura , depuis ce temps, exposé dans l'église, vis-à-vis de
ce même tombeau.

Les sectaires ne manquèrent pas de l'arracher
de sa place, comme le reste, mais par un heureux
hasard, il ne se trouva pas détruit. Comme il était
peint sur bois, celui entre les mains duquel il tomba
le réserva pour s'en servir comme de table et de
porte , de sorte que plusieurs années après , M.
de Bras l'ayant retrouvé chez cet homme , et employé de cette façon , se le fit remettre, et le garda
avec soin , en attendant que l'abbaye eût été réédifiée , ayant l'intention de l'y faire replacer en
lieu apparent , *après l'avoir fait rafraîchir* (1).

En-dehors de tout ce qui se rapporte aux égli-

(1) Quelques-uns ont pensé que ce portrait maintenant perdu,
pourrait bien avoir été le premier modèle de ceux de Guillaume,
que nous connaissons pour avoir été retrouvés depuis à l'abbaye
de saint Étienne , ou ailleurs. La tradition commune des religieux affirmait au contraire, quant à celui de leur salle de compagnie, qu'il avait été copié sur une fresque de leurs anciens bâtiments, actuellement démolis.—Il est de fait qu'il y en a existé
plusieurs. — Une dernière s'était conservée jusqu'à nos jours ,
sur le mur d'un de ces mêmes bâtiments, au fond du passage
formant cour de l'hôtel de la Gendarmerie, ou M. Denon l'a
encore vue et copiée en 1813. — Il la jugeait l'œuvre d'un peintre Byzantin.

ses , quelques autres parties de la Ville étaient
aussi ornées de statues.

Il en existait quatre au monument connu sous le
nom de la *Belle-Croix* , et dont M. de Bras nous a
laissé une description trop curieuse pour ne pas
la reproduire textuellement ici : « Ceste grande
« et belle Croix estoit d'une structure singulière,
« dont la masse contenoit quinze pieds de haut et
« trente de tour , sur laquelle masse y avoit cinq
« coulonnes de vingt pieds , et n'avoyent que
« demy-pied de diamettre, et entour estoyent
« posées quatre images de cinq pieds de haut ,
« et sur l'amortissement du chapiteau estoit une
« belle croix plantée de cinq pieds de hauteur
« avecques autres imaginaires et graveures me-
« morables , et tout autour d'icelle un grand es-
« callier de degrez , par lequel les Catholiques
« amontoyent et recevoyent ce signe de Croix ,
« au jour des Rameaux, qui leur reduisoit en mé-
« moire la Passion de Nostre Seigneur. »

Il existait sept autres statues, représentant les
sept arts libéraux , placées dans des niches au-
dessus des porches formant la façade du collége
des arts.

Tout cela fut aussi renversé dans le grand bouleversement de l'an 1562. Les *beaux-arts* furent
pris pour des *saints*. Le grand bas-relief de l'hôtel d'Écoville paraît seul n'avoir subi alors aucune

mutilation un peu grave. On pourrait croire que
les sectaires en comprirent le sujet dans un sens
favorable à leur *réforme*, ou bien peut-être ne re-
marquèrent-ils que le *grand cheval*, qui en occupait tout le premier plan.

Lorsque les troubles de religion eurent été a-
paisés, on s'occupa de réédifier les églises, et de
remplacer les objets d'ornement qui en avaient été
enlevés. Il y avait grandement à faire, et le travail ne put être exécuté que lentement et avec mesure. Les statues et tableaux qui y furent replacés
alors, ne pouvaient avoir le mérite d'ancienneté
de ceux dont ils prenaient la place. Ils furent d'ailleurs aussi pour la plupart d'un ordre secondaire
sous le rapport de l'art. On n'a guère cité comme
remarquables entre eux en ce point, qu'un célèbre
Saint Sébastien, du flamand Denis Calvaert, placé autrefois dans une des chapelles de l'église de
Saint-Pierre : le *Baptême de Notre-Seigneur*, par
Lebrun, formant contre-autel à celle de Saint-
Jean, et deux statues des deux saints Jean, or-
nant le chevet de cette dernière, et comptées de
leur temps, entre les meilleures du sculpteur caennais, Jean Postel.

En dehors des églises, le ciseau de ce même
Postel avait produit la statue du roi Louis XIV,
qu'il fit pour la nouvelle Place-Royale, où elle fut
inaugurée le 5 septembre 1685, — et un peu après

aussi, celle de Malherbe exécutée pour le poëte
Ségrais, qui la fit placer dans le jardin de son
hôtel (1).

Jusques-là, il ne paraît pas que personne à
Caen eût rassemblé une collection particulière de
tableaux. Le même Ségrais en donna l'exemple.
Attaché à la Cour dans sa jeunesse, puis revenu
et bien établi dans la suite à Caen, il était devenu
l'un des notables habitants de cette Ville et fut
quelque temps le premier de ses officiers municipaux. Il s'était fait, dans sa maison, une curieuse
galerie, qu'il composa surtout de portraits de hauts
personnages de la cour du *Grand Roi*, et de ceux
des auteurs les plus distingués entre ses compatriotes. Cette galerie a subsisté jusqu'à nos jours.

Vers le même temps, quelques autres portraits
de la seconde de ces deux catégories, avaient été
placés dans la salle de la bibliothèque de l'Université.

Plus tard et quelque peu après le milieu du
XVIII° siècle, les religieux de Saint-Étienne, après
l'achèvement de leurs bâtiments neufs, pensèrent

(1) On remarquera que vers le même temps le célèbre abbé
Michel de saint Martin, avait élevé à ses frais, sur la plupart
de nos places publiques, d'autres statues de divers saints et
saintes, qu'il avait aussi fait exécuter par Postel.—Il y en avait
deux au carrefour des Cordeliers, une au portail de Saint-Sauveur, trois à la place Saint-Pierre, etc. — Elles avaient toutes
été détruites avant 1789.

à les décorer de quelques tableaux de prix , et
achetèrent, à cet effet, à Paris, quelques morceaux connus des maîtres les plus renommés du
temps, Mignard, Bourdon, Lépicié, Restout, etc.
On remarquait particulièrement entre ceux-ci , et
surtout à cause de la nature du sujet, le tableau
de la *Descente de Guillaume en Angleterre* ,
placé dans la grande salle du réfectoire, et qui
avait été, dit-on , la pièce de concours académi-
que de Lépicié.

L'abbaye se retrouvait alors en possession d'un
ou même de deux portraits de Guillaume-le-Conquérant. Ils ne paraissaient pas anciens, et ne
passaient pas pour authentiques. On remarquait
que le costume qu'ils figuraient paraissait analogue à celui du temps de Charles VI.

Un très-petit nombre de vitraux peints avaient
été rétablis depuis leur destruction presque complète en 1562. Les plus récents dont on trouve
mention certaine, sont ceux des Cordeliers, donnés par le roi Henri IV, et autres personnages
contemporains, vers 1606. — Plus tard on disait
communément, mais à tort, que le secret de cet
art s'était perdu.

Tel était l'état des choses en ce point au moment de la révolution de 1789. Les désordres qui
la suivirent de si près , amenèrent une nouvelle
spoliation des églises , et la ruine ou la dispersion

des objets d'arts qui y avaient été rétablis. Cependant, de cette fois, les ravages ne furent pas aussi complets que l'avaient été ceux de 1562. Comme on prenait son temps , et sans procéder par émentes , plusieurs recoins ne furent pas scrupuleusement visités, des objets entassés et hors de vue , furent négligés dans divers lieux de dépôts , des destructions plus ou moins formellement convenues en projet, mais remises à un autre moment, demeurèrent indéfiniment ajournées.

Cette fièvre finit par se calmer. La république, qui avait si décidément tourné à la guerre , finit par réfléchir que l'art du dessin est en soi l'une des branches les plus utiles des études militaires, et que de bons vieux tableaux , même en les supposant plus ou moins entachés de rapports avec *l'ancien régime*, pourraient encore être utilement proposés comme modèles et objets d'études aux jeunes dessinateurs qu'il s'agissait de former.

Une école centrale avait été organisée à Caen en 1795 , et avec elle , et en faisant partie importante , une grande école de dessin, qui , dès le premier moment, avait obtenu la vogue et les succès les plus décidés. Elle occupait la grande salle de l'ancienne école de droit, au rez-de-chaussée, partie centrale des bâtiments de l'Université. Plus de cent vingt élèves y étaient reçus et soigneuse-

ment exercés tous les jours. Avec les plâtres de
la statuaire antique et les autres modèles du genre,
on y avait introduit aussi quelques anciens tableaux d'église, et entre ceux-ci le *Baptême de
Notre-Seigneur*, de Lebrun, préalablement enlevé
du contre-autel de Saint-Jean.

Cette grande école de dessin subsista peu. Elle
fut supprimée en 1803, avec l'ensemble de l'établissement des écoles centrales, lesquelles furent
alors remplacées par un lycée ou collége, où l'enseignement de cet art, restreint aux seuls pensionnaires internes, fut organisé sur de beaucoup
moins larges proportions. Ce qui s'y trouvait de
tableaux ne passa point au lycée, et fut transporté
dans un garde-meuble de la mairie, en attendant
une nouvelle destination.

Le lycée reçut d'autre part, sans mutilation ni
déplacement, les anciens tableaux de l'abbaye de
Saint-Étienne, des bâtiments de laquelle il eût été
peu convenable de les détacher. — Un portrait
de Guillaume en a été seul retiré et transporté
ailleurs.

Parmi les objets précieux conservés dans le trésor
de l'abbaye Saint-Étienne, on en remarquait un que
nous croyons devoir mentionner ici, à cause de
son importance. C'était une belle coupe d'argent
doré d'environ dix pouces de diamètre, ornée de
médailles antiques, et qui était connue sous le

nom de *coupe de Guillaume-le-Conquérant*. On
prétend que ce fut dans l'intérieur de cette coupe
que le duc-roi plaça la charte de fondation de
l'abbaye, quand il la déposa sur le maître autel le
jour de la dédicace de l'église. Les bords de cette
coupe sont un peu recourbés; elle porte sur un
pied de même métal. Dans son centre est incrustée
une médaille grecque, sur laquelle on lit : *Ly-
sandrou Lakônos*. Les autres médailles, au nombre
d'environ quarante, et toutes parfaitement conservées, sont montées à jour autour du bord qui
leur sert d'encadrement. Toutes sont romaines, à
l'exception d'une seule qui est grecque, et que
l'on regarde comme unique. On y voit, d'un côté,
une tête de femme; au revers, un lion, avec ces
mots au dessus de l'animal : ΜΑΣΣΑ ; devant : AB,
et au-dessous : IHTON. Ducarel pense que ces
médailles avaient pu être recueillies par le duc
Robert, père de Guillaume-le-Conquérant, pendant son pélerinage à la Terre-Sainte, et qu'à sa
mort elles avaient passé dans les mains de son fils.
Mais, comme on l'a remarqué, le long séjour des
Romains dans la Gaule celtique, et les nombreuses médailles trouvées tant dans l'ancien *Novio-
magus Lexiovorum* qu'à Vieux et à Bayeux,
peuvent bien faire présumer que ces médailles
avaient été trouvées dans la Normandie même, et
non pas rapportées de la Terre-Sainte, ainsi que

le suppose Ducarel. Peut-être aussi le vase tout
entier est-il un ouvrage antique, ou du moins d'une
époque beaucoup plus ancienne que celle de Guillaume-le-Conquérant. Il paraît même que c'est le.
jugement qu'en porta l'Académie des Inscriptions
et Belles-Lettres, à laquelle les Bénédictins l'avaient
envoyé pour l'examiner. Quoiqu'il en soit, cette
précieuse coupe fut déposée, pendant la révolution,
aux archives départementales. Plus tard le préfet
Cafarelli la confia à l'abbé de La Rue, qui l'a gardée jusqu'à sa mort. Depuis ce temps elle est restée
entre les mains de la famille de Mathan, quoique
plusieurs personnes notables de la Ville, et tous les
journaux , particulièrement l'*Ami de la Vérité*,
en aient demandé la restitution et le dépôt dans
un établissement public. On n'en saurait douter, la
famille de Mathan, fidèle à ses vieilles traditions
d'honneur et de patriotisme normand, se fera un
devoir de rendre à notre pays un monument qui
a bien moins de valeur encore comme objet d'art,
que par les souvenirs historiques et nationaux qui
s'y rattachent.

MUSÉE DE PEINTURE, ETC.

Il n'a existé à Caen aucun *Musée*, ou collection publique d'objets de peinture, avant la révolution de 1789. On conçoit que ce ne fut non plus, ni alors, ni durant la tourmente de 1793, et les temps d'incertitude qui la suivirent, qu'il a pu s'y former un tel établissement. Celui qui y existe, a été organisé sous le gouvernement consulaire, en 1802 et années suivantes, et n'a été ouvert que sous l'empire, le 2 décembre 1809, cinquième anniversaire du couronnement de l'Empereur, et le quatrième de la bataille d'Austerlitz. Le portrait de *l'Homme du siècle* y fut alors même inauguré en grande pompe, — et il y eut, à cette occasion, une fête qui dura deux jours.

Le premier noyau de l'établissement se trouva composé comme il suit :

1° Tableaux d'église, recueillis depuis 1793, et conservés au hasard, et pêle mêle, dans quelques lieux de dépôts provisoires. — Entre ceux-ci se trouvent ceux qui avaient passé momentanément par l'école de dessin.

2° Tableaux donnés par le gouvernement et pris dans les musées de Paris et de Versailles,

qui, par l'affluence de tons ceux de conquête étrangère , s'en trouvaient véritablement encombrés.—
Il en fut donné ainsi à quinze établissements à
créer en province. Le nôtre en obtint d'abord 47,
à quoi 35 autres furent encore ajoutés peu après.
Le tout fut placé dès ce moment, dans la grande
galerie du nouvel Hôtel-de-Ville, ancienne maison des Eudistes, où le Musée se trouva dès lors
formé et établi.

Quelques tableaux furent enlevés de la collection, en 1815, sous la monarchie restaurée.

Ce fut d'abord le portrait de Napoléon, qui en
fut extrait pour être détruit. Il fut en effet brûlé
en cérémonie, et par acte de l'autorité municipale,
au milieu de la Place Royale, avec ce qu'on put y
joindre d'insignes et de souvenirs matériels du
régime impérial. Ce portrait était une copie de l'o-
riginal, peint par Robert Lefèvre, mais copie
exécutée par M. Élouis, conservateur du musée
de la Ville, avec tout le talent qui caractérisait
cet artiste véritablement distingué (1).

Ce furent ensuite quelques articles de *conquête,*
provenant d'enlèvements faits aux musées de l'Al-

(1) Les portraits de Napoléon et de l'impératrice Joséphine
par Robert Lefèvre excitèrent un tel enthousiasme que le Sénat
et le Corps législatif voulurent en décorer leur salle, et que
vingt-sept copies en furent demandées par les princes, les
grands dignitaires, les cours et les villes impériales.

lemagne, et qui, à la suite de l'invasion coalisée, durent être retirés du nôtre, pour être remis à des commissaires chargés de les réclamer. Cette autre soustraction se borna heureusement à cinq tableaux.

Ces pertes ont été plus que compensées, au moins quant au nombre, par divers achats successivement effectués par l'administration, et par les dons de plusieurs artistes et particuliers, amis et zélateurs éclairés des arts. Et ici nous devons faire une mention toute particulière de notre compatriote M. Georges Lefrançois, mort à Venise, en 1840, qui a légué à la Ville sa collection de tableaux, dans laquelle on distingue surtout deux portraits, l'un de Vander Helst, et l'autre attribué à Rigaud. Quelques tableaux d'église n'ont été rendus aux nouvelles fabriques, qu'autant qu'ils se sont trouvés être de peu de prix pour l'établissement.

Le Musée, dans son état actuel, contient au-delà de 200 tableaux, entre lesquels on en compte du Poussin, de Lebrun, de Rigaud, de Vien, de Restout, de Robert Lefèvre, etc., et de plusieurs des plus habiles maîtres des écoles italienne et espagnole, flamande, allemande et hollandaise, etc.

On cite comme particulièrement remarquables :

1. *Le Mariage de la sainte Vierge*, par le Pérugin, qui fut le maître de Raphaël. Ce tableau

peint sur bois et l'une des quatre œuvres capita-
les du Pérugin, passait pour un des spectacles les
plus curieux qu'offrit la ville de Pérouse où il existait originairement. Depuis le traité de Tolentino,
sa destination était complètement ignorée. M. Rio
en parle dans son beau livre sur la peinture chrétienne comme le croyant perdu.

2. *Saint Jérôme dans le désert*, par le même.

3-4. *Judith* (1) et la *Tentation de saint
Antoine*, par Paul Véronèse.

41. *La Flagellation*, par Ribeira.

44. *Saint Sébastien*, par Denis Calvaert.

45. *Melchisédech offrant le pain et le vin à
Abraham*, par Rubens.

47-49. *Le Vœu de Louis XIII*, et surtout la
Samaritaine, par Philippe de Champagne.

52. *Intérieur d'un Office*, par Sneyders.

---

(1) Ce tableau est le même que Dupaty avait vu à Gênes,
et dont il parle dans ses *Lettres sur l'Italie* : « Je sors des
palais Brignolet, Sera et Kiagera. Je suis ébloui, étourdi, ravi...
Mille tableaux sont épars en lambeaux dans mon imagina-
tion..... Cependant au milieu de tant débris de tableaux, il en
est quelques-uns qui sont entiers. D'abord, un tableau de Paul
Véronèse. Judith vient de couper la tête à Holopherne. La suivante est une négresse ; elle forme avec Judith un admirable con-
traste. La nature lutte avec le fanatisme sur le visage de Judith
et dans toute son attitude ; elle n'ose regarder la tête que sa
main tient en tremblant. La suivante, que le fanatisme ne sou-
tient pas, en voyant la tête et le crime, frémit d'horreur. La
mort enveloppe Holopherne. »

XVII° siècle. L'étude de la botanique ne se faisait précédemment que par *visites* (ou courses d'herborisation), dans la plaine et les bois, et sur le rivage de la mer, ce qui fournissait la matière de trois cours, de chacun une année.

Vers l'époque ci-dessus indiquée, le professeur Callard de la Ducquerie, eut l'heureuse idée de rassembler dans un jardin à lui, une collection choisie de plantes, dont il dressa le catalogue, sous le titre de *Hortus botanicus agri cadomensis*. Elles étaient au nombre de 559 espèces, qu'il cultivait de ses propres mains, pourquoi il lui fut alloué une modique indemnité de cinquante francs par année. Après sa mort arrivée en 1718, son successeur, M. Marescot, prit à bail un autre jardin où il fit transporter les plantes, et continua de les soigner personnellement. Plus tard, en 1732, devenu vieux et infirme, il demanda qu'on lui adjoignît un jardinier, pour les cultiver sous sa direction, ce qu'il n'obtînt qu'après beaucoup de délais et de contestations.

Dès ce temps on avait vivement senti l'inconvénient de ne pas posséder un terrain en propre, et de demeurer toujours soumis aux chances de mutation d'un emplacement tenu à loyer. La faculté de médecine s'était adressée à ce sujet aux maire et échevins de la Ville, desquels elle avait réclamé la concession d'un terrain convenable à cet emploi.

La demande fut accueillie favorablement, et le corps municipal souscrivit en conséquence, au mois de juillet 1734, un acte portant concession, à cet effet, de ce qu'on appelait alors la place Dauphine, partie ouest de l'ancienne prairie de l'Hôtel-Dieu, faisant tête de l'île en avant du canal des Moulins y attenant. Par malheur, il se trouva que le gouvernement avait fixé ses vues sur le même terrain, dans le dessein d'y construire des casernes, qui effectivement y ont été établies peu après. Il s'en suivit alors que la concession faite par le corps municipal, ne put être ratifiée, et dut demeurer sans résultat.

Deux ans après, et comme par voie de dédommagement, le gouvernement s'étant entendu avec l'Université, pour faire les fonds d'un autre placement relatif à cet objet, l'affaire fut conduite à sa conclusion, au mois de juillet 1736, par l'achat d'une propriété dite le *Jardin Bénard*, acquise du sieur de Cairon de Saint-Vigor, au territoire de Saint-Julien, attenant à l'enclos de la chapelle de Notre-Dame-des-Champs.

L'établissement ne tarda guère à y être organisé, et nous trouvons qu'en 1739, il y fut démontré 3,479 espèces, en y comprenant les plantes cryptogames et celles des herborisations. Il a prospéré après Marescot, sous ses successeurs Blot, Desmoueux, Devaux et Lamouroux, etc. On s'oc-

cupe en ce moment à en aggrandir considérablement l'étendue, en y ajoutant une partie de terrains
adjacents, jusqu'à atteindre le bord du chemin
de Creully.

Les noms de *Blot* et de *Desmoueux*, ont été
donnés, l'un à une place voisine, et l'autre à la
rue où il a son emplacement.

M. Desmoueux, mort en 1801, a été inhumé
au milieu des objets des études de sa vie, dans le
jardin où il l'avait passée presque tout entière.
Son corps y repose sous un monument modeste,
que la reconnaissance de ses élèves a voulu y élever
à sa mémoire.

Le Jardin des Plantes appartient à la Ville, qui
fait tous les frais de dépense auxquels il peut donner lieu. Elle y entretient un conservateur, qui y
professe un cours d'horticulture, suivi en ce moment par plus de cent élèves.

BIBLIOTHÈQUE DE LA VILLE.

La Bibliothèque de la Ville de Caen, comme
son Musée de peinture, est de création récente,
et s'est formée, de même, d'objets échappés au
désastre des établissements où ils eurent leur premier emploi.

20

Les restes de la bibliothèque de l'ancienne Université de Caen en ont fourni le premier et le plus important noyau. On a vu quelles vicissitudes avait subies cette dernière, et comment elle avait dû finir, avec l'Université elle-même, dans les désorganisations de l'année 1791. Préservée toutefois d'une dispersion matérielle, par d'heureux hasards de dédain et d'oubli, durant les mauvais jours de 1793; elle essaya de reprendre un moment d'existence en 1795, au temps de l'institution de l'école centrale, dont elle devenait alors une sorte d'annexe. Mais l'école centrale ayant été supprimée en 1803, la Bibliothèque fut de nouveau supprimée aussi avec elle, et retomba à l'état de *dépôt*, attendant destination.

D'autres dépôts de même nature existaient dans quelques autres parties d'*édifices nationaux* de ce temps, où ils s'étaient formés provisoirement, des restes de bibliothèques qu'avaient pu y laisser leurs anciens possesseurs, religieux et ecclésiastiques, alors expulsés et dispersés. Ces livres y avaient été recueillis à l'époque même de l'expulsion (1790, etc.), et avant le régime de *la terreur*, par les soins du savant et vénérable bibliothécaire de l'Université, feu M. Moysant, délégué alors à cet effet, et dont on ne laissa pas de faire, deux ans après, un émigré, malgré lui.

Après M. Moysant, et durant son absence d'é-

migration, ils s'y étaient conservés, comme d'eux-
mêmes, pendant la grande crise de 1793, — et
s'y trouvaient encore ainsi rassemblés, sauf sous-
tractions partielles, au temps du consulat, et à la
date de 1802, etc.

A cette époque, tout le monde en réclamait la
réunion, et l'organisation en un établissement
unique. Et tout le monde aussi sentait que, par
le fait même de cette réunion, l'établissement allait changer de caractère, aussi bien que d'importance, et que dans cet état, il ne pouvait plus
retomber en la possession d'une école quelconque,
dont il excéderait de beaucoup les besoins, et
qu'il surchargerait peut-être aussi de trop de
frais.

C'est alors que le corps municipal se présenta.
Il avait à fournir un local parfaitement convenable, dans la partie supérieure de la ci-devant
église des Eudistes. Il offrait de se charger de
toutes les dépenses de placement, organisation
et entretien. Ses propositions furent acceptées, et
c'est ainsi que la nouvelle Bibliothèque s'est établie sous ses auspices, et a passé définitivement
en sa possession.

M. Moysant, alors rentré en France, fut placé
à la tête de l'établissement en qualité de conservateur, avec adjonction de son neveu, M. Hébert,
ex-bibliothécaire de l'école centrale, qui, durant

son absence à l'étranger, n'avait pas laissé de le
remplacer utilement aussi, dans tous les soins relatifs à la conservation de ses autres dépôts.

La Bibliothèque se trouvait alors riche d'environ quarante mille volumes, qui furent réduits à
peu-près à moitié, par vente d'exemplaires doubles. Le gouvernement y ajouta alors même, un
don considérable « de trente caisses, presque tou-
« tes remplies de bons ouvrages, tirés des dépôts
« de Paris, « qui furent aussitôt remises aux mains
du conservateur. Le travail de classement et de
placement fut long et difficile, et l'établissement ne
put être ouvert au public que sur la fin de l'année
1809. Il n'a fait de ce moment que prospérer de plus
en plus, et va toujours s'augmentant, des dons du
gouvernement et de ceux des particuliers, et des
objets d'acquisition qu'y ajoute, chaque année,
l'administration bienveillante du corps municipal.

Le nombre de volumes peut être actuellement, en
tout, d'environ trente mille, sur quoi l'on compte
plus de 4,000 in-fol., et environ 5,000 in-4°. Les
éditions du XV° siècle y sont au nombre de 49;
la plus ancienne est un *Aretin de Bello adversus
Gothos*, imprimé à Foligno, par Numeister, en
1470. On y compte 139 ouvrages annotés de la
main du savant Bochart.

Il y existe en tout 174 manuscrits, entre lesquels se remarquent, vu la nature spéciale de leur
objet :

Les *Mémoires sur le Cotentin*, par Toustain de Billy, vol. in fol.

Le *Moréri des Normands*, par J.-A. Guillot, de Rouen, 2 vol. in-fol.

Et l'*Athenæ Normannorum*, du P. Martin, ancien gardien des Cordeliers.

Il y a du tout un catalogue, exécuté par l'ancien conservateur, M. Hébert, mais qui n'a pu encore être imprimé, quoique cette mesure soit vivement réclamée par le public lettré.

. On reconnaît encore dans cette riche collection, les livres ayant appartenu à la bibliothèque de l'Université et à celle de Bochart, aux Jésuites, à l'évêché de Bayeux, aux abbayes de Caen et d'Ardennes, au couvent des Cordeliers, etc., etc...—Ceux de cette dernière maison étaient en grand nombre, et des plus soigneusement choisis.

Quelques-uns de ceux qui firent anciennement partie de la collection primitive de l'Université, portent encore quelques restes des chaînons au moyen desquels ils étaient attachés à leur place, de manière à ne pouvoir être emportés loin de leur rayon. Parmi ces vénérables reliques bibliographiques, qui ont été récemment fort bien restaurées, figure un volume du *Commentaire sur la Bible*, de Nicolas de Lyre, imprimé par Sweynheym et Pannartz, en 1471-72, et qui contient heureusement la mémorable requête de ces typographes au pape Sixte IV, où se trouve la liste des éditions imprimées par eux jusqu'alors.

« La coupe de la Bibliothèque, dit le fameux bibliographe anglais Dibdin, dont l'extrémité commande un beau point de vue, est digne d'un établissement qui appartiendrait à la capitale d'un empire. » Sa forme est celle d'une croix d'un très-bel effet ; elle a 149 pieds de long sur 80 de large ; elle est haute à proportion. Trente-neuf portraits des principaux créateurs et bienfaiteurs de celle de l'Université et d'hommes illustres du pays, sont suspendus à l'intérieur de la salle, au-dessus des livres, et forment un coup-d'œil très-agréable. Parmi ces portraits, on remarque :

Bochart, ministre protestant à Caen, et savant orientaliste, mort en 1667.

Le Maistre de Savigny, sept fois recteur de l'Université de Caen, au XVIᵉ siècle.

Le Cardinal de Fleury. Il donna 3,000 fr. pour l'acquisition de livres.

Jean Eudes, fondateur de la congrégation des Eudistes, frère de l'historien Mézeray, mort en 1680.

Ségrais, poëte né à Caen, de l'Académie Française.

Jacques Crevel, professeur en droit, peint en habit de recteur de l'Université, par Tournières, de Caen, peintre du Régent.

MALHERBE.

ROUELLE, né à Matthieu, surnommé le *père de la chimie en France.*

PORÉE, célèbre Jésuite, né en 1675 , à Vendes, près de Caen. Il fut le maître de Voltaire.

ANTOINE HALLEY, savant professeur et poëte latin, principal du collége du Bois.

MOYSANT, bibliothécaire de l'Université et de la Ville.

ANTOINE CAVELIER, ancien imprimeur de l'Université de Caen, donna pour 2,000 fr. de livres.

LE SUEUR DE COLLEVILLE, petit-fils de Bochart, donna à l'Université la bibliothèque de son grand-père.

P.-D. HUET, évêque d'Avranches, mort en 1721.

TANNEGUI LEFÈVRE, savant commentateur, père de madame Dacier, né à Caen en 1647.

Tous les jours, à partir du 1ᵉʳ octobre jusqu'au 31 août, excepté les dimanches et fêtes, la Bibliothèque est ouverte au public, de dix heures à quatre heures, en toute saison.

MODES DE CONSTRUCTIONS DIVERSES.

Les carrières de pierre à bâtir, si nombreuses à
Caen, et dans quelques villages voisins, ont sans
doute été découvertes et exploitées de bonne heure. Il existe dans les côteaux de Calix, Hérouville
et Clopée, des excavations, qui paraissent y avoir
été pratiquées dans le double but, d'en extraire
la pierre, et d'y former des cavernes où l'on pût
mettre en sûreté quelques objets précieux, en cas
d'invasion ennemie. Ce dernier usage était habituel aux Saxons, d'où il semble suivre que ces
excavations doivent avoir été leur ouvrage.

Il est de tradition bien connue, que les premiers matériaux employés à la construction de
l'abbaye de Saint-Étienne, furent tirés des côteaux
d'Allemagne.

Ce fut en pierre de Caen que furent bâtis, d'a-
bord, sur le lieu même d'Hastings, l'abbaye de
Saint-Martin de Senlac, monument de cette mémorable victoire, et peu après, tous les châteaux
et toutes les églises, qui, sous l'influence de Guillaume et de ses successeurs, ne tardèrent pas à
se multiplier dans le pays.

Ce qui fut extrait alors de nos carrières, et ce

qu'on en a retiré depuis est immense ; — et ce qui reste à en retirer, semble inépuisable.

Les choses étant ainsi, on a demandé comment il se fait que toutes les anciennes maisons particulières de Caen , au moyen-âge, aient été construites en bois, comme nous l'avons reconnu , par ce qui en subsistait alors en assez grand nombre, vers la fin du siècle dernier, et comme on le voit encore par quelques autres échantillons devenus rares, mais qui s'en sont toutefois conservés même jusqu'à présent.

M. De La Rue croit trouver l'éclaircissement de ce fait , dans les observations ci-après :

1° Que dans la seconde invasion anglaise, de l'an 1417, sous le roi Henri V, la Ville de Caen ayant été prise de vive force, la plupart des maisons particulières durent être ruinées , et se trouvèrent dans le cas d'être démolies et reconstruites.

2o Que dans le même temps , et à la suite de sa conquête , le même roi Henri V , mit le séquestre sur toutes les carrières de notre arrondissement, prétendant en réserver la pierre , pour son usage propre, et aux fins d'être exclusivement employée à ses constructions royales, tant en Normandie qu'en Angleterre ; — pourquoi les particuliers ne purent y recourir , et durent être réduits à se procurer des matériaux d'une autre sorte.

Il nous semble que cette explication ne laisse rien à désirer.

Dans la plupart des villes où il existe des maisons de bois du moyen âge, quelques-unes de ces maisons sont remarquables par des sculptures, exécutées sur les pièces de merrain qui en composent l'assemblage. Caen ne manque pas d'avoir eu les siennes, que nous avons vues encore en assez grand nombre avant la révolution de 1789; elles ont presque toutes disparu depuis. Il ne reste plus guère en ce genre, que deux maisons de la rue Saint-Pierre, près l'ancienne Halle, portant les n°ˢ 52 et 54; celle qui forme l'angle de la rue des Quais avec la rue Saint-Jean, n° 19,—et une autre, même rue Saint-Jean, n° 94. La maison dite des *Quatrans*, rue de Geôle, près la venelle Beaux-Amis, n° 31, est d'une époque antérieure, probablement de 1380.

Les maisons bourgeoises, dans les quartiers populeux de notre ville, étaient en général *à pignon sur rue*, à deux et trois étages, formant saillie les uns sur les autres, avec gouttières latérales, portant l'eau tout droit en avant, vers le milieu du pavé.

Les rues étaient pour la plupart étroites et sinueuses, et faites ainsi tout exprès, pour la facilité de la défense en cas d'invasion. Quelques-unes, plus spécialement vouées au commerce, étaient garnies de *porches*, formant galeries couvertes, du côté le plus exposé au soleil.

Une ordonnance des états de Blois, en date de l'an 1560, modifiée dans quelques dispositions, par le parlement de Rouen, changea ce mode de construction, abolit, pour l'avenir, les *saillies* et les *porches*, et ordonna que dorénavant les maisons de ville, placées sur la rue, devraient être construites exclusivement, en pierre de taille, briques, ou moëllon. L'usage du moëllon prévalut alors dans les constructions bourgeoises de notre ville, et s'y est maintenu jusque dans la seconde moitié du siècle passé.

Alors il survint un autre changement.

La législation politique du temps ayant interdit aux corporations ecclésiastiques et religieuses, la faculté d'acquérir de nouvelles propriétés en biens fonds, ces mêmes corporations, qui, pour la plupart, se trouvaient en possession de capitaux plus ou moins considérables à utiliser, durent tourner leurs spéculations d'un autre côté, et prirent le parti de les employer en constructions urbaines, qu'elles firent exécuter sur les terrains dépendants de leurs établissements, et dont le loyer semblait promettre de leur rapporter de grands profits. Toutes ces constructions furent exécutées sur un mode nouveau, et à peu-près uniforme ; toutes en pierre de taille, murs minces, façades élégantes, avec fenêtres nombreuses et à grands carreaux, corniches, etc.

C'est alors, et sous l'influence de ces causes,
que furent construits les corps de bâtiments de
cette espèce, qu'on remarque sur le terrain de
l'ancienne abbaye de Saint-Étienne, le long de la
rue Guillaume-le-Conquérant, et ailleurs; tous
ceux qu'on voit attenant aux anciens couvents,
des Carmes, des Jacobins, de l'Oratoire, des Ursulines, des Carmélites, etc.

Il va sans le dire, que toutes ces constructions,
devenues peu après *nationales*, n'ont pas manqué
d'être des premières aliénées durant la révolution.

Le type qu'elles avaient mis en usage, est resté,
à de légères variations près, celui de toutes les
constructions bourgeoises, dont le nombre s'est
tant accru depuis, et ne cesse d'aller croissant
encore de jour en jour.

ANCIENNES MAISONS D'APPARENCE REMARQUABLE.

La Ville de Caen possède en objets de ce genre :
1° Les maisons de bois, indiquées en l'article
précédent. Nous ne mentionnerons ici avec quelques détails que celles de la grande rue Saint-Pierre, qui datent du XVe siècle. Elles sont contiguës et
présentent deux pignons sur la rue. Toutes les pou-
tres sont ornées de sculptures gothiques d'un travail
assez délicat. La maison des Quatrans, rue de

Geôle. « Cette maison, dit M. de Jolimont, of-
« fre sur la rue de Geôle, une longue façade cons-
« struite à compartiments réguliers, et en beau
« bois d'échantillon, mais sans ornements ; l'inté-
« rieur de la cour est assez remarquable, surtout
« par une tour en pierre octogone dans les trois
« quarts de sa hauteur, dont le sommet offre des
« angles saillants en encorbellement. Cette maison,
« que nous croyons du XIV\e siècle, fut un ancien
« manoir qui appartenait en 1440 à une famille
« appelée Quatrans. »

M. de Jolimont a aussi décrit la maison située à
l'angle de la rue Saint-Jean et de la rue des Quais,
dont il ne reste plus que le premier étage élevé
sur un rez-de-chaussée en pierre, qui a été défiguré pour faire des boutiques. « Cet étage est
« composé d'une série de petits pilastres ornés
« d'arabesques et de médaillons représentant des
« saints du Nouveau-Testament ; le tout élevé sur
« un socle ou soubassement divisé en quatre com-
« partiments, par autant de piédestaux sur les-
« quels sont sculptées en pied des figures de pe-
« tite proportion, des Vertus et autres personnages
« allégoriques religieux. Les panneaux du milieu,
« subdivisés aussi en forme de croix, sont ornés de
« rosaces et de rinceaux. Cet édifice présentait
« deux façades semblables, une sur la rue des
« Quais, et l'autre sur la rue Saint-Jean. »

21

2º L'hôtel de *Nollent,* ou des *Gendarmes,* dit plus anciennement *Manoir des Talbotières,* au quartier Saint-Gilles, hameau de Calix. — Nous l'avons mentionné en son lieu, article des descriptions du faubourg Saint-Gilles. C'est un édifice singulier, bâti comme lieu de plaisance par Gérard de Nollent, sous le règne de Louis XII. « Un « mur crénelé, dit M. de Jolimont, et deux tours « à plate-forme, avec des fenêtres grillées, qui « figurent un petit castel fortifié, sont tout ce qui « reste d'un ancien apanage sans doute plus consi- « dérable. L'architecte, en donnant à cet édifice « l'aspect guerrier, n'en a point exclu les orne- « ments ; outre le chambranle décoré d'arabes- « ques et des armoiries de Nollent, de la fenêtre « de la grande tour, on remarque sur les murs un « grand nombre de médaillons, offrant en relief « des figures d'empereurs et de divers personnages « historiques avec des devises. Mais ce qui paraît « plus extraordinaire, ce sont deux statues en « pierre, placées sur la plate-forme de cette tour, « représentant des soldats ou gens d'armes dans « une attitude menaçante. L'un est armé d'un arc, « et l'autre d'une hallebarde, et paraissent vouloir « défendre l'approche du logis. Cette singularité « a fait donner au manoir le nom de Maison des « gens d'armes, et est toujours indiquée aux étran- « gers comme un objet très-curieux. »

3° L'ancien hôtel *Le Valois* ou d'*Écoville*, dit
autrement du *Grand Cheval*. Nous avons eu occasion d'en parler aussi dans notre article de description des rues et places publiques, place Saint-
Pierre et rue du Change.

« Cet hôtel, dit M. de Jolimont qu'il faut tou-
« jours citer lorsqu'on a à décrire ce qu'il a déjà
« décrit lui-même, cet hôtel est un des plus ma-
« gnifiques de tous ceux qui furent élevés à Caen.
« Il est composé de quatre corps de logis, dont
« trois seulement méritent quelque attention. Le
« premier, qui forme presqu'à lui seul un des
« côtés de la place, est décoré d'ordres composés
« et d'une porte d'entrée voutée, anciennement
« surmontée d'un très-beau bas-relief représen-
« tant un sujet tiré de l'histoire sainte, mais qui a
« été détruit ainsi que la plus grande partie des
« ornements des croisées et de la corniche. Le
« second, parallèle à celui-ci, occupe le fond de la
« cour et est divisé en trois pavillons également
« ornés d'ordre corinthien. Celui du milieu est
« surmonté d'un toit fort élevé et d'une fenêtre
« en lucarne, richement décorée d'arcades, de
« colonnes et d'entablements dans le goût du
« temps; à droite de ce pavillon, on trouve l'en-
« trée principale sous un péristyle ouvert, formé
« de deux arcades, qui conduit à un escalier cons-
« truit en spirale, couronné à l'extérieur de deux

« lanternes à jour d'une grande élégance, qui do-
« minent l'édifice d'une manière très-pittoresque,
« et rappellent, à quelques égards, les détails du
« fameux château de Chambord. Le troisième en-
« fin, qui forme le côté droit de la cour et vient se
« réunir en retour d'équerre au premier bâtiment,
« est remarquable par la beauté des sculptures
« et des ornements qui enrichissent les trumeaux
« des fenêtres; la partie inférieure de ces tru-
« meaux offre deux niches avec chambranle à co-
« lonnes dans lesquelles sont placées deux statues
« d'un bon style et de forte proportion, repré-
« sentant le jeune David tenant la tête de Goliath,
« et l'intrépide Judith avec la tête d'Holopherne;
« dans la partie supérieure, des écussons armo-
« riés sont soutenus par des nymphes et des gé-
« nies, et surmontés de trophées ingénieusement
« ajustés; le tout enrichi de lucarnes pyramidales
« terminées par des vases. Enfin on voit encore
« sur le reste des murs de jolis médaillons et des
« têtes en relief de personnages historiques ou
« fabuleux. »

Ce riche édifice fut construit par des architectes
et des sculpteurs florentins.

4° L'hôtel *du Val de Mondrainville*. Ce fut
anciennement l'habitation du sieur Étienne Duval,
habile négociant, enrichi par le commerce, qui
rendit de grands services à l'État, sous les règnes

de François Ier et de Henri II, et en fut récom-
pensé par des titres et des emplois des plus importants. Il fleurit surtout vers 1530, et mourut
en 1578. Ce qui reste de cet édifice n'est qu'un
joli fragment qui serait plus intéressant pour l'art
s'il était mieux conservé et moins défiguré par les
masures qui l'environnent. Il fut bâti vers la même époque que l'hôtel Le Valois, et présente à
peu de chose près le même style.

5° *Hôtel des Monnaies.* « Cette jolie fabrique,
« que l'on trouve à très-peu de distance de l'hôtel
« d'Étienne du Val et dans le même emplacement,
« est désignée comme un reste de l'ancien hôtel
« des Monnaies, qui s'étendait auparavant jusque
« sur la grande rue Saint-Pierre. On voit dans cet
« endroit, que l'on nomme *Cour de l'ancienne
« Halle,* beaucoup de parties d'anciens édifices
« dont on ignore l'usage primitif. Les pièces frap-
« pées à Caen avaient pour marque une croix et
« la lettre C, signes que nous retrouvons sur un
« petit écusson sculpté sur le mur. » L'édifice dont
« il s'agit fut bâti vers 1535. La disposition des
« petites tourelles qui l'accompagnent lui donne
« un aspect très-pittoresque. On remarque prin-
« cipalement celle du milieu, construite en encor-
« bellement, décorée de pilastres, de médaillons
« à figures, et couverte en dôme, surmonté d'une
« lanterne légère que termine agréablement une
« petite statue.

Pour ne rien omettre de ce qui peut intéresser les artistes ou les curieux, nous mentionnerons aussi :

Rue des Capucins, n° 42. Les restes d'un manoir du XV° siècle, avec des fenêtres couronnées de cordons dont les extrémités viennent s'appuyer sur des animaux servant de cariatides ; les lucarnes sont surmontées d'un fronton garni de crochets, au centre duquel se trouvent des personnages en bas-relief.

Rue Écuyère, n° 42. Une maison en pierre, de la même époque, avec portes ornées de feuillages frisés et de personnages formant cariatides.

Rue de Geôle, n° 17. Maison en pierre, du XVI° siècle, ornée de médaillons.

Rue Saint-Jean, impasse de Than. Maison en pierre, aussi du XVI° siècle, dont la plupart des fenêtres ont été élargies, mais qui offre encore quelques détails intéressants, notamment des fenêtres à frontons aigus, garnis de pinacles au-dessus de l'entablement.

Enfin nous indiquerons encore, d'après M. de Jolimont, au nombre de quelques fragments épars, une cheminée du XVI° siècle, en bois sculpté, dans la maison de la rue Saint-Jean, ayant appartenu à M. Lejeune, et un joli petit relief représentant une Cléopâtre au-dessus d'une porte, dans la cour d'une maison rue du Vaugueux, maison que

l'on assure avoir été celle de l'architecte qui a bâti le chevet de l'église Saint-Pierre.

MAISONS DE SOUVENIRS HISTORIQUES.

On cite comme telles à Caen :

1° La maison de Malherbe, située sur l'ancienne place de la Belle-Croix , aux angles des rues
Notre-Dame et de l'Odon.

Cette maison , bâtie en 1582 , appartient à une
époque où il s'était déjà introduit dans l'art un goût
bizarre d'ornements et de construction qui caractérisait une funeste décadence. On lisait sur la partie la plus élevée des lucarnes, récemment détruites, les deux inscriptions suivantes ; sur l'une :

FRANCISCVS MALHERBVS
HASCE ÆDES EXTRVI CVRAVIT.
1582.

sur l'autre :

CIVITATIS ORNAMENTO
LARIVMQUE AVITORVM
MEMORIÆ.

＊ Quelques personnes ont prétendu que la date
de cette inscription étant postérieure à celle que
les historiens assignent à la naissance de Malher-

be, ce poëte n'est point né dans cette maison, comme l'atteste la plaque de marbre qu'y a fait placer l'Académie de Caen. Cette objection peut être facilement détruite : d'abord, en ce qu'il serait possible que l'époque de la naissance de Malherbe indiquée par les biographes ne fût pas très exacte, comme cela a été prouvé pour celle de Molière; enfin par les termes mêmes de la deuxième inscription, *lariumque avitorum memoriæ,* « en mémoire du berceau de ses ancêtres; » qui indiquent évidemment que cette maison aura été reconstruite et aura remplacé une plus ancienne où habitait depuis long-temps la famille Malherbe. »

2° La maison de Bochart. — Elle existe rue Neuve-Saint-Jean, n° 17, et l'on y montre encore le cabinet de travail où il composa la plupart de ses savants ouvrages.

Bochart naquit en 1598, et mourut en 1667. Il fut ministre protestant, grand orientaliste, et l'un des hommes les plus honorables de son temps.

3° La maison de Ségrais. — Elle faisait partie de la rue de l'Engannerie, où elle est devenue l'hôtel d'Angerville d'Aurcher.

Ségrais y avait formé une curieuse galerie de tableaux. Il y recevait habituellement l'Académie, qui y tint long-temps ses séances.

Il fleurit de 1624 à 1701.

Notre vieil historien M. de Bras, a eu son hôtel dans la rue Guilbert, deuxième maison à droite, en entrant par la rue des Quais, sur l'emplacement portant aujourd'hui le n° 37.

Il a été question, page 221, de la maison du célèbre imprimeur Michel Angier, qui était située à l'angle de la rue aux Namps et de celle des Cordeliers.

Entre les restes subsistants d'anciens édifices, d'établissements publics supprimés, nous devons citer particulièrement :

1° Ceux de l'ancienne *Chapelle de l'Échiquier des Comptes*, faisant partie d'une maison de la rue Saint-Jean, deuxième à droite, à partir du pont Saint-Pierre, près de l'hôtel qui fut celui de Jean Le Sens.

2° Les bâtiments de l'ancien *Palais épiscopal*, situé dans la Neuve-Rue, où il existait dès le XIᵉ siècle, et où il s'est conservé jusqu'à nos jours. La construction actuelle, attribuée à M. de Nesmond, doit être de l'an 1673. Aliéné par suite de la révolution de 1789.

3° Ceux de l'*Hôtel des Monnaies*, dont nous avons parlé dans l'article précédent.

Deux souvenirs importants, mais qui ont laissé à Caen peu de traces matérielles, sont ceux qui se rapportent au poëte Malfilâtre, et à l'héroïne Charlotte de Corday.

Malfillâtre était issu de parents pauvres, ayant leur modeste habitation au fond d'une cour de la rue Saint-Jean, près le couvent des Ursulines, n° 205. — Il naquit le 8 octobre 1732, fit de brillantes études, fut souvent couronné aux palinods de Caen et de Rouen, se lança, à Paris, dans le tourbillon littéraire en 1759. Sa vie fut un composé de travaux, de succès et de malheurs. Il lutta long-temps avec courage contre l'adversité, comme un homme qui sent qu'il est né pour la gloire, et finit par mourir dans le dénuement en 1767 (1).

Charlotte de Corday naquit en la paroisse de Ligneries, arrondissement d'Argentan, le 27 de juillet 1768.—Elle fut élevée à l'Abbaye-aux-Dames de Caen; résida plus tard chez sa tante à la mode de Bretagne, madame Coutellier de Bretville-Gouville, dans une petite maison de la rue Saint-Jean, presque en face de la rue des Carmes,

(1) Au moment même où s'achève l'impression de cet ouvrage, M. P.-A Lair, toujours empressé de consacrer par des monuments les glorieux souvenirs de notre pays, fait placer sur la porte qui conduisait à la maison du poëte, une plaque de marbre avec cette inscription : A MALFILLATRE, NÉ A CAEN EN 1732. La ville natale de Malfillâtre vient aussi d'honorer sa mémoire : son portrait figure parmi ceux de nos compatriotes illustres qui décorent la nouvelle salle du conseil, à l'Hôtel-de-Ville.

(Note de l'Éditeur.)

n° 148. Tout le monde sait le reste... Décapitée à Paris, le 17 juillet 1793 (1).

N. B. Nous avons dit ailleurs, pour ce qui regarde nos anciens rois, après l'époque de la réunion, que lorsqu'ils visitaient notre ville de Caen, ils avaient coutume de loger au Château, ce que firent encore, ainsi que nous l'observions, François Ier en 1531, Charles IX en 1563 et Henri IV en 1603.

Cet usage s'est perdu plus tard. Nous avons vu de nos jours Louis XVI, en 1786, prendre son

---

(1) J'ai cru utile de signaler aux admirateurs de Charlotte Corday, un portrait parfaitement ressemblant de cette héroïne, peint par Brard, à l'instant où elle marchait au supplice. Ce peintre, qui était en prison avec elle, a saisi sa ressemblance avec un rare bonheur, d'après le témoignage de tous les contemporains qui l'ont connue à Caen, notamment M. Vaultier. Il est donc regrettable que l'éditeur du magnifique ouvrage de l'Iconographie française publié par Delpech n'en ait point eu connaissance. M. Louis Dubois dans son histoire de Charlotte Corday le cite également comme le plus ressemblant de tous ceux que l'on connaît. Ce tableau, qui avait été donné par Brard à M. Philippe Delville, ancien conventionnel, vient d'être acheté à la vente de sa veuve, par un brocanteur, qui l'a cédé à l'éditeur de cet ouvrage. Il sera conservé avec soin dans sa collection normande.

Au revers de ce portrait on lit les deux vers suivants:

Tuer en guet-à-pend, est un assassinat;
Les monstres exceptés: par exemple, Marat.

Brard pinxit, Marie-Anne-Charlotte Corday, peinte d'après nature, allant au supplice.

logement dans la Ville, à l'hôtel de M. le duc
d'Harcourt, gouverneur de la Province, rue Saint-
Jean, près de la rue Saint-Louis. L'empereur Napoléon, en 1811, y établit le sien à l'hôtel de
Calmesnil, dans la rue.Guilbert. Et dernièrement
le roi Louis Philippe y occupa le nouvel hôtel de
la Préfecture, en 1833.

PROMENADES PUBLIQUES.

Tant que la Ville de Caen fut en effet, ou crut être encore une ville de guerre, renfermée dans son enceinte de remparts, elle se fût difficilement fait des promenades au-dehors. Aussi n'eut-elle alors que son *Pré des Ebats*, portion de prairie, faisant d'abord enfoncement sur son centre, réunie à son enceinte, par travaux de fortification, sur la fin du XVIe siècle, et finalement transformée en place publique et quartier nouveau de ville, en 1685.

La promenade dite des Cours, commença vers le temps où dut finir entièrement celle de ce même *Pré des Ébats*, le Petit-Cours fut planté le premier, à la date de 1676. Le long du canal du duc Robert (appelé alors les *Quatre Carabins*), — du pont d'Amour à l'abreuvoir de Vaucelles : le Grand ensuite, en 1691, le long du grand canal de l'Orne, dudit abreuvoir de Vaucelles, à la chaussée de Montaigu. L'un et l'autre furent faits sur le terrain de la prairie, aux frais de la Ville, et par délibération spéciale. Le Petit-Cours a été appelé aussi *Cours la Reine*, apparemment par allusion à la promenade de ce nom, créée à Paris, en

1615, sous les auspices de la reine régente, Marie
de Médicis.

« Les promenades publiques de Caen, dit M. Boi-
sard, l'emportent sur la plupart de celles des autres villes du royaume, soit par leur étendue, soit
par l'agrément des paysages qui les environnent.
De ces promenades, la vue s'étend avec délices
sur de vastes prairies bordées à l'horizon par des
massifs de verdure ou des rideaux de peupliers,
à travers lesquels apparaissent les clochers des
hameaux voisins, et quelques maisons de campagne isolées au milieu du paysage, ou groupées sur
les côteaux qui terminent au loin la vallée. »

Mme de Sévigné les vantait à sa fille dans une
lettre du 5 mai 1689. « Ce pays est très-beau, et
« Caen la plus jolie ville, la plus avenante, la plus
« gaie, la mieux située, les plus belles rues, les
« plus beaux bâtiments, les plus belles églises,
« des promenades, et enfin la source de tous nos
« plus beaux esprits. »

« Presque tous les ans, ces prairies émaillées de
fleurs au printemps et riches d'une si belle verdure
pendant l'été et l'automne, sont totalement inon-
dées vers la fin de l'hiver, à l'époque de la fonte
des neiges. Les vents du sud-ouest qui soufflent
alors avec violence, leur donnent l'aspect d'une
mer agitée, et il n'est pas rare que des barques
légères, confiées par des jeunes gens à cet océan

sans écueils, n'ajoutent quelque riant épisode au charme de ce tableau. •

On vient d'y ajouter tout récemment une grande piste, pour les courses et exercices hippiques, qui ne peut manquer d'y rattacher un puissant intérêt de plus.

« Mais des promenades qui rivalisent avec les deux premiers Cours sont celles qui ont été plantées au commencement de ce siècle, sur les deux rives du nouveau canal de l'Orne, et qui s'étendent jusqu'au bac de Mondeville. On les désigne sous le nom de *Cours Caffarelli*, en mémoire du préfet qui administrait alors le département. Quatre rangées d'ormes règnent sur toute leur étendue, d'où l'œil embrasse avec ravissement les côteaux boisés de Mondeville, de Collombelles, d'Hérouville-Saint-Clair, et ces vastes prairies plantées de saules dont le feuillage argenté se reflète dans les ondes captives de l'ancienne rivière qui serpente encore dans ces bocages, quoiqu'elle soit depuis cinquante ans privée de source et d'embouchure. »

A diverses époques plus ou moins voisines, toujours à compter de 1789, les corps municipaux de la Révolution et de l'Empire se sont successivement occupés d'objets analogues, et ont fait aussi établir de divers côtés de la Ville, plusieurs parties diverses de massifs ou d'allées d'arbres.

Aux fossés de Saint-Julien, sur la place du Collége, le long de l'ancien *Fort*, devant le boulevard de la Préfecture, et le long du bastion de la Foire, sur les quais de Vendeuvre et de Courtonne, au rond-point de la place Blot, faisant entrée du chemin de Creully, au chemin de communication extérieure de la route de Paris à celle d'Harcourt, etc.

La Place-Royale a conservé ou renouvelé son ancienne ceinture de tilleuls. Ceux du Champ-de-Foire, ainsi que les ormes du bastion y attenant, ont été récemment abattus. Le nombre des arbres de nos places publiques et promenades diverses, s'évalue à environ neuf mille, tout compris.

NOUVELLES CONSTRUCTIONS D'UTILITÉ PUPLIQUE.

Soit faute de revenus suffisants, soit défaut de liberté réelle dans l'exercice de leurs pouvoirs, les anciennes administrations municipales, avant 1789, avaient notoirement négligé, depuis long-temps, certaines améliorations, que semblaient réclamer l'ordre et le bien-être, et même en certains points aussi, la salubrité de la Ville.

Les corps municipaux de la Révolution et de l'Empire, comprirent assez bien cette partie de leurs attributions, et firent du bien en ce point, mais furent, en général, maîtrisés par des circonstances trop difficiles, et ne purent appliquer leurs vues qu'à des détails d'importance secondaire, alignements de la voie publique, déblaiements, communications et élargissements de rues, plantations sur les places et promenades, etc.

Il restait à effectuer surtout deux importants déplacements, à savoir :

1o Celui de la Poissonnerie, alors établie sur le côté est de l'église Saint-Pierre, et concentrée dans un étroit réduit, entouré de murs et de hauts édifices, sans circulation d'air, et sans eau courante, par conséquent sujet aux plus grands inconvénients de malpropreté et de mauvaise odeur.

2° Celui de l'*abattage* des bestiaux pour viande de boucherie, resserré, d'autre part, dans une sale et infecte ruelle, dite *rue de la Boucherie*, sur les derrières de la grande boucherie de la Ville, et d'où découlait, sans cesse, à découvert, pour se jeter près de là, dans l'Odon, un hideux et fétide ruisseau de sang et d'immondices.

Ces deux cloaques ont été remplacés :

1° Par une grande et belle poissonnerie neuve, établie, comme nous l'avons dit, sur le courant de la Petite-Orne, aux abords de la rue Basse-Saint-Gilles, etc.

2° Par une grande et magnifique construction d'*abattoirs*, situés au territoire de Vaucelles, sur la rive droite de la Grande-Orne, à 200 mètres en aval du pont.

Ces deux établissements ont été exécutés en 1832, sous la direction de l'architecte de la Ville, M. Guy, avec un succès unanimement reconnu et apprécié.

Celles des ponts de Vaucelles et Saint-Jacques sont, comme on l'a vu, des années 1825 et 1837.

FIN.

TABLE DES MATIÈRES.

TABLE.

TABLE.

TABLE.

FIN DE LA TABLE.

PROSPECTUS.

La ville de Caen, qui a produit un grand nombre de savants, est devenue l'objet des études et des recherches de quelques-uns de ses enfants les plus illustres. Au XVIe siècle, De Bras a décrit ses antiquités et raconté quelques parties de son histoire avec plus d'amour et de naïveté que de sagacité et de critique. L'intérêt de son livre est encore puissant, malgré ce qu'on a fait depuis, et peut-être même à cause de cela. Plus tard, la science universelle de Huet essaya de débrouiller les origines de Caen; ses travaux, qui sont plutôt des dissertations érudites qu'un récit historique, ont les premiers porté le flambeau dans l'obscurité de nos annales. Enfin, de nos jours, le restaurateur des études sur le moyen-âge, l'abbé De La Rue, a écrit ce que nous possédons de plus sûr et de plus approfondi sur les institutions, les monuments et la vie politique de notre ville. Il reste après lui bien peu de points douteux à fixer; il a su répandre la certitude et la lumière sur tout ce que sa plume érudite a touché. Mais ces travaux, qui honorent à la fois et leur auteur et leur objet, la ville et les hommes, ne sont à vrai dire que les matériaux choisis d'une histoire qui reste à faire; il faudrait un livre qui résumât dans un récit rapide tout ce qu'on sait sur la ville de Caen, tout ce que fournissent de certain tant de documents épars, difficiles à trouver, pénibles à recueillir. C'est là le but que feu M. F. Vaultier a recherché en écrivant le livre que nous offrons au public; sa science d'antiquaire et son talent de littérateur garantissent assez qu'il a dû l'atteindre. L'auteur a puisé aux sources les meilleures et les plus abondantes; outre les ouvrages dont nous avons parlé, il a pu consulter des manuscrits fort curieux, les *Cartulaires* de nos deux grandes abbayes, l'*Histoire de Saint-Étienne*, recueillie par dom Baillehache, et considérablement augmentée par dom Blanchard, le *Pouillé* de Bayeux, comprenant l'histoire complète de tous les établissements religieux du diocèse, travail immense et de la plus haute importance, auquel son auteur, l'abbé De La Mare, avait consacré toute sa vie. Nous avons pu aussi communiquer à M. Vaultier les manuscrits de l'abbé De La Rue dont nous avons acquis la propriété, et c'est avec tous ces éléments si complets ajoutés aux recherches nombreuses qu'il avait faites lui-même pendant une longue vie de méditation et d'études, qu'il a composé enfin une *Histoire de Caen* si long-temps désirée.

Le sujet était digne de son érudition profonde et de sa plume exercée. Peu de villes offrent un intérêt historique égal à celui que présente la nôtre. De ce centre, un peu effacé de nos jours, rayonnent au moyen-âge et dans les temps modernes, des souvenirs qui font époque dans la politique et la littérature. Depuis Guillaume-le-Conquérant dont, malgré les siècles écoulés, notre cité reste encore la ville par ses monuments et ses églises, jusqu'à Louis XIII, rien ne lui a manqué de ce qui faisait autrefois la célébrité des villes, pas même la guerre et les horreurs du pillage. A peine fondée au Xᵉ siècle, elle voit fleurir avec Lanfranc une des plus fameuses écoles de philosophie du moyen-âge. Son échiquier représente la plus ancienne institution judiciaire de Normandie; elle se couvre successivement d'églises dont l'architecture, depuis le plein-cintre roman et l'ogive gothique, jusqu'aux capricieux pendentifs et aux ornements italiens de la Renaissance, appelle chaque jour l'artiste et l'antiquaire qui viennent de tous côtés l'admirer et la décrire. Les poëtes de son école, à commencer par Robert Wace et à finir par Malherbe, se sont toujours trouvés en tête du mouvement littéraire de leur temps. Nulle ville, on peut le dire, n'est plus imprégnée de vieux souvenirs, et ne résume mieux le passé national et chrétien de la France : architecture, science et batailles. M. Vaultier a compris sa tâche avec amour et l'a remplie avec bonheur. Ce livre est un dernier souvenir du savant modeste que nous avons vu si long-temps au milieu de nous, professeur, écrivain, érudit, et par-dessus tout, et à un haut degré, homme de cœur et de nobles actions. Ses écrits se distinguent par un goût sûr et une science réelle; il ne lui a peut-être manqué que de venir à une autre époque, et surtout d'être plus avide de bruit et d'éclat, pour atteindre à la réputation de nos antiquaires les plus renommés. Mais si quelque chose égalait ses connaissances, c'était le soin qu'il mettait à les tenir cachées, excepté pour tous ceux qui venaient le consulter. On peut dire qu'il avait tous les embarras qu'entraîne la science bien reconnue, sans ambitionner la gloire qu'elle peut donner en retour. Sa bienveillance pour tous, et surtout pour les plus jeunes, vivra long-temps dans le cœur de ses compatriotes, comme son nom reste acquis à la liste de ceux qui ont illustré notre pays.

On le voit, l'*Histoire de Caen*, à part sa valeur scientifique, sera encore un *Guide* pour le voyageur qu'il aimera à placer dans sa bibliothèque, autant comme objet d'étude que comme moyen de souvenir.

Caen, Imp. de F. Poisson.—1843.

CPSIA information can be obtained at www.ICGtesting.com
Printed in the USA
LVOW102104121211

259055LV00008B/37/P